Die „Burg". Band 1

Die „Burg"
Einflußreiche politische Kräfte um Masaryk und Beneš

Band 1

Unter Mitarbeit von

MARTIN K. BACHSTEIN, KARL BOSL, JULIUS FIRT, HORST GLASSL, HEINRICH KUHN, HANS LEMBERG, LADISLAV LIPSCHER, FRIEDRICH PRINZ, FERDINAND SEIBT, KLAUS ZESSNER

herausgegeben von
KARL BOSL

Vorträge der Tagung des Collegium Carolinum
in Bad Wiessee am Tegernsee
vom 23. bis 26. November 1972

R. OLDENBOURG VERLAG MÜNCHEN WIEN 1973

Neugablonz

© 1973 Collegium Carolinum, München

Das Werk ist urheberrechtlich geschützt. Die dadurch begründeten Rechte, insbesondere die der Übersetzung, des Nachdrucks, des Vortrages, der Entnahme von Abbildungen, der Funksendung, der Wiedergabe auf photomechanischem oder ähnlichem Wege und der Speicherung, Verwendung und Auswertung in Datenverarbeitungsanlagen, bleiben, auch bei nur auszugsweiser Verwertung, vorbehalten. Werden einzelne Vervielfältigungsstücke für gewerbliche Zwecke hergestellt, ist an das Collegium Carolinum die nach § 54 Abs. 2 UG zu zahlende Vergütung zu entrichten, über deren Höhe das Collegium Carolinum Auskunft gibt.

Für Form und Inhalt tragen die Verfasser die Verantwortung.

Gesamtherstellung: Druckerei Georg Appl, Wemding

Umschlag- und Einbandgestaltung: Gerhard M. Hotop, München

ISBN 3-486-44091-8

INHALT

Karl Bosl: Zur Theorie, Methode und Problematik des Tagungsthemas . . . 7

Friedrich Prinz: Die „Burg". Ihre Entstehung und Struktur als Forschungsaufgabe 11

Ferdinand Seibt: T. G. Masaryk und Edvard Beneš: Die „Burgherren" im politischen Profil 27

Martin K. Bachstein: Die soziologische Struktur der „Burg" – Versuch einer Strukturanalyse 47

Hans Lemberg: Die politische Funktion der Burg 69

Julius Firt: Die „Burg" aus der Sicht eines Zeitgenossen 85

Heinrich Kuhn: Der Anteil der Deutschen an der „Burg" 109

Horst Glassl: Die Slowaken und die „Burg" 129

Ladislav Lipscher: Zur allgemeinen Analyse des politischen Mechanismus in der Ersten Tschechoslowakischen Republik 147

Klaus Zeßner: Die Haltung der deutschböhmischen Sozialdemokratie zum neuen tschechoslowakischen Staat 1918/1919 161

Abkürzungsverzeichnis 176

Karl Bosl

ZUR THEORIE, METHODE UND PROBLEMATIK DES TAGUNGSTHEMAS

Wenn wir uns diesmal entschlossen haben, das sehr komplexe und schwierige Thema der „Burg" in einer ersten Jahressitzung in Angriff zu nehmen und zu diskutieren, so hat das einige gewichtige Gründe. Indem ich diese zu Beginn kurz skizziere, gebe ich zugleich eine Einleitung in den beabsichtigten Verlauf unseres diesjährigen Wiesseer Gesprächs, für das ich mir viele kenntnisreiche Beiträge und eine sachbezogene Diskussion wünsche und erbitte.

Wer von der „Burg" in der Ersten Tschechoslowakischen Republik spricht, meint zweierlei: 1.) die beiden Hauptakteure und Gründer dieses Staates, der eine Donaumonarchie en miniature war, also Thomas G. Masaryk und Edvard Beneš, weiter aber 2.) die Gruppe, die sie unterstützte, gesellschaftlich trug, politisch, wirtschaftlich, geistig beriet bzw. durch sie ihre Politik verwirklichte. Ich spreche damit grob ein Problem der Definition und Analyse an. Ohne auf den Gang unserer Gespräche bestimmten Einfluß nehmen zu wollen, möchte ich vorläufig wenigstens feststellen, daß diese Tagung in einem ersten Anlauf, dem noch weitere Gänge folgen sollen, sich mit dem sogenannten „Umstand" der beiden Hauptakteure, dem Kreis der Berater, Freunde, Helfer, Einpeitscher, Agenten, Journalisten, Politiker, Industriellen, Gruppenbosse, Spürhunde, auch Diplomaten befassen soll, die sowohl den braintrust wie den conseil und die Hofkamarilla, sprich Burgkamarilla, gebildet haben und oft als die „Burg" bezeichnet wurden. Es ist ganz eindeutig, daß dabei Masaryk und Beneš als die beiden Hauptverantwortlichen, die die Direktiven erteilten und die Weichen stellten, immer mitgedacht werden müssen. Und damit bin ich nach einer vorläufigen Definition der Kennmarke „Burg" bei einem der Hauptanlässe unserer Tagung angelangt.

Über Masaryk hat sich allmählich eine gewisse comunis opinio selbst zwischen Tschechen und Deutschen gebildet. Er ist eingetaucht in den Heiligenschein des Weltweisen und Propheten, des Gründerpräsidenten und der Vaterfigur. Von Beneš kann man nicht das gleiche sagen; es ist zwar ruhiger um ihn geworden und wird sicherlich noch ruhiger werden; aber das tschechische, das deutsche und das parteiideologische Urteil über ihn klaffen noch so weit auseinander, daß wir von einem Kompromißurteil noch lange nicht sprechen können, um so weniger als sein Name mit Vertreibung und emotionalen Gehalten, bei uns wenigstens, verbunden ist, so daß noch viele Wege auch wissenschaftlicher Klärung begangen werden müssen, um möglichst viele subjektive und kollektive Elemente aus dem Erkenntnisprozeß auszuschalten. Das hat die Reaktion auf das um Objektivität sehr bemühte Benešbuch von Čelovský auf sudetendeutscher Seite gezeigt. Dabei halte ich Čelovský bis heute für einen der geeignetsten, weil vorbereitetsten Verfasser einer politischen Beneš-Biographie. Wenn ich sage, daß noch viel zu klären ist, bevor ein umfassendes, allgemeines Urteil über Beneš möglich ist, so muß ich im gleichen Atemzug hinzufügen, daß es sehr schwierig ist, die aktenmäßigen Quellengrundlagen für gesicherte Beneš-Studien zu beschaffen und zu sichern. Derzeit dürfte das weder einem Tschechen noch einem anderen Europäer möglich sein. Für einen wissenschaftlichen Historiker aber ist deswegen der Fall noch nicht hoffnungslos, denn man kann Person, Politik, Motivation, Prestige, Wirkraum eines Staatsmannes wie Beneš auch indirekt durch das Spektrum seines Umkreises und seiner persönlichen, gesellschaftlichen, politischen Beziehungen sehen und auffächern, ohne dabei Gefahr zu laufen, durch zu viele Prismen und Brechungen um allzuviele Ecken herum entscheiden und urteilen zu müssen. Diese personal- und sachphänomenologische Methode ersetzt zwar nicht ganz die Forschung im personalen Atomkern Beneš, aber sie faßt dessen nächste Umgebung, in der die Strahlungs-Interdependenz spürbar und primär wirksam ist. Aus diesem Grunde beschäftigen wir uns hier erstmals mit dem Problem der „Burg".

Trotzdem bleibt dabei das Hauptproblem einer Benešbiographie nicht ausgeklammert oder aufgeschoben; schon darum nicht, weil eine moderne Geschichtstheorie in allem bewußt hält, daß der Mensch ein ζῷον πολιτικόν = ein gesellschaftliches Wesen ist und daß Geschichte das soziale Handeln des individuellen Menschen in einer geschichtlich sich wandelnden Welt zum Gegenstand hat. Wir leugnen nicht die großen Akteure, aber wir treiben keine „Heldenverehrung" mehr; wir wissen, daß die großen Namen meist nur Chiffren, wäre es nicht zu burschikos, würde ich sagen, nur Gallionsfiguren wirksamer und potenter Gruppen, Kreise, Teams und Schichten sind, die ihnen Gedanken, Ideen, Methoden und Inhalte für ihr Tun und Handeln, für ihre Überlegung und ihre Rede anbieten. Jedenfalls ist es eine unabweisbare Aufgabe des Historikers, bei großen und kleinen Politikern und Akteuren, vor allem bei einer Figur wie Beneš, zwischen den Einflüssen, Anregungen, Zwängen *und* den freien Entscheidungen, eigenen Erkenntnissen und Entschlüssen zu unterscheiden oder ihnen wenigstens im Mischprodukt der Endentscheidung und der Tat nachzuspüren. Auf jeden Fall müßte also eine Benešbiographie diesen Umkreis gründlichst untersuchen und in ihre Analyse einbeziehen, wenn sie Wert darauf legt, einigermaßen vollständig zu sein. Mit anderen Worten: Indem wir uns mit der Prager „Burg" eingehend befassen, leisten wir einen wichtigen Teil oder eine Vorarbeit zu einer Masaryk- und Beneš-Biographie. Zugleich wäre damit der Versuch einer politischen Strukturanalyse der Ersten Tschechoslowakischen Republik, aber auch ihrer politischen Führungsschicht in die Wege geleitet. In welchem Umfang Deutsche dazugehörten und welche Deutschen und deutschen Gruppen es waren, ist dabei nicht einmal ein primäres Anliegen, obwohl es natürlich auch dazugehört.

Das Thema unserer Tagung scheint mir also sowohl theoretisch-methodisch wie auch sachlich-politisch so wichtig und interessant, daß man es in Angriff nehmen und zu einem gewissen Abschluß bringen muß. Ich bin nicht der Meinung, daß mit den Ereignissen der Jahre 1948 und 1968 auch die jüngste Vergangenheit der ČSSR abgetan und tot sei. Deshalb tun wir gut daran, den Knäuel der Verwicklungen, Urteile, Folgen rechtzeitig zu entwirren und uns gerade in diesen Fragen um ein gesichertes Geschichtsbild zu bemühen, das auch die Tabus angreift. Ich begrüße besonders die tschechischen Herren, die ihre Heimat erst jüngst verlassen haben, und bitte sie besonders angelegentlich um ihren Beitrag und ihr Wort zur Diskussion. Im Gespräch der Wissenschaftler und Wissenschaften hat sich oft vieles leichter und gründlicher klären lassen, als im Meinungsstreit der Politiker. Ich kann mir vorstellen, daß sich mancher Referent sehr hart getan hat, fernab dem Quellenfluß, der Literatur und auch den immer weniger werdenden Wissensträgern sein Thema zu behandeln. Es war auch anfänglich beabsichtigt, in einem kleinen Kreis von Wissenschaftlern dieses Thema anzugehen. Aber wenn man nur einmal im Jahr zusammenkommt, dann läßt es sich nicht mehr vermeiden, daß der Kreis der Teilnehmer ganz von selber anschwillt. So muß ich Sie alle besonders für die Referenten um Generalpardon bitten, wenn Sie vielleicht da und dort mehr erwartet haben oder mehr wissen. Mir selber ist ein behutsamer, methodischer approach an das wichtige Thema der politischen Führungsstruktur der Ersten Tschechoslowakischen Republik lieber und erfolgversprechender als ein Ausschütten des Wissenbaren gleich am Anfang, ohne es unter gewissen Kategorien etwas ordnen zu können. Ich bitte also um Ihr Verständnis wie um Ihre kenntnisreichen Beiträge und Ihre kritischen Korrekturen.

Die tschechoslowakischen Historiker schweigen heute. Vielleicht ist es ein guter Dienst, den Wissenschaft menschlich anbieten kann, daß sie jenseits der Grenzen dieses Schweigens Fragen behandelt und klärt, die einer kommenden Begegnung im Wege stehen. In diesem Sinne könnten wir unsere Tagung auffassen.

Friedrich Prinz

DIE „BURG". IHRE ENTSTEHUNG UND STRUKTUR ALS FORSCHUNGSAUFGABE

Das Problem der „Burg", die man mit treffender Ironie eine „republikanische Hofkamarilla" (Chr. Willars) genannt hat, ist nicht nur eine interessante Frage der tschechoslowakischen Geschichte, sondern von weitreichendem allgemeinem Interesse, vor allem deshalb, weil man an diesem Paradebeispiel Entstehung und Behauptung politischer Macht studieren kann, einer Macht, die von politischen Outsidern in einer günstigen weltpolitischen Sternstunde geschaffen und weit über diese einmalige Konstellation hinaus erfolgreich behauptet worden ist. Das Problem der „Burg" umschließt weiterhin die erregende Frage, ob und inwiefern sich in der Epoche der Fundamentaldemokratisierung ein informeller und inoffizieller Kreis politisch aufeinander eingespielter Leute um Masaryk und Beneš gegenüber dem Trend strikter parlamentarischer Machtkontrolle zu behaupten verstand, ohne dabei das parlamentarische Instrumentarium außer Kraft zu setzen.

Das Problem „Burg" besitzt aber auch einen gesamteuropäischen, weit in die Geschichte zurückreichenden Aspekt, den man nicht übersehen sollte, wenn man das ungeheure Prestige der „Burg" in der tschechischen — weniger in der slowakischen — Öffentlichkeit in Rechnung stellt, ein Prestige, das nicht nur verbaler Natur oder ein publizistisches Kunstprodukt war, sondern eine reale Potenz, die mittelbar immer wieder in politische Macht transformiert werden konnte, nebenbei gesagt eine Warnung für den Wissenschaftler, der marxistischen Basis-Überbau-Hypothese, besonders ihrer plump dogmatischen Variante, hier allzu großes Gewicht beizulegen. Die „Burg" ist nämlich unter diesem europäischen und allgemein-historischen Aspekt die Geschichte einer erfolgreichen, rückverpflanzten Emigration, die bis zu einem gewissen Grade im Kräfteparallelogramm der politischen Parteien sowohl Fremdkörper als auch Integrationskern der politischen Mächte des neuen Staates war, wobei die integrierende Kraft sich aus dem ungeheuren Prestige der geglückten „Auslandsaktion" im tschechischen und teilweise auch im slowakischen Volke speiste. *„Nichts ist erfolgreicher als der Erfolg."* Diese Maxime läßt sich am weiteren Schicksal der siegreichen tschechoslowakischen Weltkriegsemigration demonstrieren, jener Emigration, die als eine Troika Štefánik-Masaryk-Beneš begann und sich dann — nach der Staatsgründung und dem mysteriösen Tod des Slowaken Štefánik — als tschechisch zentrierte Burgpartei im Sinne unseres Tagungs-Themas gleichsam institutionalisierte.

Definieren wir die „Burg" vorläufig und scheinbar paradox als institutionalisierte Fortdauer einer Emigrationsstruktur in der Heimat, dann lohnt es sich, im Rahmen unserer Forschungsaufgabe ein Wort über die Bedeutung und Wirkungsweise von Emigrationen überhaupt zu sagen.

Die Geschichte und Wirksamkeit von E m i g r a t i o n e n könnte man als innere Sozial- und Geistesgeschichte Europas schreiben: angefangen von den weltgeschichtlichen Folgen der Vertreibung der Juden unter Kaiser Titus, weiter über die befruchtende Wirkung der irischen und angelsächsischen Emigration des Frühmittelalters, die in der Form der „peregrinatio religiosa" Missionsgeschichte geworden ist; des weiteren die bildungsgeschichtlich bedeutsame spätmittelalterliche und frühneuzeitliche Diaspora der Iren und Schotten auf dem Kontinent, diesmal im Dienste der geistigen Festigung der Gegenreformation. Für das 17. Jahrhundert käme die von Paul Hazard so geistvoll geschilderte hugenottische Emigration in den Niederlanden und im protestantischen Europa in Betracht, die unendlich viel für das moderne wissenschaftliche Denken Europas geleistet hat. Ebenso gehörte hierher die Wirkung großer Einzelgestalten der Emigration, etwa von Jan Amos Comenius, des letzten Bischofs der Brüdergemeinde. Für das Spätmittelalter sei die Opposition der Minoritenintelligenz gegen die fragwürdig virtuose päpstliche Finanzwirtschaft genannt, eine Emigration, die sich unter Kaiser Ludwig dem Bayern an dessen Münchner Residenz formierte (Marsilius von Padua, Wilhelm von Occam). Eine ungeheure geistige Aktivität, Aggressivität und schöpferische Spannkraft bei meist kümmerlichen Lebensumständen charakterisiert solche Emigrationen. Auf dem Felde der Politik wäre dies mit der weltweiten publizistischen Offensive gegen Frankreich zu beweisen, die nach der Aufhebung des Ediktes von Nantes und der Vertreibung der Hugenotten einsetzte und den politisch-militärischen Ruin der französischen Monarchie im 18. Jahrhundert wesentlich mit beförderte.

Im 19. Jahrhundert bildete die osteuropäische, besonders die polnische Emigration in Paris unter Fürst Adam Jerzy Czartoryski eine propagandistisch-ideologische Großmacht gegen das zaristische Rußland; letzteres wurde bis an die Schwelle des Weltkrieges durch die polnische Exilpropagandaoffensive der große Buhmann des europäischen Liberalismus und Demokratismus. Umgekehrt müßte die Geschichte der Vereinigten Staaten einmal europa-zentrisch, nämlich als Emigrationsgeschichte, geschrieben und Emigrantenmentalität als wesentlicher Bestandteil der amerikanischen Psyche herausgearbeitet werden.

Schließlich ist hier — womit wir wieder unmittelbar beim Thema sind — der große politische Erfolg und Durchbruch zur Weltpolitik einzureihen, den während des Ersten Weltkrieges die ostmitteleuropäischen Emigrationen, also Polen, Jugoslawen, Rumänen, Tschechen und Slowaken, im Westen erreichten, und der zur Gründung selbständiger „Quasi-Nationalstaaten" im Rahmen der Pariser Vorortverträge führte. Das düstere zeitgeschichtliche Nachspiel sind die politischen Emigrationen des Zweiten Weltkrieges und der Nachkriegszeit, die unmittelbar in unsere Gegenwart hineinreichen. In einer solchen die Grenzen und politischen Fronten überspannenden Geschichte Europas als Geschichte und Wirksamkeit von Emigrationen gewänne die europäische Entwicklung gleichsam eine natürliche innere Dialektik. Vieles würde transparenter, wenn man daran ginge, gemeinsame Merkmale der einzelnen Emigrantengruppen herauszuarbeiten und ebenso deren Unterscheidungsmerkmale: die konsequente Aufbereitung ideologischer Waffen gegen das Regime, das die Emigration erzwang, Waffen, die von subtilster Intellektualität bis zu massiven politischen Gegenpositionen reichen. Die politisch-militärische Ohnmacht der Emigranten macht sie zu einem gefährlichen Instrument in den Händen derjenigen Mächte, die aus anderen, meist rein machtpolitischen Gründen, die Heimatländer der Emigranten bekämpfen: hier ist die verwundbarste Stelle der Emigrationen — sie können zu "Vaterlandsverrätern" abgestempelt und damit vom herrschenden Establishment ihrer Heimat diffamiert werden. Besonders deutlich wird dies an der Emigrantenhetze des Nationalsozialismus gegen die liberale und demokratische Opposition Deutschlands, die nach 1933 ins Ausland gehen mußte.

Wichtiger noch als die politischen Funktionen einer Emigration ist das faszinierende Phänomen geistiger Hochleistung, gleichsam hervorgepreßt aus extrem abnormalen Situationen. Man denke wiederum an die Emigrationszentren des 17. Jahrhunderts in den Niederlanden, an Pierre Bayle. Weil Emigranten gezwungen sind, einen politisch-kulturellen Gegenentwurf zu den Werten des feindlichen Establishments in der Heimat zu entwickeln, kommt jenes erwähnte Moment „natürlicher Dialektik" in die europäische Geschichte. Ganze Völker sehen sich in „self-fulfilling prophecy" anders als sie sind und suchen sich auf diesen geistig-sozialen Vorentwurf hin zu entwickeln, d. h. die freien Emigrantengruppen geben den Anstoß zu einer politischen Pädagogik im weitesten Sinne. Hier liegt eine wichtige Wurzel für Genesis und Verständnis der neuzeitlichen Nationalismen, die sich oftmals erst vom ideologischen Leitbild einer in der Emigration entwickelten Konzeption her als Nationen selbst konstituieren[1].

Dieses „nationalpädagogische" Moment als Spezifikum ideologischer und politischer Emigrationen ist gerade bei der „Burg" und ihrem integrierenden Einfluß in der öffentlichen Meinung der Ersten Tschechoslowakischen Republik nicht zu übersehen, die Äußerungen Masaryks aber auch Benešs erhalten dadurch ihren besonderen Stellenwert und besonders Karel Čapeks „Gespräche mit T. G. Masaryk" mit ihren gemütvollen, fast hagiographischen Simplifikationen didaktischer Natur erlangen damit hochoffiziellen Charakter: sie sind gewissermaßen — wenn ich diesen leicht blasphemischen Vergleich gebrauchen darf — eine Art „Apostelgeschichte" der Auslandsaktion und der „Burg" als deren institutioneller Fortsetzung — eine Staatsdoktrin, in der nicht zufällig die Vorbilder geistig hochbedeutender böhmischer Emigrationen, Comenius und die Brüdergemeinde, eine konstitutive Rolle spielen[2].

Nichts wäre jedoch falscher, als die Wirkung der „Burg" auf den ideologisch-nationalpädagogischen Bereich reduzieren zu wollen und dabei Masaryk, eventuell auch Beneš als Philosophen und Soziologen hinsichtlich ihres politischen Aktionsvermögens gewissermaßen in eine „parteipolitische Transzendenz" hochzustilisieren, wie dies die offizielle Staatsdoktrin der ČSSR in der Tat getan hat. Bei dieser gemütvollen, aufs „Landesväterliche" abzielenden und sehr bewußt kalkulierten Art von „politischer Denkmalspflege" wird nur allzu leicht oder auch allzu geflissentlich übersehen, daß es sich bei der „Burg" um eine einflußreiche politische Struktur mit eigenen wichtigen Verbindungskanälen zu zentralen außerparlamentarischen Massenorganisationen, zu „Sokol", Gewerkschaften und „Legionären", aber auch zu Wirtschaft, Hochfinanz und zur Publizistik als der veröffentlichten Meinung

---

[1] Die Unterscheidung zwischen Emigrationen vor oder nach Revolutionen (F. Seibt) ist wissenschaftlich unersprießlich, da in beiden Fällen Emigrationen erfolgreich oder erfolglos sein können.

[2] Č a p e k , K.: Gespräche mit T. G. Masaryk. Aus dem Tschechischen von Camill Hoffmann. Neudruck mit einem Nachwort von Milan M a c h o v e c. München 1969.

handelt. Eine Verengung des Blicks auf noch so bedeutende Einzelpersönlichkeiten wäre hier ein im Ansatz verfehlter Gesichtspunkt, weil er verhindern müßte, in der „Burg" einen zumindest zeitweise potenten und bei wechselnden Gewichten dennoch politisch relativ kohärenten Organismus zu sehen, der zwar seine Organe in vielen maßgebenden Spitzenpositionen der Parteien und Massenorganisationen hatte, aber dennoch nicht in diesen Bereichen aufging, sondern ein darüber hinausgehendes politisches Eigengewicht entwickelte.

Hält man sich dies vor Augen, wird man auch nicht in das andere Extrem verfallen, das in der Anti-Burg-Literatur immer wieder auftaucht, nämlich die Auffassung, als wäre die „Burg" eine Art finstere Verschwörergruppe, ein Staat im Staate, eine Fortsetzung der „Maffia" mit anderen politischen und publizistischen Mitteln. Natürlich steckt in all diesen Vorwürfen ein Stück Wahrheit, aber es wird dabei die Tatsache übersehen, daß die Männer, die man zum inneren Kreis der Burg zählt, zugleich wichtige Persönlichkeiten des allgemeinen politischen und gesellschaftlich-organisatorischen Lebens und somit auch außerhalb des „Burg-Systems" repräsentativ waren. Dagegen scheint es wichtig darauf hinzuweisen, wie in einem neueren, ausgewogenen Urteil geschehen, daß es sich bei den Männern der Burg ausschließlich um „egg-heads", um Intellektuelle handelte, also um eine Art „braintrust" wie ihn sich dann Franklin Delano Roosevelt in den 30er Jahren zulegte, als er mit der Programmatik des New Deal der amerikanischen Wirtschaftskrise zu Leibe rücken wollte[3]. Allerdings, so zukunftsbezogen und sozialreformerisch waren die Burg-Repräsentanten bei weitem nicht, es ging hier vielmehr gleichsam um die fortgesetzte Prolongierung einer quasi überparlamentarischen Macht mit bestimmten, in der Stellung des Präsidenten begründeten Kontroll-, Steuerungs- und Ausgleichfunktionen, die, je länger sie dauerte, um so stärker attackiert wurde. Erinnert sei an die Präsidentschaftskandidatur von Professor Bohumil Němec im Jahre 1935[4], als das erstemal für die „Burg" die Gefahr akut wurde, durch eine parlamentarische Konstellation, die bewußt gegen Beneš konzipiert war, aus der Macht hinauskatapultiert zu werden. Es wäre lohnend zu untersuchen, bis zu welchem Grade der Druck von „Sokol", Gewerkschaften, Lehrervereinen und „Legionären", also von „pressure-groups" in weitestem Sinne, auf die parlamentarischen Gremien dazu beigetragen hat, die Stoßkraft dieses Versuches mit außerparlamentarischen Mitteln zugunsten der „Burg"-Gruppe abzustoppen. Ex negativo läßt sich der Einfluß der „Burgpartei" — um diesen zwar gebräuchlichen, aber problematischen Begriff hier dennoch zu verwenden — am Abstieg und Verfall von Macht und Prestige von Karel Kramář ablesen, und ich bin sicher, daß Herr Lemberg

---

[3] H o e n s c h , J. K.: Geschichte der Tschechoslowakischen Republik 1918—1965. Stuttgart 1966, S. 39 f. (Urban Bücher 96). Die fundierteste und konsequenteste Kritik am „Burg"-System und seinen Trägern findet sich bei W i l l a r s , Chr.: Die böhmische Zitadelle. ČSR — Schicksal einer Staatsidee. Wien-München 1965, S. 261 f. und passim.

[4] Die Tatsache, daß Němec in dieser Konstellation nur eine Figur war, darf m. E. nicht über das Wesentliche des Vorganges hinwegtäuschen, daß nämlich erstmals eine relativ breite parlamentarische Front die Nachfolge Benešs, also eines „Burg"-Repräsentanten, in Frage zu stellen bereit war, und daß Beneš in der Tat alle Register ziehen mußte, um dieser Gefahr Herr zu werden. Das Scheitern dieses Versuchs sagt jedenfalls nichts über seine grundsätzliche Bedeutung aus.

aus seiner intimen Materialkenntnis Wesentliches zur Erfassung des Phänomens „Burg" aus der Sicht ihres profiliertesten Gegners, also aus der Sicht Kramářs beitragen wird, jenes Mannes, der einst der „ungekrönte König Böhmens" und dann der Märtyrer der tschechischen Nation war, und der fast als tragikomische Figur in persönlicher Armut und Isolierung endete[5].

Ein weiteres Phänomen wäre untersuchenswert, nämlich die Tatsache, daß sich seit den 30er Jahren zwar die Angriffe gegen die „Burg"-Gruppe verschärften[6] — man denke an die bereits erwähnte Präsidentenwahl von 1935, bei der Beneš wirklich alle Hebel in Bewegung setzen mußte, um als Masaryks „Kronprinz" auch wirklich sein Nachfolger werden zu können —, daß aber umgekehrt die wachsende Bedrohung der Versailler Ordnung durch Hitler-Deutschland und damit speziell die Gefährdung der Tschechoslowakei von außen und durch den steigenden Widerstand der Sudetendeutschen von innen die Machtposition der „Burg" zwangsläufig konservieren half. Wenn hier ein kleines Wortspiel gestattet ist: der „Burgfriede", der aus einem Gefühl nationaler Solidarität gegenüber der äußeren Gefahr erwuchs, verlängerte und stärkte die Macht der „Burg"-Gruppe. Es war also ein „Burgfriede" im doppelten Sinne, und dies um so mehr als ja gerade die Repräsentanten der Burg, an ihrer Spitze Edvard Beneš als der Konstrukteur des für zuverlässig gehaltenen militärischen und politischen Bündnissystems mit Frankreich und England, als die lebenden Garanten der staatlichen Sicherheit allgemein angesehen wurden. Anders ausgedrückt: die bodenlose Enttäuschung der Tschechen über die Ineffizienz des Bündnissystems, wie sie mit dem Münchner Abkommen offenkundig wurde, hätte auch bei einer „normalen" Fortdauer der ČSR die Macht der „Burg" — soweit davon überhaupt in den 30er Jahren noch die Rede sein kann — mit Sicherheit beendet und das politische Koordinatensystem des Staates auch ohne deutschen Druck grundlegend verwandelt. Denn die „Burg" stand und fiel nach dem Gesetz, nach dem sie angetreten war, und dies war der außenpolitische Erfolg der Auslandsregierung und dessen Sicherung nach 1918! Man wußte in der öffentlichen Meinung die Auffassung zu nähren, daß, wer Beneš und seine Mitarbeiter angriff, zugleich die Sicherheit des Staates aufs Spiel setzte. Wir werden noch in anderem Zusammenhang sehen, daß dieser Äquivokation und politischen Idiosynkrasie bereits im Herbst 1918 bei den Genfer Verhandlungen zwischen den Prager Politikern und der Pariser Provisorischen Regierung durch Benešs entschiedenes und souveränes Auftreten gegenüber der „Heimatfront" entschieden vorgearbeitet worden ist; d. h.,

---

[5] Im Vortrag von H. Lemberg kam dieser Aspekt leider nicht zum Tragen. Damit wurde die Chance vertan, eine Charakterisierung der „Burg" auch „ex negativo", d. h. von den Gegenkräften her, zu versuchen. Gerade hier liegen aber Möglichkeiten, das Phänomen „Burg" in den Griff zu bekommen, man denke etwa an die Rolle des Adels und vor allem der katholischen Kirche, die man als potentielle Gegenmächte der linksliberalen politischen Konzeption Masaryks und Benešs bezeichnen kann.

[6] Die Bezeichnung „Gruppe" für die „Burg" ist m. E. adäquater als der Ausdruck „Clique" (F. Seibt), die den unzutreffenden Eindruck hervorruft, als handle es sich um eine Art Geheimorganisation außerhalb der demokratischen Grundverfassung des Staates, was sicher nicht stimmt. Schon die Tatsache, daß es sich nach M. K. B a c h - s t e i n um eine sehr verschieden strukturierte weitere und engere Gruppe handelt, zeigt die Unzulänglichkeit des Begriffs „Clique" für den hier vorliegenden Sachverhalt.

die Stabilität der „Burg"-Gruppe und ihres Einflusses war von Anfang an mit dem außenpolitischen Erfolg der Emigration kausal verknüpft. Dies erklärt m. E. auch die breite Welle von Animosität aus den verschiedensten politischen Lagern, die Beneš und seiner Burg-Mannschaft in die zweite Emigration nach dem Desaster von München nachschwappte, eine Animosität, die man zu Unrecht oberflächlicherweise oder absichtsvoll bereits mit einer Faschistisierung des politischen Lebens in Zusammenhang gebracht hat.

Wenden wir uns nun den Problemen zu, die bei einer Untersuchung der Struktur und Arbeitsweise der „Burg"-Gruppe ins Auge zu fassen sind. Dabei soll in keiner Weise die Thematik der Einzelreferate vorweggenommen oder eingeengt werden, vielmehr geht es in dieser Einleitung lediglich darum, Aspekte für die wissenschaftliche Diskussion anzubieten, die vielleicht Kristallisationspunkte der Erörterung in diesem Kreise sein könnten. Hier sei jedoch gleich eine Warntafel aufgestellt, damit nicht der Eindruck entsteht, wir könnten hier mehr als vorläufige Ergebnisse und eine Art von methodisch-historischer „Landvermessung" leisten. Erst wenn eingehende personengeschichtliche Einzeluntersuchungen auf archivalischer Grundlage es erlauben werden, den in Randzonen recht fließenden und wechselnden personellen Bestand der „Burg"-Gruppe und deren Arbeitsweisen zu erfassen, erst dann wird man eine wirkliche Geschichte der „Burg" schreiben können.

Gerade die Entwicklung der Geschichtsschreibung in den letzten Jahrzehnten — ganz gleich ob im Bereich von Antike, Mittelalter oder Neuzeit — hat gezeigt, daß es nicht genügt, Geschichte als Darstellung der Hauptakteure auf der historischen Bühne zu verstehen, sondern daß ein vertiefter, strukturgeschichtlicher Begriff des Historischen es erforderlich macht, Einfluß und politisches Management ganzer Gruppen prosopographisch zu erfassen und in ihrem funktionalen Zusammenhang darzustellen. Dies gilt in besonderem Maße für das Thema „Burg", weil wir es hier vielleicht mit einer Personengruppe zu tun haben, die hinter den Kulissen oder im halboffiziellen Bereich wirkte, und deren Stärke ganz offensichtlich die Querverbindungen zu den Kräften des politischen und gesellschaftlichen Lebens waren.

Wenn man sich also des quasi heuristischen Charakters unserer Bemühungen um das Tagungsthema bewußt bleibt, kann man die „Burg" auch schon mit den heute zur Verfügung stehenden Mitteln und Quellen angehen und analysieren.

Mit dem scharfen, wenn auch verzerrenden Blick des unversöhnlichen politischen Gegners hat nach 1948 die stalinistische tschechoslowakische Historiographie unter Anführung von Václav Král[7] manches für die Freilegung der realen politischen Strukturen und des wirklichen Gewichtes der „Burgpartei" getan, freilich in der erklärten Absicht, das außerordentliche Prestige, das Masaryk und Beneš nach dem neuerlichen Erfolg Beneš im Zweiten Weltkrieg auch in breiten nichtbürgerlichen Schichten genossen, energisch abzubauen. Das Verdienst dieser zweifellos sehr einseitigen Angriffe auf die „Burg" besteht darin, gegenüber der offiziellen „Staatslegende" der bürgerlichen Ersten Republik gezeigt zu haben, daß es sich bei der

---

[7] Král, V.: O Masarykově a Benešově kontrarevoluční protisovětské politice [Über Masaryks und Benešs konterrevolutionäre antisowjetische Politik]. Prag 1953.

„Burg"-Gruppe nicht nur um ein allgemeines politisches Prestige der „Männer der ersten Stunde" handelt, sondern um eine aktive politische Körperschaft, gewissermaßen „mit Zähnen", um eine Gruppe also, die neben und über den parlamentarischen Gremien eigene Politik auch bei wechselnden parlamentarischen Konstellationen spielen konnte. (Das Problem der „pětka" sei hier mit Rücksicht auf die folgenden Referate ausdrücklich ausgespart.) Die ungeheure moralische Aufwertung, die im verständlichen Gegenschlag gegen den Stalinismus Masaryk und Beneš in der politisch-historischen Literatur des „Prager Frühlings" von 1968 erfahren haben, drängte diese an sich richtige Erkenntnis manchmal etwas in den Hintergrund und brachte eine Renaissance des „Masarykismus" und seiner westlichen Ideologie, die das Problem der „Burg" eher verschleierte als klärte[8]. Václav Král warf 1953 Masaryk und der „Burg" insgesamt vor allem das energische Eingreifen in die Innenpolitik vor, durch das sie gegenüber einer von links mobilisierten Arbeiterschaft im Dezember 1920 den bürgerlich-demokratischen Charakter der Republik sicherstellten[9]. Die Einsetzung eines ausgesprochenen Beamtenkabinetts am 16. September 1920 unter Jan Černý, den Král einen österreichischen Bürokraten mit Erfahrungen im Kampf gegen Arbeiter nennt, wird Masaryk als antidemokratische Tendenz angerechnet, ebenso sein persönliches Engagement beim Aufbau der Armee und deren Kampf gegen das revolutionäre Ungarn. Wenn in diesem Zusammenhang Masaryk vorgeworfen wird, daß er wie weiland Kaiser Franz Joseph Minister ohne Rücksicht auf die Meinung der Parteien nach eigenem Gutdünken einsetzte, dann steckt in dieser gehässigen Übertreibung dennoch ein richtiger und für die „Burgpolitik" wesentlicher Kern: die außerordentliche Machtfülle des Präsidenten der Republik, die ursprünglich in der Verfassung gar nicht vorgesehen war. Ja, es gibt sogar noch eine weitere Parallele zur Franz Joseph-Zeit. Peter Hanák hat im Zusammenhang mit den Auswirkungen der dualistischen Staatskonstruktion nach 1867 darauf aufmerksam gemacht, daß die komplizierte Mechanik der jeweiligen Ausgleichsverhandlungen zwischen Österreich und Ungarn es mit sich brachte, daß ein „informeller Kreis" um den Kaiser auf außerparlamentarischem, unkonstitutionellem Wege bedeutenden Einfluß auf hochpolitische Entscheidungen gewann. Faktisch ergab dies eine breite Schleuse für unkontrollierbare Einflüsse von höchster Ebene aus und damit für den Monarchen die Möglichkeit einer Art Nebenregierung in wichtigen Existenzfragen des Staates[10]. Dies sind fast wörtlich die Vorwürfe gegen das politische Management der „Burg" und es wäre sicherlich lohnend, diese Art von Parallelitäten einmal vergleichend zu untersuchen[11]. Methodisch ist dabei

---

[8] Eine rühmliche Ausnahme hinsichtlich der sog. „Auslandsaktion" bildet die ausgewogene Darstellung von Pichlík, K.: Zahraniční odboj 1914/18 bez legend [Der Auslandskampf 1914/18 ohne Legende]. Prag 1968.
[9] Král 75—93.
[10] Hanák, P.: Hungary in the Austro-Hungarian Monarchy. Austrian History Yearbook III/1 (1967) 260—302, bes. 289 ff.
[11] Wichtig wäre vor allem, genau die verfassungsrechtliche Stellung Masaryks zu analysieren (und dieselbe dann mit derjenigen des Kaisers zu vergleichen), da man auf diese Weise ein festes Koordinatensystem erhalten würde, mit dessen Hilfe erst unterschieden werden könnte, was an politischem Einfluß der „Burg" schlichtweg auf die verfassungs-

allerdings im Auge zu behalten, daß die Vorwürfe der tschechoslowakischen Historiographie nach 1948 und in verstärktem Maße wieder nach 1968 unter dem Stichwort „Burg" die gesamte Politik der Ersten Republik unter Masaryk und Beneš verstehen, während es uns hier im engeren Sinne um Einfluß und politische Aktionen einer bestimmten Gruppe um die beiden genannten Leitfiguren geht[12].

Fragen wir uns nun, auf welche Weise das Problem „Burg" überhaupt entstand und als Moment tschechoslowakischer Innenpolitik manifest wurde? Man muß hier wohl bis zu jenem Zeitpunkt zurückgehen, an dem die tschechoslowakische Emigration, d. h. die Auslandsaktion, als Pariser Provisorische Regierung sich erstmals in die Lage versetzt sah, neben den unterirdischen Kontakten nach Böhmen, die über das Haupt der „Maffia", Dr. Přemysl Šámal, liefen, nunmehr auch offizielle Kontakte zu den Führern der politischen Parteien in der Heimat, zu Kramář, Klofáč, Rašín, Habrman und anderen, aufzunehmen. Es gehört zu den Paradoxien der Geschichte, daß dies durch die österreichischen Behörden selbst in die Wege geleitet worden ist, denen am 22. Oktober 1918 eine geheime Direktive Benešs an Dr. Šámal in die Hände fiel und die nun — statt die Reste der „Maffia" auszuheben — auf die Idee kamen, den Prager Politikern des „Nationalausschusses" Reisepässe in die Hand zu drücken, wohl in der vagen Hoffnung, die tschechischen Parteien könnten zugunsten des Fortbestands der Donaumonarchie auf die Pariser Provisorische Regierung einwirken. So kam es am 28. Oktober in Genf zu der wichtigen Begegnung zwischen den Vertretern der Inlandpolitik, Kramář, Šámal, Habrman, Dr. Preiss von der Živno-Bank u. a., und Edvard Beneš als dem Repräsentanten der Pariser Provisorischen Regierung der Tschechoslowakei, die zu diesem Zeitpunkt bereits den unschätzbaren Vorteil besaß, als kriegführende Regierung von den Alliierten offiziell anerkannt worden zu sein[13]. Diese Konferenz vom 28. Oktober, über die u. a. Beneš in seinen Memoiren relativ ausführlich berichtet[14], ist m. E. die wirkliche Geburtsstunde der „Burg"-Gruppe; die quellenmäßige Erhellung dieses Treffens auf archivalischer Grundlage wäre eine wissenschaftliche Grundvoraussetzung für jede Analyse der „Burg", weil damals entscheidende Weichen gestellt worden sind[15]. Beneš gibt einen zwar vorsichtig generalisierenden, die offen-

---

rechtliche Stellung des Präsidenten zurückzuführen ist, und was darüber hinaus Politik der „Burg" war, die nicht durch die Verfassung voll abgedeckt war.
[12] Vgl. z. B. die Angriffe gegen die „Hradčanologie" von S e d l á k, J.: Hradčanologie vzkvétá, či chřadne [Blüht die Hradčanologie auf oder verwelkt sie]? In: Tvorba ... (1971).
[13] Für den langen Weg zur Anerkennung sei auf die beste, archivalisch gesättigte Darstellung verwiesen: P e r m a n, D.: The Shaping of the Czechoslovak State. Leiden 1962.
[14] B e n e š, E.: Der Aufstand der Nationen. Der Weltkrieg und die Tschechoslowakische Revolution. Berlin 1928, S. 606 ff.
[15] Wenn gegen die These von der Bedeutung der Genfer Konferenz für die „Burg" eingewandt wurde, die Teilnehmer hätten kein Bewußtsein von ihrer Wichtigkeit gehabt (H. Lemberg), so ist dies in zweifacher Hinsicht falsch: Erstens methodisch, weil es einen Unterschied ausmacht, ob sich die Agierenden der Wichtigkeit ihres Tuns subjektiv bewußt waren oder ob sich ihr Handeln im Nachhinein als objektiv bedeutsam erwies. Zweitens ist in obigem Zusammenhang nicht von der von Beneš gemeinten Auswirkung der Konferenz auf die Entstehung der ČSR die Rede, sondern der

baren Gegensätze überspielenden Bericht der Verhandlungen, der nichtsdestoweniger aufschlußreich ist. Beneš betonte nämlich in der damaligen Situation völlig zu Recht den Primat der Außenpolitik und stellte gleichzeitig die Prager Vertreter als uninformiert und in ihren Ansichten schwankend dar. Am Schluß der Verhandlungen forderte Beneš, der zweifellos in der stärkeren Position war, von den Prager Vertretern erstens die „feierliche Beglaubigung, daß die tschechische Nation" der gesamten Politik der Auslandsaktion voll zustimme, und zweitens, daß die „heimischen Politiker, auch jene, die daheim geblieben waren und vertreten wurden", alle Schritte der Pariser Provisorischen Regierung billigen und deren gegenüber den Alliierten eingegangene Verpflichtungen mit übernehmen sollten. Nach Benešs Darstellung erhielt er eine „bejahende Antwort", die allerdings mit der Einschränkung gegeben wurde, daß die Prager Delegation hierfür keine „ausdrückliche Ermächtigung" besitze. Daß man sich zu einer schriftlichen Formulierung entschloß, die immerhin erst zwei Tage später unterschrieben werden konnte, also längere Verhandlungen notwendig machte, zeigt m. E. deutlich und gleichsam gegen den Willen des Autors die bestehenden Differenzen zwischen Prag und der Pariser Provisorischen Regierung, Differenzen, die in der späteren politischen „Erbauungsliteratur" entweder verschleiert oder doch sehr heruntergespielt wurden. Hier liegt zweifellos eine wichtige Forschungsaufgabe[16]. Ohne auf das Gewicht der Genfer Verhandlungen für die Entstehung der ČSR insgesamt einzugehen, sei doch hervorgehoben, daß mit dieser Vorrangstellung der „Auslandsaktion", wie sie sich dann auch in der Kabinettsliste der Provisorischen Prager Regierung niederschlagen sollte, die Präponderanz der späteren „Burg"-Gruppe schon vorweggenommen bzw. fixiert war. Des weiteren ist festzustellen: wenn Beneš bei diesen Verhandlungen wie bei Einzelgesprächen mit Kramář immer wieder betonte, daß ohne die Westmächte überhaupt nichts erreicht und nicht einmal die Ernährung der böhmischen Länder in dieser Situation des Hungers und Zusammenbruchs sichergestellt werden könne, dann sprach er damit nichts anderes aus als wiederum den Anspruch auf den Vorrang der Auslandsaktion, der mit außenpolitischen Argumenten immer wieder untermauert wurde, etwa mit dem Hinweis, daß Masaryk durch sein internationales Prestige und die Bedeutung der tschechoslowakischen Legionen faktisch schon Präsident der Republik sei. Aus der Bedeutung der Außenpolitik für das Entstehen der ČSR, wobei die Außenpolitik nach Benešs Meinung den Staat erst geschaffen hatte, ergab sich dann konsequent, daß das Amt des Außenministers ohne Diskussion ihm zustand und daß dieses Amt in Hinkunft unerläßlich für das Fortdauern des

---

Konferenzverlauf dient nur als Indiz für die ernsten Differenzen zwischen Inlands- und Auslandsaktion. Wenn man diese an sich dürftige und bewußt subjektive, parteiliche Quelle jedoch im historischen Kontext interpretiert, so ist m. E. völlig klar, daß die wirklichen Differenzen wesentlich größer waren, als dies Beneš durchblicken läßt. Gerade er hatte ja das größte politische Interesse daran, ex post die Gegensätze zu minimalisieren. Meine Auffassung von der Wichtigkeit dieser Konferenz für unser Thema bezieht sich allein auf die offenkundige Divergenz von Inlands- und Auslandsaktion, nicht auf die Ergebnisse der Konferenz. Nichtergebnisse der Konferenz schlechthin.

[16] Völlig abwegig ist es, die Identität der politischen Interessen Masarysk und Kramářs im Jahre 1918 u. a. damit beweisen zu wollen, daß beide an der neuen tschechischen Grenze Bruderküsse getauscht hätten (H. Lemberg).

Prestiges und Einflusses der „Burg"-Gruppe war. Die Gleichung Außenpolitik = Burg = unerläßliche Existenzsicherung der ČSR wurde damit ein Axiom tschechischer Politik bis zur Katastrophe des Münchner Abkommens.

Denselben Tenor, wenn auch nicht so detailliert wie bei Beneš, haben die Memoiren Masaryks[17]. Am Beginn des 9. Kapitels seines Buches zählt der Präsident die Kräfte auf, die am meisten für die Entstehung der Republik getan haben, und er teilt sie interessanterweise in zwei Gruppen ein: Eine aktive Gruppe, die mit der eigenen „Auslandsaktion" identisch ist, und der er ausführliche Darlegungen widmet. Die andere Gruppe, der nur etwa eine dreiviertel Seite vergönnt wird, ist passiver Natur. Zu ihr zählen alle Soldaten, die in der österreichischen Armee Widerstand geleistet und von denen zahlreiche hingerichtet wurden, ein Faktum, das unmittelbar wieder zu der führenden Rolle der „Auslandsaktion" überleitet, die im Ausland gegen diese Verfolgungen Anklage erheben und damit die tschechische Sache insgesamt propagandistisch fördern konnte. Dann fährt Masaryk fort: „Ferner trugen zur Befreiung alle jene Bürger bei, die unter dem österreichischen Militärterror hingerichtet, die zum Tode verurteilt (Dr. Kramář, Dr. Rašín), eingekerkert, ihres Eigentums verlustig erklärt und sonstwie gepeinigt wurden."

Die Rolle des Prager Widerstandes und der politischen Parteien wird in dieser Wiederholung eines bereits erwähnten Tatbestandes auf das nur en passant erwähnenswerte Minimum eines passiven Widerstandes reduziert, dessen Hauptvertreter Kramář und Rašín (gerade noch, möchte man hinzufügen!) in Klammer Erwähnung finden. Wenige Seiten später (S. 309) fügt Masaryk eine lakonische Feststellung hinzu, die im Grunde ein Verdikt der politischen Parteien in der Heimat impliziert. Dort heißt es:

„In der Heimat gab es in den ersten drei Jahren des Krieges keine von allen politischen Führern, respektive Abgeordneten und Parteien betätigte einheitliche Abwehraktion. Die politische Führung der Parteien war durch die Regierung gelähmt, die Parteien sahen sich bald ihrer Führer beraubt — [in Klammern werden hier wieder Kramář, Rašín und außerdem Klofáč und Stříbrný erwähnt] — und die Nation blieb so ohne sichtbare Führung ihrer politischen Parteien. Eine bewaffnete Revolution in der Heimat war bis ans Ende des Krieges im Programm der führenden Parteien nicht enthalten, sie konnte es nicht sein und brauchte es auch nicht zu sein."

Apodiktischer konnte man wohl kaum die Rolle Prags bei der Befreiung und Staatsgründung herunterspielen und sie als reine wenn auch ehrenwerte Passivität mit märtyrerhaften Zügen abtun. Hier haben wir nicht nur in nuce das politische Selbstverständnis der „Auslandsaktion", sondern zugleich, was in unserem Zusammenhang noch wichtiger ist, den aus Verdienst und Prestige resultierenden Vorranganspruch der „Burg"-Gruppe, ihre verdeckte Kampf-Position gegen die politischen Parteien bzw. gegen bestimmte Teile von ihnen. Auch die bekannte publizistische Auseinandersetzung um die Festsetzung des offiziellen Staatsgründungs-Feiertages der Republik ist nur auf dem Hintergrund der latenten Spannungen zwischen der

---

[17] Masaryk, T. G.: Die Weltrevolution, Erinnerungen und Betrachtungen 1914—1918. Deutsch von C. Hoffmann. Berlin 1927, hier bes. S. 386 ff.

„Burg" als der „prolongierten Auslandsaktion" und den politischen Parteien anzusehen, wenn man von den Sozialdemokraten und den Nationalsozialisten einmal absieht. Auch hier liegt somit eine Forschungsaufgabe [für deren Bewältigung u. a. Ferdinand Peroutkas „Budování státu" und sein gesamtes journalistisches Oeuvre wertvolle Ausgangspunkte geben könnten][18].

Ohne den Einzelreferaten auch hier vorgreifen zu wollen, sei in diesem Zusammenhang auf einige weitere diskussionswürdige und untersuchenswerte Momente hingewiesen:

Für die endgültige Konstituierung der „Burg"-Gruppe und ihres Einflusses war es von Bedeutung, daß es Masaryk nach seiner Rückkehr aus Amerika gelang, im Mai 1919 eine Novellierung der Provisorischen Verfassung durchzusetzen, die auf eine bedeutende politische Aufwertung seiner eigenen Stellung, des Präsidentenamtes, hinauslief. Die im Auftrag des Prager Nationalausschusses von Dr. Alfred Meißner entworfene Verfassung war ursprünglich viel eher ein Instrument der „Heimatfront", des Prager „Národní Výbor" und damit der traditionellen tschechischen Parteien gewesen. In dieser Verfassung, die parallel zu dem Kelsenschen Verfassungsmodell für Österreich die Präponderanz der Legislative über die Exekutive festgelegt hatte[19], war die Macht des Staatspräsidenten eng begrenzt, vor allem besaß er nicht das Ernennungsrecht für die Regierung, ein zentrales Recht, das sich nun Masaryk erkämpfte, und das für Macht und Einfluß der „Burg" in den nächsten Jahren ausschlaggebend sein sollte[20]. Wenn man es personalisieren wollte, dann war der Kampf um eine Verfassungsänderung zugunsten des Staatspräsidenten weitgehend ein Ringen zwischen Kramář und Masaryk, eine Auseinandersetzung zwischen Parlamentarismus und dem entstehenden „Burg"-Establishment. Bei Harry Klepetař, einem Sprachrohr der Burg, liest sich das folgendermaßen:

„Der dritte Grund [für die Verfassungsänderung zugunsten Masaryks — Anm. d. Verfassers] ist wohl darin zu erblicken, daß die Parteien ihre Machtstellung dem Präsidenten gegenüber von vornherein festlegen wollten, um so mehr, als sie wußten, daß Masaryk, der zu Österreichs Zeiten der Führer der kleinsten tschechischen Partei (Realisten-Partei) gewesen war, für die *mechanische Aufteilung der Staatsmacht nach dem Parteischlüssel* nur wenig Verständnis aufbringen würde[21]."

---

[18] Mit Recht wurde in der Diskussion mehrfach darauf hingewiesen, daß Ferdinand Peroutka kein Sprachrohr der „Burg", sondern eine nach allen Seiten hin offene und freie politische Persönlichkeit war, die gerade der „Burg" gegenüber nicht mit harter Kritik sparte (J. Firt).

[19] Klepetař, H.: Seit 1918 ... Eine Geschichte der Tschechoslowakischen Republik. M.-Ostrau 1937, S. 14 ff.

[20] Als weitere Manipulation der Verfassung wird man es betrachten müssen, daß in der Verfassung der ČSR zwar das passive Wahlrecht für die Senatoren der Republik auf 45 Jahre festgelegt wurde, dasjenige des Präsidenten jedoch nur 35 Jahre betrug, d. h. Masaryk wollte auf diese Weise bereits durch eine entsprechende Vorsorge in der Verfassung die Nachfolge des relativ jungen Beneš im Präsidentenamt sichern.

[21] Wenn gegen dieses Zitat in der Diskussion eingewandt wurde, es beziehe sich ja auf den Vorkriegsschlüssel der tschechischen Parteien (H. Lemberg), so ist das m. E. kein stichhaltiges Gegenargument, denn schließlich geht es um die grundsätzliche Frage, ob das reale Kräfteverhältnis demokratischer Parteien bei der Regierungsbildung den Aus-

Was hier abschätzig „mechanische Aufteilung der Staatsmacht nach dem Parteischlüssel" genannt wird, ist nicht mehr und nicht weniger als die Grundmaxime demokratischen Staatslebens, enthüllender könnte man gar nicht den Gegensatz zwischen parlamentarischer Demokratie und einem politischen Management kennzeichnen, das als „Burg" dem Parlamentarismus kraft seines Erfolgprestiges aufgepfropft wurde. Ich wiederhole: Nichts ist erfolgreicher als der Erfolg, und so macht es das politische Charisma des Befreiers und Staatsgründers möglich, ihm mit dem Ernennungsrecht eine Funktion zu geben, die man im österreichischen Kaiserstaate als ein Residuum des Neoabsolutismus bei Kaiser Franz Joseph immer hart bekämpft hatte. Verfassungen als Momentaufnahmen konkreter politischer Konstellationen — dies kann man an diesem Falle sehr gut studieren; desgleichen stellt sich die Assoziation ein: Verfassung des Norddeutschen Bundes von 1866 bzw. des Deutschen Reiches von 1870/71, die ja auch hinsichtlich der starken Stellung des Reichskanzlers sozusagen „Maßschneiderei" für Otto von Bismarck gewesen ist[22].

Ebenso aufschlußreich für die Genesis und Arbeitsweise der „Burg"-Gruppe ist der Kampf um die Placierung Dr. Přemysl Šámals in der ersten Regierung, jenes Mannes, der während des Weltkrieges der Hauptkontaktmann der „Auslandsaktion" zu den noch existierenden Resten der „Maffia" und damit zu den politischen Kräften in der Heimat gewesen ist. Er hatte gewissermaßen eine Doppelrolle gespielt: einerseits als Vertrauensmann von Masaryk und Beneš, andererseits als Vertreter der „Heimatfront" und des „National-Ausschusses". Auf der erwähnten Genfer Konferenz der Inlands- und Auslandsaktion war ihm eines der wichtigsten Ministerien, das des Inneren, zugesprochen worden. Aufgrund des Kräfteverhältnisses der Parteien erkämpfte sich aber der Agrarier Antonín Švehla, der Führer der stärksten tschechischen Partei, dieses Amt; Šámal gehörte nur der kleinen Realistenpartei an. Man sieht, die politischen Parteien setzten sich dort erfolgreich durch, wo sie nicht gegen das übermächtige nationale Prestige Masaryks und Benešs anzukämpfen hatten; der Fall Šámal war eine Schlappe für die Personalpolitik der „Burg". Allerdings hat Šámal als Kanzleichef Masaryks eine Schlüsselposition im Kräftefeld der „Burg"-Gruppe eingenommen und dort als Mann mit weitreichenden Kontakten zu fast allen politischen und gesellschaftlichen Kräften eine wichtige Rolle im Hintergrund gespielt. Bekanntlich trat Edvard Beneš, um dem Schicksal Šámals zu entgehen, wie er selbst freimütig eingestand, 1922 den tschechischen Nationalsozialisten bei und sicherte sich damit die Domäne der Außenpolitik auch für die Zukunft. Mit anderen Worten: Beneš sah sehr klar, daß die günstige Ausnahmesituation von 1918/19 für die Etablierung der „Burgpartei" kein Dauerzustand bleiben konnte, sondern daß es galt, durch personelle Verbindungen und Rückendeckung sich einer traditionellen Partei zu assoziieren, um den Einfluß der „Burg" nach Möglichkeit aufrechtzuerhalten. In diesem Zusammenhang ist darauf hinzuweisen, daß der Einfluß der Burg auch ein chronologisches Problem ist. Věra Olivová hat m. E. mit Recht darauf aufmerksam gemacht, daß seit Locarno, d. h. seit dem grundlegenden Wandel der politischen Bühne Europas, und dem politischen

---

schlag gibt oder nicht. Stellt man dieses Axiom in Frage, dann stellt man damit auch das demokratisch-parlamentarische Prinzip in Frage.
[22] S c h i e d e r, Th. in: G e b h a r d t, B.: Hdb. d. dt. Gesch. III⁹, S. 224 ff.

Aufstieg sowohl der Agrarpartei wie auch der Katholischen Volkspartei, der Einfluß der Burg in der Innenpolitik stark zurückging, doch verblieb ihr die Domäne der Außenpolitik auch weiterhin[23].

Die nachmals so einflußreiche Katholische Volkspartei unter Msgr. Šrámek war ja 1918 wegen ihrer „Kollaboration" mit Habsburg nur sehr bedingt handlungsfähig gewesen, ursprünglich wollte man sie ganz aus dem ersten Allparteienkabinett ausschließen, konzedierte ihr aber dann doch einen Minister ohne Portefeuille, sozusagen als Partei auf Bewährung. Šrámek hat bekanntlich später eine Annäherung an die „Burg" eingeleitet, ob dies seiner Partei gut bekommen ist, steht allerdings auf einem anderen Blatt. Wenn man hinzunimmt, daß Beneš und Masaryks Tochter Alice als Mitglieder des „Slowakischen Klubs" figurierten, dann stößt man auf ein weiteres Problem der „Burg", nämlich auf die Frage, ob nicht die feste Etablierung dieser Gruppe überhaupt eine politische Ausnahmesituation zur Vorbedingung hat, in der nur ein Teil der gesellschaftlich-politischen Kräfte zur Entfaltung kommen durfte; man denke an die erwähnte bedingte Duldung der Volkspartei, an die künstlich beschränkte, gleichsam vorprogrammierte Beteiligung der Slowaken in Form des — tschechisch durchsetzten — Slowakischen Klubs, und schließlich auch an den vorläufigen Ausschluß der Deutschen, deren Repräsentanz bestenfalls durch einen Minister ohne Portefeuille realisiert werden sollte. Der Kampf bestimmter Parteien gegen die Burg, vor allem der Aufstieg der Agrarier und der Volkspartei, wäre damit auch ein Kampf um die Entzerrung der parteipolitischen Relationen und um die „Parlamentarisierung" der politischen Macht im Staate, also die Auflösung eines nachrevolutionären Ausnahmezustandes, in dem sich die Macht der „Burg"-Gruppe gebildet hatte. Von diesem Aspekt her ergibt sich eine ganze Reihe von diskussionswürdigen *Fragen*, die ich aus Zeitgründen nur noch aufwerfen kann:

1. Welche Rolle spielte das „sudetendeutsche Problem" für die „Burg"-Gruppe? Diente es u. a. als eine Art Aggressionsableiter zur Einigung und Domestizierung der tschechischen politischen Parteien im Interesse des Einflusses der „Burg"? Die wüsten, unqualifizierten Angriffe, die das auflagenstärkste Massenblatt der ČSR, Beneš Parteiorgan „České slovo", immer wieder gegen die Deutschen vom Stapel ließ, legen die Frage nahe, ob hier von der „Burg" aus ein fataler „Burgfriede" mit Rücksicht auf die „deutsche Gefahr" kreiert werden sollte. Andererseits jedoch spricht gegen eine solche Vermutung, daß sich Beneš schon früh etwa gegen den verbalen Radikalismus Kramářs gewandt hat und mit Rücksicht auf das sich seit Locarno konsolidierende Deutschland bestrebt war, das sudetendeutsche Problem auf kleiner Flamme zu halten. Wie lassen sich also — ein weiteres Forschungsproblem — die publizistische Animosität und das innenpolitische Balancieren, ja Ausgleichen, auf einen Nenner bringen?
2. Daraus ergibt sich ein weiterer wichtiger Fragenkomplex hinsichtlich der Rolle der veröffentlichten Meinung, der Massenmedien und ihrer unterirdischen oder offiziösen Beziehungen zur „Burg"-Gruppe. Genannt sei in diesem Zusammenhang lediglich der Melantrich-Konzern.

---

[23] Olivová, V.: Hradní buržoazie. In: Dějiny a současnost 7 (1965) Heft 4, S. 39 ff.

3. Noch zentraler ist m. E. die Frage, inwiefern sich die „Burg"-Gruppe außerparlamentarischer gesellschaftlicher Kräfte zur Festigung ihrer Stellung bediente, der sogenannten Massenorganisationen: also des „Sokol", der „Legionäre", des einflußreichen Lehrerverbandes, der Gewerkschaften etc. Zu untersuchen wären vor allem die personellen Verflechtungen der „Burg"-Gruppe mit diesen außerparlamentarischen Gegenmächten gegen die traditionellen Parteien, bzw. ob und in welcher Weise man sich derselben zur Manipulation des parlamentarischen Systems bediente? Die Präsidentschaftswahl des Jahres 1935 böte hier interessante Materialien.

4. Von der marxistischen Historiographie ist immer wieder auf die Rolle des westeuropäischen Großkapitals in der ČSR verwiesen worden, das über die Beteiligung der Živno-Bank mit den Interessen der „Burg" verknüpft gewesen sei[24]. Ähnliches gilt für die immer wieder ins Feld geführten Freimaurer-Verbindungen der „Burg"-Gruppe, bislang mehr ein „NS-Grusical" als solide wissenschaftliche Erkenntnis.

5. Ferner sollte man bei einer Analyse der „Burg" aus naheliegenden Gründen die anderen erfolgreichen Exilgruppen des Ersten Weltkrieges vergleichend im Auge behalten, vor allem, wenn ihre Rückkehr in die Heimat in ein wie auch immer geartetes „Präsidialregime" mündete. In erster Linie ist hier wohl an Polen zu denken.

6. In Zusammenhang mit der Frage, ob wir es mit einem gemilderten oder verdeckten „Präsidialregime" zu tun haben, wäre auch die Rolle der sogenannten „Beamtenkabinette" an Krisenpunkten der Staatsentwicklung zu untersuchen. Beamtenkabinette hatte es ja immer wieder in den letzten Jahrzehnten der Donaumonarchie gegeben und sie wurden von der Geschichtsschreibung meistens als Symptom der Unfähigkeit des Staates interpretiert, funktionierende parlamentarische Formen angesichts der überragenden politischen Macht des Monarchen zu entwickeln. Es wäre sicherlich interessant, zu analysieren, ob die Beamtenkabinette der Ersten Republik ebenso zu deuten sind, oder ob es sich vielmehr um gezielte Manöver der „Burg"-Gruppe handelt, in einer Krisensituation Zeit zu gewinnen, um bei einem Parteien- oder Personalwechsel in der politischen Verantwortung rechtzeitig die Weichen stellen und damit den künftigen Einfluß der „Burg" weiterhin sichern zu können. Mit anderen Worten: waren die Beamtenkabinette Černýs, personell betrachtet, ein „verlängerter Arm" der „Burg" oder nicht?

7. Wenn sich erweisen sollte, daß die „Burg" ein politisches „Topmanagement" war, das mit Virtuosität auf der Klaviatur der Parteien spielte, ohne sich mit diesen ganz oder auf die Dauer zu identifizieren, dann erklärt dies auch, zumindest teilweise, den oft altmodisch anmutenden „Kabinettspolitik"-Charakter der politischen Verfahrensweise Masaryks und Beneš. Daß die Politik dieser beiden Männer in anderer Weise jedoch alles andere als „altmodisch" war, geht

---

[24] Teicherová, A.: Die Rolle des Auslandskapitals in der Stahl- und Eisenindustrie der Vormünchner Tschechoslowakei. Historica 17 (1969) 199 ff.

aus der unter Punkt 3 gemachten Feststellung über den Einfluß und die Mobilisierung außerparlamentarischer Verbände durch die „Burg" hervor[25].
8. Als weiterreichendes, die Gesamtpolitik des Staates betreffendes Problem müßte untersucht werden, ob und in welcher Weise sowohl das *Republikschutzgesetz* von 1923, das nach der Ermordung des Finanzministers Alois Rašín erlassen wurde und das der Regierung Handhaben zum Einschreiten sowohl gegen Kommunisten wie auch gegen die nationalen Minderheiten bot, als auch das *Staatsverteidigungsgesetz* von 1936 eine faktische Reduktion der demokratischen Grundrechte bewirkten. War die „Burg" an diesen Gesetzen maßgeblich beteiligt, hat sie dieselben gar initiiert? Im Hinblick auf die Massenverhaftungen unter slowakischen Arbeitern[26] wie auch unter den Sudetendeutschen berühren wir hier zentrale Fragen des Staates, aber auch der politischen Physiognomie der „Burg".
9. Dasselbe gilt schließlich für das diffizile Verhältnis zwischen Tschechen und Slowaken. Wenn es zutrifft, daß die „Burg" eine Politik vermittels personeller Einflußnahme und durch vertraute Kontaktpersonen in anderen politischen Bereichen betrieb, so muß die Art und Weise, wie die „Burg"-Gruppe samt ihren slowakischen Vertrauensmännern das seit dem Pittsburger Vertrag schwelende slowakische Problem zwanzig Jahre lang zu „domestizieren" versuchte, geradezu ein Paradefall zur Klarlegung der Funktionsweise der politischen Struktur „Burg" und ihrer „background-figures" sein. Ähnliches gilt mutatis mutandis für die sudetendeutsche Frage. In beiden Fällen sind von den Herren Kollegen Glassl und Kuhn wichtige Aufschlüsse für den hier zu behandelnden Komplex zu erwarten.

Lassen Sie mich zum Schluß kommen. Der Historiker ist sozusagen berufsmäßig zu Skepsis, Vorsicht, Selbstkritik und damit zur permanenten Hinterfragung eigener und fremder ideologischer Ausgangspositionen und ihrer Axiome verpflichtet, die vermittelt und reflektiert in seine eigenen Überlegungen eingehen müssen. Auf unser Thema angewendet bedeutet das jedoch nicht mehr und nicht weniger, als daß wir uns bei der Analyse der „Burg" immer wieder der Gefahr bewußt bleiben müssen, ob wir nicht in der Einschätzung des gesamten Phänomens vielleicht der selbstverfertigten Ideologie der „Burg" über ihren eigenen Einfluß zum Opfer gefallen sind oder dem eigenen Glauben der „Burg"-Gruppe an die Macht ihres Einflusses im Staate, einem Glauben, der sich — informationswissenschaftlich gesprochen — bei diesem Personenkreis durch das „feedback" der eigenen Staatsideologie rückwirkend eingestellt haben konnte? Mit anderen Worten: wir müssen uns als Historiker auch offenhalten für die Möglichkeit, daß es — extrem formuliert — gar keine „Burg" in dem Sinne gegeben hat, wie wir es aufgrund der bisherigen

---

[25] Außerparlamentarisch ist nicht zu verwechseln mit antiparlamentarisch oder gar antidemokratisch.
[26] B i a n c h i, L.: Súdna perzekúcia robotníckeho hnutia na Slovensku podla zákona na ochranu republiky [Die gerichtliche Verfolgung der Arbeiterbewegung in der Slowakei nach dem Gesetz zum Schutz der Republik]. Preßburg 1955. — Vgl. allgemein: S l a p n i c k a, H.: in: Hdb. d. Geschichte d. böhm. Länder. Bd. 4. Stuttgart 1970, S. 27 u. 80.

Literatur zum Thema prinzipiell heuristisch angenommen haben; oder daß damit lediglich eine Formel für die beiden Hauptpolitiker Masaryk und Beneš gemeint war[27]. Nur wenn wir kritisch und ernsthaft die Möglichkeit anvisieren, daß wir es bei der „Burg" eventuell mit einem ideologischen Phantom zu tun haben, welches einige Leute in der „Burg" sozusagen in „self-fulfilling prophecy" geschaffen haben, nur dann entgehen wir der Gefahr einer „petitio principii", nämlich bereits etwas als gegeben anzunehmen, dessen Existenz gerade erst noch erwiesen werden müßte. Nicht daß ich nun einem Hyperkritizismus das Wort reden und die vorhandenen Indizien für die Existenz und Wirkungsweise einer „Burg"-Gruppe um jeden Preis herunterspielen möchte. Aber gehen wir getrost noch einen Schritt weiter und fragen wir uns kritisch und methodisch-mißtrauisch, ob nicht auf der anderen Seite auch die antidemokratischen Gegner von links und rechts am Bild der „Burg" mitgewoben haben, möglicherweise als Alibi für die Tatsache, daß es ihnen während der Ersten Republik nicht gelungen ist, das parlamentarisch-demokratische System aus dem Sattel zu heben, und die nun als Sündenbock für ihr Versagen eine geheimnisvolle Macht hinter diesem System vermuteten, eine Art allmächtigen „Großen Bruder" oder „Geheimorden". Die kommunistische Kritik der 50er Jahre an der Ersten Republik wäre ebenso unter diesem Aspekt zu analysieren wie die Kritik der Rechten, in der mit dem bereits erwähnten Verdacht der Freimaurer-Verbindungen von Masaryk und Beneš pauschal alles und jedes und damit herzlich wenig erklärt wird. Aber wie gesagt: Es soll hier nur dieser Gesichtspunkt als Reizwort für die Diskussion eingebracht werden, der sich unter Umständen als fruchtbar erweisen könnte; und schließlich möchte ich damit auch darauf aufmerksam machen, welche zentrale Bedeutung in der Einzeldiskussion den Referaten von Lemberg und Bachstein zukommen wird, die uns sowohl den Wirkungszusammenhang wie auch den personellen Bestand der „Burg" sowie dessen konkrete Ansatzpunkte im politischen Kräftefeld der Ersten Tschechoslowakischen Republik analysieren werden. Genug nun der Hradčanologie! Wenn es mir gelungen ist, für unsere Tagung einige Leitlinien aber auch Warntafeln aufzustellen, dann sehe ich den Zweck meiner Darlegungen vollauf erfüllt und darf Ihnen für Ihre Aufmerksamkeit und Geduld sehr danken.

---

[27] Vgl. dazu die aufschlußreichen Darlegungen von J. F i r t auf der Tagung, wonach die Presse, um den strafrechtlich fixierten Tatbestand der Beleidigung des Präsidenten zu vermeiden, den Terminus „Burg" als allgemeines Angriffsziel wählte. Dies wäre eine deutliche Parallele zu dem Tatbestand der Majestätsbeleidigung in der Donaumonarchie. Interessant wäre die Frage, ob hier schlichte Rezeption der entsprechenden Bestimmungen des alten österreichischen Rechts vorliegt.

Ferdinand Seibt

T. G. MASARYK UND EDVARD BENEŠ: DIE „BURGHERREN" IM POLITISCHEN PROFIL

I.

Masaryk wurde vor 120 Jahren geboren. So lang ist das her und doch ist er noch lebendige Wirklichkeit. Er ist bislang der größte Tscheche dieses Jahrhunderts. Ich glaube nicht, daß jemand diese These durch eine Gegenthese ersetzen könnte; man könnte sie nur bezweifeln. Aber darin scheint mir schon eine wichtige Aussage über seine Persönlichkeit eingeschlossen.

Beneš wäre jetzt 88 Jahre alt, so alt etwa, wie Masaryk bei seinem Tod. Mit seinem Namen ist bei vielen die Katastrophe von 1945 verbunden. Für eine andere Sicht der Vergangenheit war Beneš der erfolgreichste Exilpolitiker des Zweiten Weltkrieges. Und doch — wenn ich mich nicht irre — beginnt das Bild dieses Mannes, wie wohl er des heftigeren Interesses der Zeitgeschichte sicher ist, doch jetzt neben dem Bilde Masaryks zu verblassen.

Das Bild des Menschen — sein politisches, sein geistiges Profil meine ich — und darüber möchte ich sprechen. Vielleicht suchen Sie einen Beweis für meine Behauptung, die ich da so an den Anfang stellte. Sie scheint mir aus der Beobachtung der Historiographie möglich.[1] Wenn man überlegt, was unsere tschechischen Kollegen seit 1948 geschrieben haben, was sie in der Zeit um 1968 geschrieben haben, als sie ihre Meinungen, und besonders ihre Themen frei oder zumindest freier wählen konnten, dann fällt einem nämlich auf, daß in erster Linie Masaryk als Mensch, als Denker — unkonventionell wie er war —, als Philosoph, als Kopf interessierte. Der Politiker Masaryk interessierte kaum. Ganz anders sieht es bei Beneš aus. Hier interessiert jener Beneš, der in diese oder jene Aktion verwickelt war, der also zum geschichtlichen Ablauf etwas liefern konnte. Aber in dem Augenblick, in dem man fragte, wer denn aus der großen Vergangenheit für die philosophische Orientierung von 1968 etwa richtungweisend sein könnte, griff man zu Masaryks Schriften: Und man liest dann bei Šolle 1970: „Wie lautet und worin steckt das Wesentliche für die neuen Verhältnisse des Zweiten Weltkrieges und die daraus erwachsende neue Etappe der Menschheitsgeschichte, was der Formulierung der böhmischen Frage, dem tschechoslowakischen Programm bei Masaryk heute entspräche? Diese Frage führt uns in Zweifel. Es gibt nämlich in dieser Etappe kein tschechisches oder tchechoslowakisches Programm, das den weitgreifenden Gesichtspunkten Palackýs oder Masaryks entspräche. Vielleicht verweist mancher auf die zahlreichen Manifeste und Projekte Benešs oder anderer tschechoslowakischer Staatsmänner, während des Krieges oder danach. Da geht es aber um Unternehmungen praktischer Politik und

---

[1] S e i b t, Ferdinand: Bohemica — Probleme und Literatur seit 1945. München 1970, S. 202 ff.

um Erwägungen darüber." Mit diesen Worten lenkt Šolle, sozusagen in Grundsatzfragen, von Beneš ab und zu Masaryk zurück[2].

Auf der anderen Seite — das sagte ich schon — ist der Politiker Masaryk noch erstaunlich wenig beachtet worden. Dabei hätte er doch auch großes Interesse verdient, denn noch längst sind nicht alle Fragen geklärt, die mit der konkreten Aufgabenstellung politischer Geschichtsschreibung erhoben werden könnten. Beneš 1938, Beneš 1945, Beneš 1948 — das sind Probleme. Masaryk scheint mir als Politiker außer den größeren komplexeren Zusammenhängen der Nachzeichnung, der Revision oder etwa der Neubegründung der Thesen um die Masaryk-Legende nicht so untersucht, wie er es vielleicht verdiente. Ich will es nicht nachholen — ich kann es hier nicht nachholen —, sondern mir geht es darum, Masaryk und Beneš im weitesten Sinn als Politiker vor Augen zu stellen oder den Versuch zu machen, Masaryk und Beneš als politische Profile zu skizzieren.

II.

Masaryks Äußerungen zur politischen Ethik sind bekannt. Etwa die Aussage über die Lüge, mit den ihm eigenen — gelegentlich, in den „Gesprächen mit T. G. M.", durch Čapeks Stil gefiltert — verhältnismäßig lakonischen Formulierungen: „Die Lüge ist eine Gefährtin der Gewalt. Darum darf man Notlügen nur möglichst wenig gebrauchen. Ich habe mich in der Praxis davon überzeugt, daß auch in der Rebellion der gerade Weg der kürzeste ist[3]." Eine interessante Äußerung, weil sie uns belegt, daß hier jemand nicht die Lüge ablehnt, sondern über die Lüge reflektiert und die Notlüge in irgendeiner Weise in seine Überlegungen einbezieht. Das scheint mir wesentlich realistischer als so manche andere „Bekenntnisse", in denen jemand ohne jede Einschränkung einer absoluten politischen Ethik im Alltag das Wort redet. Man erinnert sich an dieses Zitat, wenn man zu einer der ganz wenigen Studien greift, die dem Politiker Masaryk im konkreteren Sinne mit dem Blick auf Einzelaktionen in den letzten Jahren gewidmet worden sind, nämlich von Ernst Birke 1958, über das Neue Europa in Masaryks Kriegsdenkschriften[4]. Birke zeigt da, daß eine gewisse Verzeichnung der Minoritäten-Verhältnisse, wie man sie bislang — nach Birke — immer nur erst dem berüchtigten Memoir drei von 1918 abgelesen habe, schon 1915 bei Masaryk zu finden sei und stellt fest, daß Masaryk auch in dieser Hinsicht also der führende Kopf der Auslandsarbeit während der Kriegsjahre gewesen ist.

---

[2] Šolle, Zdeněk: O smyslu novodobého českého politické programu [Vom Sinn des neuzeitlichen tschechischen Programms]. ČSČH 18 (1970) 1—20, hier 19. Ein Beleg für dieses Interesse ist auch das Buch von Machovec, M.: Tomáš G. Masaryk. Prag 1968.
[3] Masaryk erzählt sein Leben. Gespräche mit Karel Čapek. Berlin 1936, S. 147.
[4] Birke, Ernst: Das neue Europa in den Kriegsdenkschriften Masaryks 1914—1918. In: FS Herzfeld. Berlin 1958, S. 551—575.

Ich habe versucht, gerade dieser speziellen Frage — Masaryks Verhältnis zu den Minderheiten — um die entscheidenden Jahre ein bißchen nachzugehen, und habe gefunden, daß er 1918 im Frühjahr, während er sich auf einer langen Reise durch ganz Sibirien befand, in Fortsetzungen für eine Legionärszeitschrift das konzipierte und schrieb, was dann später unter dem Titel: Nová Evropa 1920 erschienen ist: Das Neue Europa. Da heißt es: „Der territoriale Wiederaufbau Osteuropas wird sich im ganzen nach dem Nationalitätenprinzip richten. Aber in jedem einzelnen Fall wird man auf die gegenwärtigen wirtschaftlichen Verhältnisse und historischen Eigentümlichkeiten Rücksicht nehmen müssen." Mir fiel diese Formulierung auf, weil man meinen könnte, hier handele es sich um eine vorsichtige Umschreibung — und beinahe um eine eliminierende Umschreibung — des bekannten Begriffs vom böhmischen Staatsrecht, der jahrzehntelang zur Debatte stand und auch konstitutiv für die Formierung des neuen Staates geworden ist. Es sah also so aus, als hätte Masaryk kein sehr freundliches, kein sehr enges Verhältnis zu diesem historischen Staatsrecht, weil er statt dessen von „historischen Eigentümlichkeiten" spricht, die da berücksichtigt werden müssen, und diese Eigentümlichkeiten außerdem noch den wirtschaftlichen Verhältnissen hintanstellt.

Im Grunde bemerkt man in diesen Worten aber nur etwas, das die tschechische Historiographie so ungefähr vor fünf Jahren, oder etwas früher, einigermaßen in der noch stärker marxistisch gebundenen Epoche, mit Triumph ans Licht gezogen hat, nämlich die große Bedeutung wirtschaftlicher Überlegungen bei der Grenzziehung. Das ist aber schon ausdrücklich 1918 bei Masaryk zu finden. „Die böhmischen Länder", fährt er fort, „mit der Slowakei, werden einen selbständigen Staat bilden. Die Grenzen der böhmischen Länder sind gegeben, denn der böhmische Staat ist rechtlich bis heute selbständig. In dem sogenannten deutschen Sprachgebiet gibt es viele tschechische Bewohner. Es ist daher gerecht, daß der neue Staat sie behalte. Es wäre ungerecht, einige hunderttausend Tschechen den Pangermanen zu opfern." Wir sehen, daß Masaryk in der forcierten Einstellung der letzten Kriegsmonate ein Schlagwort der Kriegspropaganda als politische Kraft ins Feld führt, einen Begriff, mit dem er offensichtlich die Interessen der Alliierten auf seine Seite bringen wollte, und auch gebracht hat, den Begriff des Pangermanismus, und daß er sich darauf mehr einläßt, deutlicher argumentiert als mit der Frage seit Jahrhunderten festliegender, also historischer, Grenzen.

Drei Jahre früher hatte Masaryk, als er seine Antrittsvorlesung in Oxford hielt, über das unabhängige Böhmen gesprochen und dabei gesagt: „Zuallererst — obwohl wir den Grundsatz der Nationalität vertreten — wünschen wir unsere deutsche Minderheit zu behalten. Es scheint paradox, aber es geschieht auf dem Grundsatz der Nationalität, daß wir unsere deutschen Minderheiten behalten möchten. Böhmen ist nämlich ein ganz eigenartiges Beispiel eines Mischsiedlungsgebietes. In keinem anderen Land sind die beiden Nationalitäten so vermischt und verwoben, wie in Böhmen. Zwischen den Deutschen und den Italienern gibt

---

[5] Zitiert nach Birke 572.

es etwa eine einfache, scharf geschnittene ethnographische Grenze. Das ist nicht so in Böhmen. An vielen Orten und beinahe in allen Städten gibt es tschechische oder deutsche Minderheiten[6]."

Das ist eine Formulierung, die zweifellos den Realitäten nicht recht entspricht. Es ist andererseits eine Formulierung, die die Realitäten nicht auf den Kopf stellt, etwa in der Weise, daß die Existenz der deutschen Minderheiten ganz herabgespielt oder gar nicht erwähnt worden wäre, oder daß ihre Zahlenstärke angegriffen würde. Es ist eine Realität, die es möglich macht, mit einer verhältnismäßigen logischen Anstrengung das Nationalitätenprinzip auch trotz eines Paradoxons noch festzuhalten. Viel einfacher wäre doch die Argumentation mit dem historischen Recht gewesen, aber das historische Recht lag Masaryk offenbar nicht.

Ein paar Jahre später sagte er es dann auch selber. Er sagt ausdrücklich in einer von den politischen Verhältnissen ganz losgelösten Überlegung, das historische Staatsrecht sei ihm unsympathisch und es sei ein Kind der deutschen Romantik und ihres Konservativismus. Masaryk ist ein Mann, der das Deutsche schätzt, so weit es die Aufklärungsepoche betrifft. Ein Mann, der gerade im Konservativismus der Romantik, die ja nun tatsächlich das historische Staatsrecht mit ganz bestimmten politischen Akzenten zur Welt brachte, von vornherein etwas Ungereimtes sieht. Deswegen hatte er das Prinzip gemieden, deswegen hatte er augenscheinlich auch, wenn man seine Worte genau abwägt, den Begriff gemieden, ohne jedoch ganz auf die Sache verzichten zu können. An einigen Stellen ist auch zu bemerken, daß er regelrecht ausweicht, wenn die Rede auf das Thema kommen müßte, daß er angibt, er habe das eine und daneben das andere im Auge gehabt und so ähnlich.

Sehen wir uns einmal an, wie er in ruhigeren Zeiten, in der zweiten Hälfte der zwanziger Jahre, auf dieses Problem zurückblickt[7]. Es fällt auf, daß er da der deutschen Frage ungleich mehr Gewicht und ungleich mehr Gerechtigkeit widmet. Er geht bei der Erörterung des deutschen Problems aus von der großen Bedeutung des anderen Deutschland, also der deutschen Gesamtnation, und zwar desjenigen Teils, den er für unumstritten bewundernswert hält, vom Deutschland Goethes oder Beethovens, und sagt, ganz grundsätzlich sei die deutsche Nation in mancher Hinsicht überhaupt der Lehrmeister aller Nationen gewesen. Er findet in mancher Beziehung zurück zur Hochschätzung dieses deutschen Einflusses, der ihn zuvor schon vierzig Jahre lang bewegt und ihn übrigens auch geleitet hatte. Dabei scheint ihm aber doch auch im Jahre 1927 noch die deutsche Nachbarschaft als das Haupthindernis der tschechischen Selbständigkeit. Von da her findet er zurück zur Frage der deutschen Minderheit im Staat und stellt vor allen Dingen einmal fest, daß sie, in allen möglichen Relationen betrachtet, doch sehr ansehnlich und zahlenstark sei. Es geht ihm hier nicht um irgendeine statistische Aussage — die Zahl von drei Millionen spielt freilich immer wieder eine Rolle und wird auch nicht weiter diskutiert —, sondern es

---

[7] M a s a r y k, T. G.: Die Weltrevolution. Deutsch. Berlin 1927, S. 461.
[6] Zitiert nach B i r k e.

geht ihm um einen Vergleich, der nach meinem Dafürhalten sogar zugunsten dieser deutschen Minderheit überzogen ist. Er spricht nämlich davon, daß es in Europa nicht weniger als 11 Staaten gäbe, die in ihrer Gesamtbevölkerung weniger Einwohner hätten als diese deutsche Minderheit der Tschechoslowakei. Überzogen ist das deswegen, weil er bei dieser Aufzählung auch die kleinen Staatsgebilde San Marino, Monaco, Andorra und Liechtenstein miteinbezogen hat, um auf die Zahl 11 zu kommen. Er spricht ausdrücklich davon, die deutsche Minderheit sei kulturell, wirtschaftlich stark, aber eine Abtrennung dieses Gebietes käme nicht in Frage. Dann taucht genau dasselbe Argument auf wie 1918, im Eifer des Kriegsendes: eine solche Abtretung würde nämlich den Pangermanismus stärken. Auch das zweite Argument findet sich wieder: sie würde die tschechoslowakische Wirtschaft schwächen. Schließlich das Argument, die Gebiete seien an sich zusammenhanglos und hätten kein Zentrum — und jetzt eine bezeichnende Veränderung des Zahlenarguments. Ich darf noch einmal daran erinnern: 1918/1920 etwa hat er gesagt, es sei nicht richtig, daß hunderttausend Tschechen im deutschen Sprachgebiet dem Pangermanismus ausgeliefert würden, da sei es besser, die Deutschen seien im tschechischen Staat. Jetzt formuliert er: „Sollen gerechterweise zehn Millionen Tschechen unter deutscher Herrschaft leben, als drei Millionen Deutsche unter tschechischer?" Man sieht wieder, daß hinter dieser Alternative eine gewisse gedankliche Schwäche steckt. Denn in Wirklichkeit war 1918 eine solche Alternative überhaupt nicht gegeben.

Damit ist die Voreingenommenheit deutlich: auf der anderen Seite aber auch die Offenheit, mit der sie Masaryk zeigt. Harry Klepetař gibt in seiner bekannten Geschichte der Tschechoslowakei eine Stellungnahme Masaryks bei seinem ersten öffentlichen Auftreten als Präsident auf tschechoslowakischem Boden im Dezember 1918 zur deutschen Frage wieder, eine viel zitierte und oft umstrittene Äußerung, an die man zuerst denkt, wenn man sich mit dem Thema beschäftigt — ich möchte sie wiederholen: „Was die Deutschen auf unserem Gebiet anbelangt, so ist unser Programm längst bekannt. Das von den Deutschen bewohnte Gebiet ist unser und wird unser bleiben. Wir haben unseren Staat geschaffen, wir haben ihn erhalten, und wir bauen ihn nun neu. Ich würde mir wünschen, daß unsere Deutschen dabei mitarbeiten. Ich wiederhole: Wir haben unseren Staat geschaffen — dadurch wird die staatsrechtliche Stellung der Deutschen bestimmt, die ursprünglich als Emigranten und Kolonisten ins Land kamen[8]." Das ist eine ganz erstaunliche Argumentation nach all dem, was sich bisher schon von Masaryks Reserve gegenüber historischen Rechten erkennen ließ!

Wenn man das Zitat nämlich hin und her überlegt, dann ist es wirklich ein Rückgriff auf eine siebenhundertjährige Geschichte. Die Feststellung: „wir haben unseren Staat geschaffen" — bezieht sich offensichtlich nicht auf die Staatsentstehung von 1918, sondern steht in dem Zusammenhang: „wir haben ihn geschaffen — wir haben ihn erhalten". Das kann man 1918 noch nicht sagen, wenn man nur die eben vollzogene Staatsschöpfung betrachtet; „wir bauen ihn nun neu" —

---

[8] Klepetař, Harry: Seit 1918... Eine Geschichte der Tschechoslowakischen Republik. Mährisch-Ostrau 1937, S. 25.

das ist die gegenwärtige Situation. Und weil das so ist, weil wir seit siebenhundert Jahren diesen Staat geschaffen und ihn erhalten haben, deshalb haben die Deutschen, die als Emigranten und Kolonisten, also auch nun wieder eine jahrhundertalte Vergangenheit, ins Land gekommen sind, auch heute im Grunde nur Gastrecht.

Ohne daß der Begriff des Staatsrechts gebraucht ist, hat Masaryk in dieser Situation eine Beweisführung vorgebracht, die sich der historischen Denk- und Betrachtungsweise bedient, in einem solchen Ausmaß, wie sie ihm eigentlich fremd sein sollte, wie er sie im übrigen ablehnte und wie man sie leicht als absurd bezeichnen könnte. Er hat sie gebraucht und er hat doch gleich nachher auf einer Pressekonferenz versucht, sich davon zurückzuziehen; in einem Vorgang, der im übrigen in der deutschen Wiedergabe weit weniger bekannt geworden ist als das umstrittene Zitat selber. Das alles macht aber dennoch deutlich, daß hier eine Voreingenommenheit bestand, eine Gedankenrichtung, die den Deutschen eine gewisse mangelnde Rechtsqualität zumutete.

Hören Sie ein anderes Wort aus dem Munde des Präsidenten: „Sich entösterreichern, das bedeutet, den Sinn für Staat und Staatlichkeit, für die demokratische Staatlichkeit gewinnen. Das müssen wir nicht allein von der Bürokratie und von der Armee fordern, sondern von der ganzen Bevölkerung. Und nicht nur von der tschechischen und von der slowakischen."

Die Deutschen werden hier angesprochen in einer an sich schwierigen Konstellation, nämlich bei dem Aufruf, sich mit „zu entösterreichern". Es ist ja klar, daß auf deutscher Seite die Bindungen an Österreich ganz anders waren als auf der tschechischen. Sie werden angesprochen, aber nicht ausgesprochen! „Jeder bewußte Tscheche oder Slowak muß dreimal so viel tun, wie die Mitglieder großer, in vorteilhafter Lage befindlicher Nationen...[10]." Es geht um ein ganz wichtiges Moment des Staatsverhaltens, um das Engagement für den Staat, ein Moment, daß wir vielleicht heute aus unserer Situation in mancher Hinsicht besser verstehen, als wir es noch vor 20 Jahren hätten begreifen können. Aber dieses Staatsengagement richtet sich vornehmlich und wörtlich nur an die Angehörigen der tschechischen und slowakischen Nation.

Ich darf noch einmal mit einem Wort an Masaryks Vorstellungen von der Lüge und ihrer Vergeblichkeit erinnern: „Lügen und Übertreiben ist die schlechteste Propaganda. Das Lügen macht sich nicht bezahlt. Weder in der Politik noch im täglichen Leben[11]." Und dazu erzählt er die Anekdote, wie Seton-Watson, der Ältere, als Student in Budapest sich nach Slowaken erkundigte und erfuhr, es gäbe eigentlich gar keine, nur ein paar Hirten in den Bergen; wie dann Seton-Watson nach Preßburg kam, und weiter in die Slowakei, und bemerkte, daß es doch eine Menge Slowaken gäbe, und wie dann schließlich derselbe Seton-Watson nach dieser Irreführung aus eigenem Antrieb zu einem Spezialisten für die madjarische Entnationalisierungspolitik geworden ist. Und

---
[9] M a s a r y k : Weltrevolution 349.
[10] E b e n d a.
[11] Masaryk erzählt sein Leben 157.

er fügt hinzu: „Stellen Sie sich vor", so soll Seton-Watson gesagt haben, „die Madjaren haben mich belogen!" Ich habe nicht den Eindruck, daß Masaryk diese Lehre je vergessen hätte. Ich glaube nicht, daß er die Anekdote erzählte, ohne Konsequenzen zu ziehen. Es geht demnach auch in der deutschen Frage nicht um den Vorwurf der Lüge. Ich halte es in dem Zusammenhang auch nicht für sehr geschickt und auch nicht für sehr eingängig, nur irgendwelche Zahlenrelationen in dieser oder jener Weise als ungenügend berücksichtigt ins Spiel zu bringen. Mir scheint es viel aufschlußreicher, hier eine generelle Voreingenommenheit zu erkennen, die am ehesten aus dem Gesamtansatz der politischen Aktion zu erklären ist. Worauf war die politische Aktion des Emigranten gerichtet? Er belehrt darüber: Der Emigrant dürfe nie als Bittsteller auftreten. Er müsse statt dessen deutlich machen, daß die Interessen, die er selber vertrete, auch im Interesse des Mächtigen lägen, von dem er Hilfe erwartet. „Nicht ins Leere versprechen, die Tatsachen sprechen lassen und mit ihnen beweisen, das ist Euer Interesse und daher auch Eure Pflicht. Durch Ideen und Argumente wirken und persönlich im Hintergrund bleiben[12]." Das Hauptargument, mit dem Masaryk 1915 das Engagement der englischen Regierung vor allem gerade bei dieser Antrittsvorlesung in London zu erwecken suchte — einer Antrittsvorlesung, die unter den Auspizien der englischen Regierung stattfand —, bestand darin, klar zu machen, daß durch den Pangermanismus das Unrecht in die Welt gebracht sei, deswegen müsse der Pangermanismus bekämpft werden. Polen, Böhmen und Serbokroaten seien die natürlichen Gegner Deutschlands und seines Drangs nach dem Osten, fährt er fort: „Diese kleineren Nationen zu befreien und zu stärken ist das einzig wirkliche Schach gegen Preußen. Denn Gerechtigkeit ist nicht nur nobel, sie ist auch klug[13]." Die letzte Bemerkung ist nicht billiger Sarkasmus; hinter dieser Bemerkung, daß Gerechtigkeit nicht nur den ethischen Voraussetzungen entspreche, sondern auch die rechte Ordnung in der Welt herstelle, steckt vielmehr Masaryks ganze politische Philosophie. Das ist das Prinzip, wonach es nicht notwendig ist, auf das historische Staatsrecht zurückzugreifen, weil es sich allein von der klugen und vernünftigen Ordnung einer erkennbaren Welt ernährt und erhält. Das ist der Philosoph Masaryk, der sich selber freilich — wer möchte das verkennen — einigermaßen in die Enge treibt.

III.

Es scheint mir aber wichtig, dieses Prinzip und auch den Denker Masaryk zu verstehen, und es scheint mir wichtig, ihm noch viel weiter nachzugehen, als ihm üblicherweise nachgegangen wird. Ernst Birke entdeckte in seinem verdienstvollen Aufsatz von 1958 am Schluß der Schrift „Neues Europa" die Devise: Jesus, nicht Cäsar! Es sieht so aus, als ob er diese Devise ein wenig mit Kopfschütteln quittiert hätte. Er hat mindestens nicht angemerkt — und da muß

---
[12] Ebenda 156.
[13] Zitiert nach Birke 564.

man ihn ergänzen — um dann gleich weiterzuführen in Masaryks politisches Denken, daß Masaryk eine solche Devise nicht 1920 zum ersten Mal ausgesprochen hat, sondern 1882, im ersten Buch schon, das er der Öffentlichkeit vorlegte, nämlich in seiner Habilitationsschrift.

Sehen wir uns einmal diese Habilitationsschrift von 1882 an[14]. Sie ist für meine Begriffe sehr wohl imstande, den damals bereits 31jährigen in seinem geistigen Profil zu skizzieren. In einem Ausmaß, dem er tatsächlich treu geblieben ist, bis an das Ende seines Lebens, und weil er auf diesem Weg ganz ungewöhnliche äußere Erfolge erreicht hat, der Kutschersohn aus Göding, deswegen scheint mir das auch eine ganz existenzielle Grundlage für sein ungewöhnliches Selbstbewußtsein, das schließlich auch noch zur Sprache kommen wird. Masaryks Habilitationsschrift an der Universität Wien galt dem Selbstmord als Massenphänomen der modernen Gesellschaft. Das Thema war so ungewöhnlich, daß man zunächst nichts damit anzufangen wußte. Und keine Fakultät fühlte sich zuständig. Das Ergebnis: Der massenweise Selbstmord der Gegenwart sei ein unerhörtes Krisenphänomen. Das ist die erste Feststellung. Der Selbstmord in den sogenannten zivilisierten Ländern, die Statistiken führten, von Amerika bis Europa, erreichte im Jahre 1880 nach Masaryks Untersuchungen eine Jahresquote von 100 000 jährlich. Man konnte also durchaus von einem Krisenphänomen sprechen. Die zweite These: Dieser massenweise Selbstmord, soweit er gesellschaftlich faßbar und relevant ist (das wird sehr sauber abgetrennt in der Arbeit), ist Anlaß zu einer massiven Fortschrittskritik. Der dritte Ansatz: Man muß, und das ist selbst für einen Soziologen ein ganz ungewöhnlicher Schritt, man muß diesem Krisenphänomen eine Therapie entgegensetzen. Noch heute ist die Soziologie vielfach auf die Diagnose beschränkt. Hier ist auch der Versuch gemacht, eine Therapie zu umreißen. Interessanterweise besteht Masaryks Therapie nicht in einer Veränderung der Umstände, nicht in einer ökonomischen oder sozialen Reform, sondern in der Hinwendung zu einer neuen Religiosität. „Unsere Zeit" — schreibt Masaryk — „ist für eine neue Religiosität wie geschaffen." Er sagt nicht sehr genau, was er sich darunter vorstellt, aber immerhin ist der Satz zu finden: „...eine nicht offenbarte Religion auf höherem wissenschaftlichen Niveau in Übereinstimmung des fortschrittlichen und sittlichen Gefühls der besten und edelsten Erwecker[15]." Man könnte meinen, das sei der Theismus der Aufklärungsepoche, wie ja tatsächlich Masaryk zur Epoche Lessings und zu Lessing selber sehr intensive Beziehungen hatte. Aber das meinte er mindestens insofern nicht, als er einen Schritt über den Aufklärungstheismus hinausgeht und ausdrücklich Christus als das entscheidende Beispiel vor Augen stellt, nicht ohne darauf hinzuweisen,

---

[14] M a s a r y k, T. G.: Sebevražda hromadným jevem společenským moderní osvěti [Der Selbstmord als gesellschaftliches Massenphänomen der modernen Kultur]. Prag 1904. Ich zitiere hier nach der tschechischen Übersetzung, die deutsche Erstausgabe von 1882 war mir unzugänglich. Die neueste Übersicht zu Masaryks wissenschaftlichem Gesamtwerk findet man übrigens bei K o l e g a r, F.: T. G. M.s Contribution to Sociology. In: Czechoslovakia Past and Present. Hrsg. von M R e c h c i g l jun. Bd. 2. Den Haag—Paris 1968, S. 1526—1539.

[15] M a s a r y k : Sebevražda 336.

daß er selbst in einer vergleichbaren Krisenepoche gewirkt habe. Es geht ihm nicht darum, Sentimentalität zu wecken, sondern Widerstand. Er lehnt ausdrücklich ab, was Treitschke, Comte oder Renan zur selben Zeit empfohlen haben, nämlich eine Religiosität für die breiteren Volksschichten zu propagieren, die Intellektuellen jedoch auszunehmen[16]. Er stellt sich in dem Zusammenhang ausdrücklich gegen die Epoche des Aufschwungs der Gründerzeit — das muß man bedenken —, die allerdings 1873 in eine vielbeachtete und in ganz Mitteleuropa weiterwirkende Krise geraten war gegen den Fortschrittstaumel, gegen den Optimismus der Fortschrittszeit. Aber nicht nur damals, sondern auch vierzig, fast fünfzig Jahre später, als für seine persönliche Urteilsbildung der gewaltige Schritt, nicht nur für seine Karriere, für seinen Lebensweg, sondern auch für die politische Konstituierung seiner Ziele geglückt war, auch dann noch weist er mit äußerster Skepsis auf das Fortschrittsbewußtsein hin und schreibt: „So haben wir alle und überall mit dem Fortschritt, mit der Überwindung des Mittelalters geprahlt und" — nun nicht auf 1880 bezogen, sondern auf die Gegenwart von 1927 — „nun solch ein Fiasko des Fortschritts[17]."

„Den Verstand überlassen wir den Wissenschaften, das Gemüt aber der Frömmigkeit und der Kirche, an die wir schon nicht mehr glauben, und der wir nicht vertrauen. Das ist der einzige, aber riesige Fehler unserer Zivilisation[18]." So hieß es 1882. Masaryks Verhältnis zu den Kirchen — auch zu der evangelischen, zu der er seinerzeit übergetreten war — blieb reserviert. Das hinderte ihn nicht, als Geschichtsphilosoph eine ganz ungewöhnliche, sowohl 1880, aber fast noch mehr 1920, jedenfalls in seinen Kreisen eine ganz ungewöhnliche Hochschätzung des Mittelalters zu entwickeln, als einer Epoche der geistigen Geborgenheit des Menschen, in der übrigens, darauf kommt er immer wieder zurück, schon in seiner Habilitationsschrift, aber auch in späteren Jahren erinnert er sich immer noch an dieses Argument, in der der Selbstmord im Vergleich zum modernen Massenphänomen kaum bekannt war.

Er sieht natürlich, daß der Sieg der Demokratie, dasjenige Kriegsziel, das sich besonders nach 1917 herausgebildet hatte und dem er auch sofort wesentliche Argumente beisteuerte, daß der Sieg der Demokratie über die Monarchie im Laufe des Weltkrieges ein ganz wesentlicher Schritt der historischen Entwicklung für Europa gewesen ist. Das kommentiert er mit einer verhältnismäßig anspruchsvollen gedanklichen Überlegung. Er sieht die Dinge in einer dialektischen Entwicklung: Da war das Mittelalter mit der Einheit von Kirche und politischer Organisation und der Geborgenheit des Menschen. Dorthin kann man nicht mehr zurück. Man kann die Reformation nicht ungeschehen machen. Danach entwickelte sich die Reformation angeblich im Dienst der Befreiung des Menschen, tatsächlich aber im Dienste der Befreiung des Staates von den Bindungen der Kirche. Der Staat wurde zum Führer der Theokratien. Nun müsse förmlich in einem dialektischen Prozeß nach These und Antithese wiederum mit der Demokratie eine neue

---

[16] Ebenda 332 ff.
[17] Masaryk: Weltrevolution 368.
[18] Masaryk: Sebevražda 244.

Religiosität geschaffen werden, um dem Menschen eine neue Geborgenheit zu vermitteln. Es gab wohl — ich glaube, hier täuscht mich mein Umblick nicht — nicht viele demokratische Politiker, die im ersten Aufschwung der siegreichen Republiken nach dem Zusammenbruch der Kaiserreiche in Europa in dieser entschiedenen Form nach einer integrativen Ideologie für die parlamentarische Demokratie fragten.

Masaryk geht noch weiter. Er sieht nämlich auch sozusagen ein fernes gelobtes Endstadium für die Demokratie auftauchen — aufgebaut auf der unbestrittenen Behauptung des Theismus, also der transzendenten Existenz eines höchsten Wesens, auf der von daher geleiteten Feststellung der Anerkennung unveränderlicher sittlicher Werte und dem damit zusammenhängenden Ewigkeitswert des menschlichen Individiums. Auf dieser Grundlage will er in der ganzen Geschichte einen zusammenhängenden Prozeß erkennen, wie ich ihn vorher skizziert habe, sieht eine geleitete, vorher bestimmte Entwicklung walten und bekennt sich auch im Begriff ausdrücklich zu dem, was die Philosophie für eine solche Auffassung seit langem ausgebildet und vorgeformt hatte: Er spricht von Teleologie. Mittels Erziehung werde sich die Menschheit höher entwickeln. Die Revolution von 1918 habe die großen Probleme nicht gelöst, immerhin müsse man anerkennen, sie habe auf diesem Wege die Menschheit einen großen Schritt weitergebracht.

Und dann malt er sich aus, wie die Menschheit sich weiterentwickeln könnte, bis in fernste Zeit, und formuliert das fast prophetisch lapidar: „Die demokratische Bürokratie wird redlich sein und rein." Das wird schlicht und einfach festgestellt. Und weiter: „Die Menschen beginnen zu verstehen, daß die Lüge im ganzen verkehrt und dumm ist, die Wahrheit ist in allem, auch in der Politik, am praktischsten." „Das alte Regime wird durch zwei Namen gekennzeichnet: Macchiavelli und Loyola." Und schließlich mit einem Begriff, der längst bekannt ist, und der geradezu ein Schlüsselwort ist für den uralten christlichen Utopismus: „Die Demokratie erfordert neue Menschen, einen neuen Adam[19]."

Hier steckt das uralte eschatologische Denken des Christentums und hat auch den entsprechenden Bezug zum biblischen Urvater hervorgebracht[20].

Masaryk bekannte auch, daß er sich gelegentlich und recht gern in Pläne vertiefe, wie sich denn die Menschheit im ganzen weiter verändere. „Ich vertraue auf die Zukunft, auf die Entwicklung und den Fortschritt." Und nun fällt das Stichwort: „Da male ich mir nun Utopien aus — es sind praktische Utopien. Ich wähle das beste von dem, was es schon heute gibt, und führe es ein wenig aus[21]." Tiefsinnig, wirklich tiefsinnig — wenn man darüber nachdenkt, und man kann lange über die einfachen Worte nachdenken — sind seine Bemerkungen zur Rechtfertigung des zielgerechten Geschichtsablaufs, unter, theologisch gesprochen, göttlicher Leitung; so auch seine Rechtfertigung des Begriffs der Teleologie: „Die Teleologie ist eine harte Nuß. Immerhin ist sie annehmbarer als die Theorie der Ziellosigkeit,

---

[19] Masaryk: Weltrevolution 471 ff.
[20] Zum gesamten Komplex mein Buch: Utopica — Modelle totaler Sozialplanung. Düsseldorf 1972.
[21] Masaryk erzählt sein Leben 88.

des Zufalls und des Chaos[22]." Annehmbar für den Menschen, dahinter steckt letzten Endes die ganze Philosophie über den kritischen Realismus und seine Erkenntnislehre, eine Philosophie, der Masaryk ja auch bekanntlich selbst anhing, so unkonventionell er sich im übrigen auch den Schuldisziplinen des philosophischen Forschens und Denkens gegenüber verhielt. Weltvereinigung ist ein weiteres, wichtiges Ziel, die endliche Harmonie zu erreichen, und er sagt dazu: „Wenn ich so oft das Weltmenschentum verkündet habe, so ist es nur ein anderes Wort für die angeborene Sehnsucht und das hier entsprechende Streben aller Menschen nach Freundschaft und Vereinigung[23]."

Masaryk ist kein klassischer Utopist gewesen, er hat kein utopisches System entworfen. Aber seine Bindung, seine echte Bindung — denn er kommt oft auf das Problem zurück — an die Weltenharmonie scheint mir schon Beweis genug dafür. Sie bezieht sich sogar existentiell auf seine eigene Persönlichkeit, auf seine Selbstbetrachtung. „Der Mensch hält viel aus", sagt der greise Mann kurz vor seinem Tod im 84. Lebensjahr, „wenn er ein Ziel hat. Wahrhaftigkeit, das ist das Geheimnis der Welt und des Lebens, das ist religiöse und moralische Heiligkeit[24]."

Ich hoffe, daß die Größe und auch die Schwäche dieses Menschen an seinem Verhältnis zur Politik als einer grundsätzlichen Bewährungsprobe überhaupt deutlich geworden ist. Es scheint mir wichtig, noch einmal mit Nachdruck herauszustellen, daß seine Gegnerschaft gegen den Liberalismus ganz unkonventionell gewesen ist. Daß zum zweiten seine Vorstellungen von einer politischen oder zumindest zunächst geistig geformten Gesellschaft ein heute noch überlegenswerter und jedenfalls noch aktueller Beitrag zu allen möglichen Vorstellungen über unsere Kulturkrise darstellt, weit über die böhmische Frage hinausreichend, mit der er ja Jahrzehnte seines Lebens beschäftigt war. Wie sehr auch diese Einstellung, die ich mit wenigen Worten gekennzeichnet habe, vielleicht für manchen meiner Zuhörer beinahe an das Banale erinnert oder an das, womit man sich nicht ernsthaft beschäftigen muß — wie weit es sich hier doch um eine echte politische Kraft handelt, möchte ich mit einem Zitat von Eugen Lemberg belegen: „Ob nun als realisierbare, inbrünstig erwartete Zukunftsvision oder nur als spielerisches Gegenbild — eine Utopie gehört notwendig zum Weltbild des Menschen."

Natürlich bleibt die Frage, jetzt gleich für uns alle: Wie weit wurde denn dieser letztlich in eschatologischen Kategorien denkende Demokrat des Transzendenten, dieser demokratische Metaphysiker Masaryk von seinen Zeitgenossen ernst genommen? Dazu ein Zitat einer der letzten Stellungnahmen zur tschechoslowakischen Zwischenkriegszeit aus dem Jahre 1968: „Die Grundargumente von Masaryk sind religiös und metaphysisch und wurden von vielen Leuten in der Tschechoslowakei nicht akzeptiert. Sie fühlten wahrscheinlich, daß es andere, wichtigere Argumente für die Demokratie geben müsse, wie die Grundsätze von Freiheit und Gerechtigkeit, die konkreter sind und die auch diejenigen Leute ansprechen, die nicht an das

---

[22] Ebenda 239.
[23] Masaryk: Weltrevolution 472.
[24] Masaryk erzählt sein Leben 151.
[25] Lemberg, Eugen: Ideologie und Gesellschaft. Stuttgart 1971, S. 96.

ewige Leben glauben[26]." 10 Prozent der Tschechen erklärten sich 1918 offiziell für konfessionslos, meist aus Mittelschichten, auffällig viel selbst vor dem Maßstab westlicher Areligiosität, und man kann sich leicht vorstellen, welches Echo da der Metaphysiker Masaryk nur erwarten konnte.

Wie sah er denn die Dinge selber und wie beurteilte er seine eigenen Funktionen im Politischen — letztlich auch seine Position im Rahmen der in Frage stehenden „Burg"? Da ist das Zitat aufschlußreich: „Selbstverständlich halte ich noch heute Beratungen mit führenden Politikern und Ministern ab, und zwar sehr häufig. Ich trachte alles zu kontrollieren, wenn ich auch in den administrativen Gang der Geschäfte möglichst wenig eingreife. Es ist nötig, daß die Minister selbst lernen, wie auch ich lernen mußte[27]." Das Zitat in seiner trivialen Einfachheit ist unglaubhaft. So spricht ein Autokrat — möglicherweise —, aber der ist er ja nun nicht gewesen. Unter den Möglichkeiten, die es für ihn gab, spricht so jemand, der seinen Kontakt zur Politik nicht mehr ganz in der Hand hat. Und das bestätigt auch die Folge des Zitats: „Oft sage ich — noch dreißig Jahre einer ruhigen Entwicklung, dann ist unser Staat gesichert. Aber für diese dreißig Jahre kann ich die wirklich führenden Männer an den Fingern abzählen. Die Jüngeren kenne ich schon zu wenig." Ich bin sicher, daß jeder aus dem Schluß der Bemerkung Masaryks seine eigenen Beobachtungen, seine eigenen Urteile herleiten kann. Es ist heute schon ein Vergleich zwischen Masaryk und Kaiser Franz Josef gefallen, in Erinnerung an die Vater-Figur, deren Rolle Masaryk übernommen hatte. Ich glaube, es hätte Nutzen, genauer nachzuprüfen, was freilich nicht leicht möglich ist, wie weit Masaryk in den ersten Nachkriegsjahren — wie weit der greise Präsident in der „Burg" den alten Herrn in Schönbrunn ersetzt hat. Die beiden waren altersmäßig übrigens gar nicht viel auseinander, genau 20 Jahre, und wurden auch fast gleich alt. Der Morgenritt in Schönbrunn und der Morgenritt im Baumgarten — der alte Herr zu Pferd in der populären Anschauung; ein schlichter Soldatenrock hier und eine schlichte Phantasieuniform dort; ein eisernes Feldbett bei beiden als Symbol legendärer Bedürfnislosigkeit; keine Familien, nur Sorge für das große Ganze: wer könnte diese Vergleichsmomente ignorieren?

IV.

Aber ein anderer Vergleich soll jetzt ins Spiel gebracht werden — der Vergleich zwischen Masaryk und Beneš. Fürs erste meint man genug Anhaltspunkte zu einem solchen Vergleich zu haben, vom äußeren Lebensgang der beiden her. Jeder ging einmal als Gastprofessor ins Exil — was mir gar nicht unwichtig erscheint — und jeder brachte von dort den Staat mit, dessen Präsident er dann geworden ist. Jeder

---

[26] Machotka, O.: T. G. Masaryk as We see him Today. In: Czechoslovakia Past and Present. Hrsg. von M. Rechcigl jun. Bd. 2. Den Haag–Paris 1968, S. 1540–46, hier 1544.
[27] Masaryk erzählt sein Leben 189.

arbeitete im Exil — Beneš mit den Erfahrungen vom ersten Mal — mit der gleichen Taktik, nämlich sich den Kriegszielen anzupassen, denen man aber von vornherein nicht fremd gegenüberstand. Ich hätte vielleicht vorhin einfügen sollen, daß es dem metaphysischen Demokraten Masaryk im Grunde schon vorgezeichnet war, Übereinstimmungen mit dem Demokratiebegriff des amerikanischen, zum Teil auch des englischen Puritanismus zu finden und zu treffen, lange bevor er Wilson kannte. Und ich glaube nicht, daß für ein solches puritanisch-amerikanisches Demokratieverständnis — das ja seine transzendenten Bindungen hat — nur seine amerikanische Frau entscheidend gewesen ist. Das lag vielmehr bereits ganz in seiner persönlichen Einstellung. Jeder von beiden fand also später im Ausland die entsprechende politische Welt vor, die er leicht mit seinen eigenen Interessen verbinden konnte und in einer gewissen Weise auch eine mehr oder weniger deckungsgleiche Konstellation mit der politischen Mentalität zu Hause.

Es geht also nicht ohne weiteres um Emigrationen im üblichen Sinn. Man muß vielmehr beachten, daß zwischen Emigrationen ganz wichtige Unterschiede sind, etwa insofern, ob sie von zu Hause weggehen nach einer Revolution oder während einer Revolution — also als konservative Emigration — oder ob sie als Revolutionäre im Ausland für ihre Rückkehr wirken. Je nach dem gibt es auch ganz wesentliche Unterschiede in der Mentalität der Emigration und in ihren Verhältnissen und ihren Kontakten mit der Heimat. Das kommt bei beiden Männern nun aber in der gleichen Weise ins Spiel. Beide gehen als revolutionäre Demokraten, bleiben nur eine relativ kurze Zeit im Ausland und kehren danach als Sieger heim. Beide wirken schließlich in der entscheidenden Phase ihrer Arbeit in London.

Aber Geschichte wiederholt sich eben nicht. Schon der Aufenthalt in London war für Beneš falsch oder taktisch nicht gehörig ausgewogen. Als Masaryk in den letzten Kriegsmonaten nach Rußland ging, gehörte er beinahe zu denen, die in Rußland mitbestimmen konnten — jedenfalls zu denen, die in Rußland über eine merkliche Kraft, nämlich die Legion, disponieren konnten. Als Beneš in den letzten Kriegsmonaten nach Rußland ging, gehörte er zu denen, über die disponiert worden ist. Masaryk sagt in seiner Erinnerung: „Zwischen uns" — zwischen ihm und Beneš — „gab es in den Hauptlinien vollkommene Übereinstimmung[28]." Dieses Zitat kann man wohl auf das politische Vorgehen beziehen, bei dem immer — wie mir scheint — das Gewicht bei Masaryk lag. Aber das trifft überhaupt nicht das geistige Profil der beiden Männer.

Was sagt denn Beneš von der Politik? „Ein großer Politiker war und ist stets nur derjenige, dessen Geist die rechte Harmonie und das richtige Gleichgewicht aller angeführten seelischen Fähigkeiten besitzt, des analytischen Verstandes und des synthetischen, kombinativen, imaginativen und künstlerischen Elements des Gefühls und der Intuition ... Wer in der Politik stets das Gefühl durch Verstand und den Verstand durch Gefühl zu kontrollieren und sie auszugleichen versteht[29]." Sicherlich hätte Masaryk einer solchen Definition nicht widersprochen; aber sie be-

---

[28] Ebenda 149.
[29] Beneš, Edvard: Gedanke und Tat. Aus den Schriften und Reden. 3 Bde. Deutsch Prag 1937, hier Bd. 1, S. 181.

trifft sozusagen den politischen Techniker. Masaryk hätte sicher noch mehr hinzugefügt haben wollen, und gerade das fehlt bei Beneš. Wohl spricht Beneš oft von der Ethik, von der der Politiker ausgehen müßte, aber ich habe keinen Anhaltspunkt dafür gefunden, daß es sich wirklich um eine real glaubhafte, um eine transzendent fundierte Ethik handelte.

Man kann jedenfalls, was sich da beobachten läßt, zusammenfassen, daß Masaryk ein universaler Denker gewesen sei, der Weltkulturen miteinander verglich und Epochen gegeneinander abwog; der deswegen das Mittelalter hochschätzte und der für die Zukunft eine neue integrative Geschichtsepoche erwartete; der aus diesem Grund nach der Vorstellung von der entscheidenden geistigen Disposition des Menschen und der Gesellschaft eine neue Religion forderte, weil er sah, daß es ohne eine neue — in dieser Weise integrierende Ideologie — keine neue Kultur geben könne. Nach einem solchen Überblick sucht man in den vielen Verlautbarungen, Äußerungen und Leitartikeln von Beneš vergeblich. Was er von der Demokratie sagt, von der ethisch fundierten Demokratie — ohne diese Ethik je als außerweltlich zu erläutern —, ist nicht ohne weiteres als hohl zu bezeichnen; aber vom Standpunkt Masaryks als nicht haltbar. Da, wo Masaryk von der *Teleologie der Geschichte* spricht, von der transzendenten Zielrichtung der Entwicklung, da spricht Beneš hochinteressanterweise von der *Logik der Geschichte*, von der geschichtsimmanenten, wohl verstandesmäßig faßbaren, aber innerweltlichen Entwicklung. Da, wo Masaryk, nicht ausgesprochen, sondern der Sache nach, einen recht intelligenten Entwurf eines *dialektischen Geschichtsverlaufes* annimmt, einen jedenfalls für die Interpretation weithin brauchbaren, geschichtsphilosophischen Interpretationsversuch, da spricht Beneš ausdrücklich von der *Automatik des Geschichtsablaufs*. Ich hoffe, es ist deutlich genug, welcher Unterschied zwischen einer Dialektik und einer Automatik besteht. Aus diesem Grunde habe ich auch bei Beneš nirgends das Verständnis für die Eigenart des Mittelalters gefunden. Nicht seine unmittelbare Hochschätzung stand dabei in Frage, sondern das Verständnis für die kulturelle Geschlossenheit einer Epoche.

Gehen wir nach diesem allgemeinen Vergleich zu einer konkreten Frage, die schon bei Masaryk geprüft worden ist, zur Minderheitenfrage. Da fällt gleich auf, daß Beneš sich unreflektiert, unmittelbar auf den Boden der Tatsachen stellt. Ohne Alternativen, wie sie Masaryk erwog, haben im Rahmen dieser staatlichen Existenz ethnische Kollektive nur begrenzt Rechte. Zehn Jahre nach Masaryk steht Beneš an derselben Stelle in England zur Zehn-Jahres-Feier jenes Lehrstuhls für tschechische Geschichte und erläutert, die Analogie ist ganz einprägsam, im Grunde dieselbe Frage, zu der sich Masaryk während des Krieges 1915 äußerte: „Die Staaten, die Minderheiten haben, müssen sich dessen klar bewußt sein und danach politisch gerecht und richtig mit ihnen verfahren. Sie müssen davon ausgehen, daß die Achtung vor der nationalen Freiheit etwas Wirkliches und Wahrhaftes sei.

Aber auf der anderen Seite müssen sich die Minderheiten bewußt machen, daß die sogenannte Minoritätenpolitik nicht übertrieben werden darf, daß sie ihre Grenzen hat und daß sie überhaupt nur in einem bestimmten Umfang durchführbar ist. Die Minderheiten selber werden, wenn sie vernünftig sein und die Situation richtig begreifen werden, im Interesse des allgemeinen Friedens und damit auch im Interesse der Mutternationen nicht einmal verlangen oder wünschen, daß ihre Stellung entweder vorzeitig oder überhaupt in einem radikal oder übertrieben folgerichtigen Sinn geregelt wird[30]." Die Sache selber ist gar nicht so erstaunlich. Es gibt, im Rahmen einer gegebenen Staatseinheit, natürlich keine unbeschränkten Rechte für ein ethnisches Kollektiv — so wenig, wie es im Rahmen einer menschlichen Gemeinschaft unbeschränkte Individualrechte gibt; überall gibt es vielmehr eine Rechtskonkurrenz, und aus dieser Rechtskonkurrenz sind Folgen zu ziehen. Interessant ist nur die ausdrückliche, verbale Absage an die „übertriebene Logik" in dieser Frage. Die Logik, das war das Argument, mit der die Aufklärungsepoche und seither ein ganz kräftiger Trend der gesamten rationalen Demokratie alle Weltprobleme zu ordnen glaubte.

Bei einer anderen Gelegenheit sagte Beneš, daß diejenigen, die die Sendung einer Nation im einfachen Kampf um ihr Sein erblicken, die die Nation und ihre nationale Kultur als Ziel an sich verstehen, den Sinn der tschechischen Geschichte — vor allem im Kampf gegen die Deutschen erblicken müßten. Von einer solchen Sicht distanzierte er sich und er stellte fest: „Diejenigen aber, die das Leben einer Nation als eine der Erscheinungen der Menschheit, ihre Kultur als einen Grad und eine Äußerung der allmenschlichen Kultur und Ethik, die Nationalität als Vorsaal der Humanität ... verstehen, die werden den Sinn unserer Geschichte, auch wenn unsere nationalen Kämpfe an erster Stelle gegen unsere geographischen Nachbarn, die Deutschen, geführt wurden, vor allem in diesen ethischen, religiösen und ideellen Elementen erblicken[31]."

V.

Beneš bekennt sich hier in einer formalen Bemühung mit Gedankenelementen, die er in seinen Schriften allerdings niemals näher erklärt, zur Absage an eine nationale Machtpolitik. Dieses Zitat stammt aus dem Jahre 1936, es ist aber da nicht zum ersten Mal gebraucht worden, sondern begleitet ihn mehrfach seit den zwanziger Jahren, und steht doch während des Krieges in der Gedankenwelt Beneš überhaupt nicht mehr zur Debatte. Die Ethik, die formal bemüht war — wie ich meine —, die zeigen sollte, daß die Demokratie keine bloße Technokratie des

---

[30] Beneš: Gedanke und Tat III, 147 (Wiedergabe der Rede von 1925 bei der Zehnjahresfeier der School of Slavonic Studies in London). — Warnen möchte ich bei dieser Gelegenheit vor einem verbreiteten Irrtum: immer wieder hört man, die tchechische Minderheitenpolitik habe darauf gebaut, daß die Zahl der Deutschen im Staat von 23 % unter 20 % sinke, weil dann nach dem Sprachengesetz vom 28. 2. 1920 das Deutsche als Amtssprache nicht mehr hätte berücksichtigt werden müssen. § 2 dieses Sprachengesetzes enthält aber eine ganz andere Bestimmung, wonach sich die Zahl von 20 % als Mindestbedingung für die Amtsführung in der Sprache einer Minderheit nicht auf den Gesamtstaat bezieht, sondern auf die kleinsten Verwaltungseinheiten, auf die Gerichtsbezirke, die etwa dem Drittel eines politischen Bezirkes (kleiner als unsere Landkreise) entsprachen. Die Gesamtbevölkerung einer Minderheit im Staat war dabei unwichtig.

[31] Ebenda I, 168.

Industriezeitalters mit parlamentarischen Mitteln sei, sondern daß sie irgendeine sittliche Fundierung und Rechtfertigung haben müsse, diese Ethik ist bei Beneš auf jeden Fall während der Kriegsjahre allmählich geschwunden. Spricht er dabei vom Vorsaal der Humanität, in dem sich das demokratische Leben abspielen sollte, so sagt er zehn Jahre später in seinen Kriegsmemoiren, er habe unter tschechoslowakischem Aspekt gehandelt, als er das Transfer-Projekt nach seiner Formulierung in seiner Sicht „folgerichtig und konsequent" — nach meiner Auffassung freilich in Wirklichkeit nur nach den jeweils gegebenen politischen Konstellationen — allmählich entwickelte[32].

Es ist interessant, daß nicht nur in der Minderheitenfrage, sondern auch in der grundsätzlichen Einstellung zur Demokratie, in ihrer praktischen Handhabung und in ihrer Kraft zur Staatsgestaltung sich die Auffassung Benešs im Laufe der Zeit wandelte. Kurz nach dem Ersten Weltkrieg bekennt er zwar, die Demokratie sei revolutionär, wenn auch evolutionistisch in ihrer Tätigkeit, sie siege Schritt für Schritt, ihr Vormarsch sei unaufhaltsam, sie werde dauernd geschaffen, befinde sich also in einer ständigen Weiterentwicklung[33], aber in konkreten Fragen zeigt er sich demgegenüber doch als ein konservativer Demokrat. Er befürchtet nämlich 1924, das demokratische Prinzip schieße über das Ziel hinaus. Er möchte als Ziel einer demokratischen Entwicklung und der ständigen Evolution allein demokratischen Parlamentarismus und nicht auch noch wirtschaftliche und soziale Umwälzungen[34]. Im Konkreten führt er dann aus, was dazu recht gut paßt, daß er die Frage der Beamtendisziplin in keiner Weise durch das demokratische Mitbestimmungsrecht auflösen möchte, auch nicht die Verwaltungshierarchie; daß er Soldatenräte für die Armee als ein durchaus zersetzendes Element ablehne, ja auch schon die parteipolitische Betätigung bei Offizieren überhaupt.

Anderthalb Jahrzehnte später, als Gastprofessor in Chicago, ist Beneš anderer Meinung. Jetzt wendet er sich dagegen, daß es in der westlichen Welt bislang nur eine politische Demokratie gegeben habe. Zu fordern sei eine radikale, eine politische, soziale und wirtschaftliche Demokratie. Er erläutert, daß die Demokratie letztlich aus idealistischem Denken hervorgegangen sei, gleich welcher philosophischen Provenienz, und bekennt sich dazu; von daher gäbe es einen wesentlichen Unterschied zum Sozialismus auf der Basis des philosophischen Materialismus. Dennoch aber sei eine *Toleranz zwischen den beiden Systemen* möglich[35].

Was er da sagt und im Vorwort als Inhalt seiner Chicagoer Gastvorlesungen in der ersten Jahreshälfte 1939 kennzeichnet, wurde 1944 in der Schweiz her-

---

[32] S e i b t , Ferdinand: Beneš im Exil 1938—1945. In: Beiträge zum deutsch-tschechischen Verhältnis. München 1963, S. 143—156. Meine These von der opportunistischen Wandlung Benešs bei seinen Vertreibungsplänen bestätigte später nach neuen Quellen Č e r n ý , B.: Dr. Edvard Beneš und die deutsche Frage während des Zweiten Weltkrieges. In: Aktuelle Forschungsprobleme um die Erste Tschechoslowakische Republik. Hrsg. von Karl B o s l. München—Wien 1969, S. 171—187, hier bes. S. 172 und 186.
[33] B e n e š : Gedanke und Tat II, 19.
[34] E b e n d a II, 87 und 144.
[35] B e n e š , Edvard: Demokratie heute und morgen. Deutsch. Zürich—New York 1944, S. 29.

ausgebracht — jedenfalls noch vor Kriegsende. Der letzte Abschnitt dieser Gastvorlesungen dürfte aber nach 1942 entstanden sein[36]. Es ist von beklemmender Aktualität, was Beneš in dieser letzten Phase seiner inneren Entwicklung während seines Auslandsaufenthaltes von der notwendigen Fortentwicklung des demokratischen Systems zu einer politischen und wirtschaftlichen Demokratie sagt und von einer möglichen Angleichung an das System des Sowjetsozialismus: Er sieht also, spätestens 1943, ein Fortschreiten des Sozialisierungsprozesses auch im Westen; demnach würden die Unternehmerrechte eingeschränkt. Es entstand, nach seiner Vorstellung bereits, in der westlichen Demokratie eine bestimmte Art von sozialorientiertem, staatlichem oder städtischem oder vergesellschaftetem Kapitalismus Gleichzeitig akzeptierte man allgemein die wissenschaftliche Wirtschaftsplanung, welche die letzten Reste der liberalen, kapitalistischen Theorie vom freien Spiel der wirtschaftlichen Kräfte definitiv beseitigen solle. Auf der anderen Seite will er zu dieser Zeit aber auch eine Entwicklung im Sowjetsozialismus erkennen, der diesen Vorgängen in der westlichen Welt entgegenkomme. Er findet, es gäbe bereits im Sinne der Vorhersagen Lenins eine Überwindung der Diktatur des Proletariats im Osten[37]. Die Diktatur des Proletariats nämlich sei eine temporäre Diktatur, eine Übergangsperiode. In der Praxis würde das bedeuten, daß die Entwicklung im sowjetischen Staat automatisch zu einer fortschreitenden politischen, religiösen und geistigen Freiheit als Folge der innenpolitischen Wirtschaftskonsolidierung und definitiven Sicherung der Existenz der klassenlosen, sozial vollkommen gleichartigen Gesellschaft führe. Das bedeute auch, daß diesen Voraussetzungen entsprechend die Entwicklung in Sowjetrußland „automatisch" — wieder die Automatik des Geschichtsablaufs — in der Richtung der demokratischen, geistigen und politischen Freiheiten verliefe[38].

Es fällt auf, daß Beneš nicht nur nach den Möglichkeiten seiner Umsicht von 1943 die wirtschaftliche Entwicklung im Westen verkennt, überzieht, vergröbert. Diese Beobachtung können wir heute im Rückblick von 30 Jahren ja alle leicht selber vollziehen. Es fällt auch auf, daß er sich in seiner Argumentation widerspricht. Denn was er da sagt von einer möglichen Toleranz im Geistigen, von Geistes- und Gewissensfreiheit im Sowjetsozialismus, das stellt er als These ausdrücklich unter der Voraussetzung auf, daß sich prinzipiell dort die philosophische Grundeinstellung des Materialismus nicht ändern werde. Nun gibt es aber unter materialistischen Voraussetzungen weder Toleranz noch Geistesfreiheit, weil beides — kurz gesagt — idealistische Begriffe sind. Und er denkt auch darüber nicht nach, daß er wiederholt Vorhersagen über eine Veränderung des Sowjetsystems in vorhergehenden Jahren gemacht hat, daß er schon 1928 — mit damals noch wesentlich unfreundlicheren Formulierungen — vom unabwendbaren Bankrott

---

[36] Ebenda 225; es handelt sich um den VII. und letzten Abschnitt seiner Vorlesungen vom Frühjahr 1939 an der Universität Chicago, doch sind darin auch spätere Entwicklungen angesprochen, zuletzt der britisch-sowjetische Vertrag von 1942 (S. 264), so daß mindestens eine spätere Überarbeitung dieser Ausführungen vor dem Erscheinungsdatum sicher ist.
[37] Beneš: Demokratie 259f.
[38] Ebenda 262.

des ursprünglich vom Marxismus inspirierten Bolschewismus gesprochen hat[39]. Beneš geht wohl davon aus, daß Demokratie und Sowjetsozialismus an sich unvereinbar seien. Er betont aber, daß die beiden miteinander mehr gemeinsam hätten als Demokratie und Faschismus; nämlich das Gleichheitsdenken — den Rationalismus —, die realistische Erkenntnistheorie, den Universalismus, den Pazifismus, alles tatsächlich richtige Momente.

Theoretisch sei eine Versöhnung beider nicht möglich; handle es sich doch um einen grundsätzlichen Gegensatz, der schon in der Urzeit der Philosophie bestand. Obwohl Beneš das ganz richtig feststellt, findet er dann aber doch zu spekulativen Brückenschlägen zwischen beiden. Vielleicht ist darin die Philosophie für Beneš jedoch überhaupt nicht sehr wichtig gewesen. Beneš war nicht der politische Philosoph, als der er sich manchmal in unangemessener Analogie zu Masaryk gab. Entscheidend für ihn war wohl die Überlegung, eine Zusammenarbeit zwischen den beiden Mächten, die sich damals gerade in der äußersten kriegerischen Anstrengung mit dem Nationalismus befanden, sei vornehmlich aus praktischer Notwendigkeit gegeben. Und des scheint mir offensichtlich, daß Beneš politische Pragmatik hier der Praxis eben den Vorzug gab.

Fassen wir zusammen: Was er von der Gesellschaftsentwicklung in Ost und West sagte, war recht oberflächlich; was er von der Wirtschaftsentwicklung sagte, war falsch; was er von Recht und Freiheit ohne weiteres von einem System in das andere übernahm, war allein schon gedanklich nicht zu rechtfertigen. Suchen wir Beneš als politischen Denker zu erfassen, dann fällt uns auf, daß er im Grunde seiner Gedankenwelt eine unausgesprochene Gemeinsamkeit als den allein möglichen Argumentationsboden für alle Beteiligten am politischen Spiel immer wieder in Rechnung stellt. Das gilt auch im konkreten Fall, in dem er die tiefen Widersprüche zwischen Sowjetsozialismus und westlicher Demokratie konstatiert und im selben Atemzug — im selben Zusammenhang mindestens — als Beweis für den Zusammenarbeitswillen, für die Anerkennung der westlichen Demokratie durch das Sowjetsystem, den britisch-sowjetischen Vertrag von 1942 nennt. Er kommentiert dazu, die Sowjetunion hätte in diesem Vertrag ihre offiziellen Ansichten über die Nichteinmischung in die inneren Verhältnisse der übrigen Staaten nach dem Krieg zum Ausdruck gebracht. Wir wissen heute selber, was das für ein Irrtum war. Ein Irrtum, den man am ehesten ausdrücken kann, wenn man der Meinung ist, daß es eine bestimmte unausgesprochene *naturrechtliche Gemeinsamkeit* gäbe, nach der etwa zuallererst — ein Prinzip des Naturrechts bekanntlich — Verträge eingehalten werden.

Aber das Naturrecht ist nicht universal; es ist nicht zu lösen von der philosophischen Basis, aus der es in den westlichen Ländern im Laufe des 17. und vor allen Dingen des 18. Jahrhunderts entstanden ist. Das Naturrecht ist eine wichtige Voraussetzung für die westliche Demokratie. Aber in seiner letzten Gültigkeit, sowohl theoretisch als auch praktisch, eben nur für sie. Beneš handelt und orientiert sich im Grunde wie einer, der unausgesprochen eine bestimmte geistige Welt

---

[39] Beneš: Gedanke und Tat I, 460.

hinter sich oder über sich weiß, die man nicht in Frage stellt, aufgrund derer man mit dem anderen handeln kann. Das ist jene Welt, die noch das Europa, das klassische Europa des 18. Jahrhunderts mit seiner Geheimdiplomatie hinter sich wußte und sich danach orientierte, und tatsächlich finden wir immer wieder, daß Beneš diesem historischen Typus der Kabinettspolitik am leichtesten zuzuordnen ist. Und daher kommt auch seine Betonung des Gleichgewichts als der wichtigsten politischen Maxime. Sie leitete seine Politik, sie bestimmte seine Erwägungen über den rechten innerstaatlichen Frieden; sie ist eigentlich jener Grundsatz, den eine im Grunde saturierte Welt aufstellen kann — nicht nur im klassischen Europa, sondern auch zu verschiedenen Zeiten in verschiedenen Systemen — und ist demnach ganz unangemessen für die politische Situation, die sich nach dem Ersten Weltkrieg für zwei Jahrzehnte auftat, ehe sich nach der gewaltigen Katastrophe Europas ein neues Gleichgewicht der beiden neuen Weltmächte stabilisierte. Benešs Rechnungseinheit für das politische Kalkül ist immer wieder der Staat, der klassische Staat aus der europäischen Epoche des 18. und 19. Jahrhunderts. Und es läßt sich an anderen Äußerungen zeigen[40], wie sehr er davon ausging, daß auf dem Boden dieses Denkens die klassischen Prinzipien von Diplomatie und Völkerrecht das Handeln des Politikers — des Kabinettspolitikers — bestimmten.

VI.

Wenn wir die Dinge so sehen, dann gibt es auch noch eine Vergleichsmöglichkeit in der geistigen Arbeitsweise der beiden Männer. Beide sind in ihrer Gedankenwelt ganz ungewöhnlich stark beeinflußt von Literatur im klassischen Sinn und geben das immer wieder in einem verblüffenden Ausmaß von sich. Masaryk bekennt wirklich, daß er viel mehr Romane lese als wissenschaftliche Werke, weil er sich an diesen Romanen über die Nationalkultur orientiere — bekanntlich hat sich Masaryk aus diesem Grunde auch weit in Nationalsprachen eingelebt, die für beide im Grunde den Maßstab oder das maßgebliche Organisationselement bedeuteten. Auch Beneš bekennt ein ähnliches Verhältnis zur schönen Literatur, aber man darf füglich zweifeln, ob es ihn wirklich in gleichem Maße gebildet hat. Beneš ist eher Fachmann, ein Völkerrechtler und scharfsichtiger Beobachter äußerer Machtverschiebungen. Die inneren, den Systemwandel und die Macht der Massen, hat er allerdings ignoriert.

Auch die Arbeitsweise beider Männer ist grundverschieden. Masaryks Buch mit der größten inneren Systematik ist sein erstes, seine Habilitationsschrift über den Selbstmord. Er hat nachher noch wissenschaftliche Arbeiten geschrieben, die heute noch benützt sind, viel bekannter als das Buch über den Selbstmord. So seine Arbeit über Rußland aus den neunziger Jahren oder seine Auseinandersetzung mit den philosophischen und sozialpolitischen Grundlagen des Marxismus. Auch das sind ausgesprochen theoretische Arbeiten. Keines dieser Bücher erreicht aber mehr jene

---

[40] Beneš, Edvard: My War Memoirs. From Munich to New War and New Victory. London 1954, S. 179. Dazu Seibt: Beneš im Exil 147.

trockene, nüchterne Systematik der Habilitationsschrift, und das offenbar unter dem Druck der äußeren Umstände. Im Grunde — das zeigt sich nämlich bei der näheren Betrachtung seiner Arbeiten — lag ihm die systematische Art des Denkens überhaupt nicht. Er war ein Mann, der die Probleme anriß, der sie oft systematisch gar nicht ausdachte, ja, der sogar ausdrücklich sagte, es liege ihm fern, ein Systematiker zu sein. Er fühle sich wohler in einer sokratischen Rolle. Ein Grund, weshalb er in der einzigen respektablen Nachkriegsbiographie aus der Tschechoslowakei von Milan Machovec 1968 mit der Existenzphilosophie in Zusammenhang gebracht worden ist — nicht zu Recht nach meinem Dafürhalten; Masaryk war vielmehr ein platonisch orientierter Gesellschaftsphilosoph.

Beneš ist ein ganz anderer Typ als geistiger Arbeiter. Er ist im Grunde allerdings auch kein Buchautor, so wenig wie Masaryk. Er ist auch nicht der Systematiker im großen, obwohl er noch eher dazu neigte. Er ist der Könner, wahrlich der Könner des begrenzten, klaren und logisch aufgebauten außenpolitischen Exposés. Die Exposés des Außenministers Beneš sind nach meiner Ansicht seine bedeutendste literarische Leistung. In diesem Metier ist er auf einem selten erreichten Niveau. Diese stilisierte Eigenart und Neigung trifft aber ganz dieselbe Einstellung, die ich vorher aus seiner politischen Philosophie zu erläutern suchte. Beneš war, mit seinem Können und seiner Beschränkung, ein Meister der klassischen Kabinettspolitik.

Der Beitrag von Friedrich Prinz im vorliegenden Band bedarf meinerseits folgender Erwiderung:

Zu Anm. 1 auf S. 13: Im November 1972 hatte ich in der Diskussion zu dem Referat von Herrn Prinz über die „Burg" als Forschungsproblem davon abgeraten, den Emigrationsbegriff ohne weiteres zu generalisieren. Ich finde mich jetzt auf diesen Diskussionsbeitrag angesprochen. Ich bin noch immer der Meinung, die kritische sozialgeschichtliche Begriffsbildung erfordere hier wesentliche Unterscheidungen, um einzelne Emigrationsgruppen nach ihrer Zusammensetzung und nach ihrer Mentalität mit mehodischer Berechtigung miteinander vergleichen zu können. Gibt es doch Emigrationen aufgrund von Systemveränderungen, die plötzlich Menschen nach ihren ständischen, religiösen oder rassischen Bindungen ins Exil trieben. Demgegenüber stehen andere, die aus politischem Aktivismus im Sinn einer Systemveränderung nach freiwilliger Entscheidung entstanden. Deshalb ist eben die tschechische Emigration von 1914 nicht Emigration schlechthin. Mir scheint das deutlich genug und ich bedauere, daß meine Überlegungen kein positiveres Echo in dem Beitrag von Friedrich Prinz gefunden haben.

Zu Anm. 6 auf S. 15: Der Begriff einer Clique im soziologischen Sinn scheint mir im gegebenen Zusammenhang durchaus diskutabel. Deshalb habe ich ihn während der Diskussion in Bad Wiessee auch aufgegriffen. Immerhin stammt dieser recht griffige, im Sinn soziologischer Begriffsbildung selbstverständlich wertfreie Terminus aber aus einem Diskussionsbeitrag von Hans Lemberg.

Martin K. Bachstein

DIE SOZIOLOGISCHE STRUKTUR DER „BURG" — VERSUCH EINER STRUKTURANALYSE

Als die Erste Tschechoslowakische Republik im Herbst des Jahres 1938 auseinanderbrach und die ursprünglich als Widerstandsregierung gedachte Koalition des Generals Syrový das Erbe der letzten Regierung Hodža antrat, ging eine bewegte politische Epoche zu Ende. In den kaum zwanzig Jahren ihres Bestehens hatte die Erste Republik mehr als fünfzehn Regierungen erlebt[1], und mehr als einmal schien es, als würde dieser wohl wichtigste der Nachfolgestaaten Österreich-Ungarns mit seinen inneren Schwierigkeiten nicht fertig werden. Die ČSR war mit einer Reihe ähnlicher Probleme belastet, die auch der alten Monarchie zum Verhängnis geworden waren — neben dem tschechischen und slowakischen Staatsvolk, das nur schwer ein gemeinsames Staatsbewußtsein entwickeln konnte und etwa 70 Prozent der Bevölkerung bildete[2], gab es außer polnischen, ungarischen und ruthenischen Minderheiten auch noch mehr als 3 Millionen sudetendeutsche Bürger des Staates, die sich nicht als Minderheit fühlten und als den Tschechen und Slowaken ebenbürtiges Staatsvolk anerkannt werden wollten.

Es gab innenpolitische Krisen, so beispielsweise als sich im November 1921 die Volkspartei spaltete, weil die Slowaken den aktivistischen Kurs der Tschechen unter Šrámek nicht mitmachten; als nach der Ermordung Alois Rašíns ein Staatsschutzgesetz zu beschließen war; als sich im Jahre 1926 die bürgerliche Parlamentsmehrheit mit den Sozialisten um Agrarzölle und Kongrua (den Staatszuschuß zur Priesterbesoldung) stritt; und nicht zuletzt als sich die Mehrheit der Agrarier beharrlich weigerte, die von Masaryk gewünschte Wahl Edvard Beneš' zu seinem Nachfolger im Präsidentenamt zu unterstützen. Dies waren in der Tat Belastungen, die teilweise krisenhaftes Ausmaß erreichten, aber der tschechoslowakische Staat oder sein Regierungssystem wurden deshalb kaum in Frage gestellt. Das Prager Regime wurde mit den Faschisten Stříbrnýs und Gajdas ebenso fertig wie mit den sudetendeutschen Nationalsozialisten und anderen Belastungen, solange diese primär *innenpolitischen* Charakter behielten. Erst als das hitlerische Deutschland sich zunehmend für die Belange der Sudetendeutschen Partei interessierte[3], und die westlichen „Schutzmächte" Frankreich und England diesen Druck auf die ČSR nicht

---

[1] Zählt man hingegen die Zahl der Ministerpräsidenten — es gab deren nur sieben — und die regierungstragenden Koalitionen — deren gab es nur vier —, die noch dazu nicht abrupt wechselten und stets Elemente ihrer Vorgänger bei der Neubildung übernahmen, so entsteht ein wesentlich stabileres Bild.

[2] In der aus der Feder Jan Herbens stammenden Präambel zur tschechoslowakischen Verfassung ist entsprechend der offiziellen Staatsideologie vom „tschechoslowakischen Volk" die Rede. Dies konnte in Wirklichkeit höchstens als Zielvorstellung verstanden werden.

[3] Für die nach 1935 zunehmende Unterstützung der SdP durch reichsdeutsche Organe siehe die ausführliche Darstellung von B r ü g e l, J. W.: Tschechen und Deutsche. München 1967. Brügels These von der bereits im Anfangsstadium der SdP geleisteten Unterstützung ist nicht hinreichend belegt.

kompensierten, mußte der tschechoslowakische Staat vor der Übermacht seiner *ausländischen* Feinde kapitulieren.

Diese aus verständlichen Gründen radikal vereinfachte Darstellung der Problematik der Ersten Republik läßt immerhin deutlich werden, daß in der ČSR von 1918 bis 1938 eine artikulierte aktivistische, das heißt staatsbejahende politische Mehrheit bzw. Führungsschicht vorhanden war, die dem tschechoslowakischen Staat so viel an politischer Stabilität vermittelte, daß er zumindest an innenpolitischen Problemen nicht scheiterte. Man mag dieser Feststellung entgegenhalten, daß diese Mehrheit nur deshalb und solange zustandekam, als ein ihr günstiges außenpolitisches Kräfteverhältnis herrschte, und daß deshalb die Fragwürdigkeit der Gründung des tschechoslowakischen Staates bewiesen werde. Dies mag richtig sein, doch haben die Väter des tschechoslowakischen Staates nie einen Hehl daraus gemacht, daß die ČSR nur in einem europäischen Staatensystem gedeihen könne, das den Status quo von 1919 anerkannte und die territoriale wie politische Integrität aller Staaten des Kontinents achtete[4]. Masaryk, Beneš und die sie unterstützenden Regierungskoalitionen, Parteien und anderen Gruppen — wobei die politische Stärke dieser Faktoren der hier verwendeten Reihenfolge durchaus nicht immer entsprach — haben den Primat der Außenpolitik entsprechend zu berücksichtigen versucht, doch sollte dies nicht darüber hinwegtäuschen, daß in der „Burg" nicht nur außenpolitische, sondern auch starke innenpolitische Kräfte wirkten. Diese Feststellung verdeutlicht, daß eine Analyse der „Burg" nicht nur ihre führenden Vertreter, sondern auch das hinter diesen stehende „zweite Glied" einbeziehen sollte, wobei zu berücksichtigen wäre, daß es eine variable Gruppe war, deren Einfluß und Zusammensetzung zeitlich fluktuierte und von der sogar einzelne Mitglieder (Stříbrný, Beran, Schieszl und sicherlich auch Hodža) zeitweise gegen die Interessen der „Burg" oder der jeweiligen Regierung arbeiteten.

Es geht im vorliegenden Fall um die Herausarbeitung und Definition der engeren staatstragenden Schicht in der ČSR, der sie führenden Burg-Gruppe sowie ihrer politischen Gefolgschaft. Diese Aufgabe ist bisher von der Geschichtswissenschaft nur ungenügend gelöst worden. Die maßgeblichen Politiker der Ersten Republik — von wenigen Ausnahmen abgesehen — haben keine Memoiren verfaßt, und da die Biographie in der marxistischen Historiographie eine nur untergeordnete Rolle spielt, sind in der sozialistischen Tschechoslowakei nur wenige einschlägige biographische Monographien erschienen[5]. Weder über Tomáš G. Masaryk

---

[4] Es ist das Verdienst des Salzburger Historikers Fritz Fellner, der festgestellt hat, daß „die Ordnung von 1919 nicht ‚zerbrach', sondern in bewußter Zerstörungswut ‚zerschlagen' worden ist... Wir müssen uns zuerst bewußt werden [so Fellner weiter], daß die sogenannten Folgen des Friedensvertrages Folgen seiner Ablehnung und nicht seiner Erfüllung gewesen sind". F e l l n e r , Fritz: Die Pariser Vorortverträge von 1919/20. In: Versailles — St. Germain — Trianon. Umbruch in Europa vor fünfzig Jahren. Hrsg. von Karl B o s l. München—Wien 1971, S. 7—24, hier 9 f.

[5] Memoiren oder „Erlebnisbücher" schrieben B e c h y n ě , Rudolf: Pero mi zustalo [Die Feder blieb zurück]. Prag 1947. — T á b o r s k ý , Edvard: Pravda zvítězila. Deník druhého zahraničního odboje [Die Wahrheit siegte. Tagebuch des zweiten Auslandswiderstandes]. Prag 1947. — F i e r l i n g e r , Zdeněk: Ve službách ČSR. Paměti z druhého zahraničního odboje [In den Diensten der Tschechoslowakischen Republik.

noch über Edvard Beneš gibt es erschöpfende und methodologisch befriedigende biographische Arbeiten neueren Datums; tschechoslowakische Archive werden allem Anschein nach der tschechoslowakischen und ausländisen Forsung für zeitgeschichtliche Arbeiten vorerst nur beschränkt zur Verfügung stehen.

Die bisher vorliegenden Aussagen über die politische Führungsschicht in der Ersten Republik sind uneinheitlich und nicht selten von ideologischen Sentiments verzeichnet. Eine Ausnahme ist wegen ihrer Klarheit die bereits 1937 getroffene Feststellung Harry Klepetařs, der unter der „sogenannten Burg" den „Präsidenten Masaryk, den Außenminister Beneš und ihre näheren und entfernteren Anhänger"[6] oder auch „die Freunde des Außenministers Dr. Beneš"[7] verstand. (Einer der frühesten Hinweise auf die „Burg" als Machtzentrum stammt von Josef Seliger, der auf dem Teplitzer Parteitag im Jahre 1920 die revisionistische Politik der sudetendeutschen Sozialdemokratie mit der Feststellung verteidigte, daß man keine „Situation zu erwarten habe, wo entweder die Legionäre mit uns marschieren werden, um die Prager Hofburg zu besetzen, ... oder die Vertreter des Finanzkapitals erklären, abzudanken und dem Proletariat den Staat zu überlassen".)

Wenzel Jaksch, der in seinem 1958 erschienenen Buch „Europas Weg nach Potsdam" nur en passant von der „Burg" als der allgemeinen „Umgebung Benešs" sprach[8], hatte diese Institution Anfang des Krieges 1941 als „Hüterin der gesamtstaatlichen Interessen" bezeichnet[9], und 1944, als Jaksch wegen der inzwischen deutlichen Aussiedlungstendenzen des zweiten *odboj* bereits mit der Exilführung gebrochen hatte, war die „Burg" für ihn immer noch „Rat und Hilfe ..., die letzte Adresse, wo gesamtstaatliche Interessen und Auffassungen [bis 1938] noch Aussicht hatten, Gehör zu finden"[10].

Eine interessante Aussage über die politische Funktion der „Burg" stammt von Jörg Hönsch aus dem Jahre 1965. Er schreibt (in Anlehnung an Oswald Kostrba-Skalický): „Repräsentativ für das politische Leben war eine *übersehbare Schicht* von Berufspolitikern, Universitätsprofessoren, Advokaten, Publizisten, Gewerkschaftlern und Großbauern, die sich die finanzielle Rückendeckung einer exklusiven Gruppe von Bankiers, Industriellen und Großkaufleuten zu sichern verstanden. Die Vertreter des kultivierten, traditionsbewußten Tschechentums und des Adels, die unter den Habsburgern den Ton in der Gesellschaft und oft auch in der ober-

---

Erinnerungen aus dem zweiten Auslandswiderstand]. 2 Bde. Prag 1948 f. — B e n e š , Edvard: Paměti [Erinnerungen]. Prag 1947. — F e i e r a b e n d , Ladislav: Ve vládách druhé republiky [In der Regierung der Zweiten Republik]. New York 1961. — J a k s c h , Wenzel: Europas Weg nach Potsdam. Stuttgart 1958.
[6] K l e p e t a ř , Harry: Seit 1918 ... Eine Geschichte der Tschechoslowakischen Republik. Mährisch-Ostrau 1937, S. 305.
[7] E b e n d a 311.
[8] J a k s c h : Europas Weg, hier zitiert nach der neu bearbeiteten und ergänzten Ausgabe. Köln 1967, S. 311.
[9] D e r s.: Die Parteien im Nationalitätenstaat. Sozialdemokrat 2 (London 1941) Nr. 23 vom 11. August 1941, S. 375 ff.
[10] D e r s.: Dr. Edvard Beneš — sechzig Jahre. Sozialdemokrat 5 (London 1944) Nr. 18 vom 31. Mai 1944.

sten Verwaltung angegeben hatten, wurden in die politische Abstinenz abgedrängt. Träger der Macht über die Parteien hinaus wurde *ein kleiner Kreis von Masaryk genehmen Männern*, die, nach dem Sitz des Präsidenten kurz als die ‚Burg' bezeichnet, die tatsächliche Kontrolle im Staate ausübten. Dieser erlesenen republikanischen Hofkamarilla gehörten ausschließlich Intellektuelle, meist mit atheistischer Grundkonzeption und weitgehender Geschichtsfremdheit, an: Mitglieder der ehemaligen Realisten-Partei Masaryks, prominente tschechische Nationalsozialisten um Beneš, Führer der tschechischen Massenorganisationen und der Gewerkschaften. Die Autorität des Präsidenten, dessen Schriften und Worte als unumstößliche Offenbarung gewertet wurden, sicherte ihnen die eigentliche Monopolstellung im Staat. Die von der ‚Burg' abgelehnten oder bekämpften Kreise, Aristokraten, Klerikale, Konservative oder Gegner des bolschewistischen Rußlands, verloren schnell jeden politischen Einfluß... Es fehlten Männer, die den Mut und die Kraft besessen hätten, hier rechtzeitig Einhalt zu gebieten: Kramář scheiterte an seiner eigenen Unzulänglichkeit und bot der ‚Burg' alle Ansätze, um ihn politisch zu isolieren; den tschechischen Bauernzar Antonín Švehla hielten anfangs der Respekt vor Masaryk und dann eine schwere Krankheit davor zurück, den Einfluß der ‚Burg' zu beschneiden und die verantwortliche Machtausübung dem Parlament zu übertragen[11]." (Hervorhebung nicht im Original.)

Ähnlichen Inhalts ist die Aussage Emil Franzels über das staatstragende „Establishment", das seiner Meinung nach auf folgendem System beruhte: „Träger und Nutznießer des Staates waren in erster Linie die Parteien der ‚allnationalen Koalition', von denen sich ja ein Rudiment in Gestalt der *Národní fronta* bis in die Gegenwart erhalten hat. Neben den Parteien waren mächtige Säulen des Establishments die Legionäre und die nationalistischen Vereine, vom *Sokol*, der rund 600 000 Mitglieder zählenden Turn- und Wehrorganisation, bis zu den verschiedenen *Jednoty*, die für die Tschechisierung der Randgebiete sorgten. Ein wichtiger, nicht zu übersehender und vor allem für die Außen- und Kulturpolitik entscheidender Faktor waren die Freimaurer-Logen. Beneš und seine Klientel stützten sich in erster Linie auf die Logen, in zweiter auf die Legionäre. Wer nicht einer der Gruppen des Establishments angehörte oder von ihr protegiert wurde, konnte im Staate nichts werden...[12]."

Johann Wolfgang Brügel, als Historiker sicherlich zu den Antipoden Emil Franzels zu zählen, betont ebenfalls die Wichtigkeit der Person Edvard Benešs, aber doch in einem viel engeren Sinne als Franzel. Die Prager „Burg", so Brügel, „das ist natürlich Beneš und seine nähere politische Umgebung"[31]; und an anderer Stelle schreibt er erläuternd, „das was man ‚hrad' nannte, war mit der politischen Führungsschicht in der Ersten Republik nicht identisch. Unter ‚hrad' verstand

---

[11] H ö n s c h , Jörg K.: Geschichte der Tschechoslowakischen Republik 1918 bis 1965. Stuttgart—Berlin—Köln—Mainz 1966, S. 39 f.
[12] F r a n z e l , Emil: Leitsterne des Lebens. Unveröffentlichtes autobiographisches Manuskript, 1972, S. 200 f.
[13] B r ü g e l : Tschechen und Deutsche 292.

man erst die engere Anhängerschaft Masaryks und später Beneš..., aber irgendeine soziologische oder anderweitig kompakte Gruppe war das nicht"[14].

Wenn man die hier angeführten Stimmen westlicher Historiker miteinander vergleicht, so wird deutlich, daß der Begriff „Burg" recht verschieden ausgelegt werden kann. Für den einen ist die „Burg" sowohl „übersehbare Schicht" von Berufspolitikern, Professoren, Advokaten, Publizisten, Großbauern und Bankiers, als auch „ein kleiner Kreis von Masaryk genehmen Männern" (Hönsch). Für den anderen ist die „Burg" die „Umgebung Beneš" (Jaksch), während ein Dritter die Parteien der Allnationalen Koalition, die Legionäre und die Freimaurer in den Vordergrund stellt (Franzel). Brügel schließlich, dessen Forschungsergebnisse neuesten Datums sind, konzediert zwar, daß mit der „Burg" Beneš nähere Umgebung gemeint ist, stellt aber ausdrücklich fest, daß diese Gruppe mit der politischen Führungsschicht der Ersten Republik eigentlich nicht identisch sei. Brügels Aussage ist wesentlich, weil sie zumindest impliziert, daß Beneš wohl doch nur einer von vielen tonangebenden Leuten in der Ersten Republik gewesen und keineswegs als der „große Drahtzieher" der tschechoslowakischen Politik anzusehen ist.

Die marxistische Geschichtswissenschaft in der ČSSR sieht natürlich die „Burg" vom Klassenstandpunkt her als Verkörperung der während der Ersten Republik führenden bourgeoisen Klasse. In einem vom Institut für die Geschichte der KPTsch herausgegebenen Handbuch wird dies folgendermaßen formuliert: „Durch Vermittlung von Dr. Jaroslav Preiss war die ‚Burg' eng verbunden mit den Kreisen um die Živnobank. Eine wichtige Stütze der ‚Burg' waren die tschechoslowakische Legionärsgemeinde und andere Gruppen, die mit dem sogenannten ausländischen Freiheitskampf eng verbunden waren. Eine weitere Stütze war die National-Sozialistische Partei, besonders seit 1926, als sich nach dem Ausschluß von J. Stříbrný und seiner Freunde die führende Stellung Dr. E. Beneš in dieser Partei festigte. Der ‚Burg' schlossen sich viele Führer der tschechoslowakischen Sozialdemokratie und auch einige Politiker aus der Agrarpartei, der Nationaldemokratischen Partei und anderen bürgerlichen Parteien an[15]." Ferner heißt es, die „Burg" habe die kapitalistische Ordnung in der Tschechoslowakei gefestigt und die revolutionäre Arbeiterbewegung durch geschickte Verbindung gewalttätiger, repressiver Methoden mit der Verkündung bürgerlich-demokratischer humanistischer Illusionen sowie durch „soziale Demagogie" geschwächt[16].

Věra Olivová, die sich bisher als einzige in einer gesonderten Arbeit allein mit der Definition und Rolle der „Burg"-Gruppe beschäftigt hat, hebt besonders hervor, daß die „Burg" in erster Linie als Instrument zur Verwirklichung der Staatsidee Masaryks diente. Masaryk und seine Mitarbeiter, so Olivová, benützten die „Burg", um im Rahmen ihres Programmes „das gesamte Volk zu einem mono-

---

[14] Mitteilung an den Verf. am 14. August 1972.
[15] Příruční slovník k dějinám KSČ [Handwörterbuch zur Geséichte der KPTsch]. Hrsg. von Vladimír K r e c h l e r, Zdeněk Š e l, Gustav B a r e š, Antonín F a l t y s, Miroslav K l í r, Jaroslav K o u t e k, Václav L h o t a, Karel P o m a i z l, Zoltán R a b a y, Pavel R e i m a n, Karel S a t r a n. 2 Bde. Prag 1964, hier Bd. 1, S. 242.
[16] E b e n d a.

lithischen Ganzen zu verbinden ..., um die kleineren Gruppen zu einem Ganzen harmonisch zusammenzufügen, die Organisationen aufzubauen, und alle Bemühungen zu vereinigen"[17]. Weiter schreibt Olivová: „Bei der Verwirklichung dieser Absicht bemühte er [Masaryk] sich, einen möglichst weiten Kreis von Mitarbeitern um sich zu sammeln. Er schuf hierfür jedoch keine eigene politische Partei. Die Anhänger Masaryks gingen im Gegenteil teilweise spontan, teilweise ganz bewußt in die einzelnen politischen Parteien hinein. Daneben hielten sie jedoch weiterhin mit Masaryk sehr engen Kontakt. Die Burg wurde zum politischen Zentrum, in dem sie sich zusammenfanden und von dem aus die Strömungen und Fäden in die verschiedenen Bereiche des politischen Lebens hinausreichten. Und gerade diese lockere Verbindung Masaryks mit den Funktionären der verschiedenen politischen Parteien schuf jene bekannte Burg-Gruppe. Durch diese lockere Verbindung war sowohl ihre Verschiedenartigkeit als auch ihre Veränderlichkeit gewährleistet.

Wenn wir die einzelnen Parteien und Gruppen, die sich zur Burg bekannten, nennen möchten, so müssen wir an erster Stelle die National-Sozialistische Partei nennen. Ihr neigte sich ein Teil der Angehörigen der ehemaligen Fortschrittlichen Partei Masaryks zu. Durch sie und vor allem durch E. Beneš gelang es der Burg, diese Partei vollkommen zu beherrschen und sie zu ihrer politischen Basis zu machen. Wichtig war auch, daß sich zur National-Sozialistischen Partei auch die großen Massenorganisationen gesellten, die ihre Bedeutung steigerten, die tschechoslowakische *Sokol*-Gemeinde, die Legionärs-Gemeinde, die tschechoslowakische Lehrer-Organisation und ein Teil der Gewerkschaften. Die zweite Partei, die zur Burg-Gruppe gehörte, war die Sozialdemokratische Partei, die sich voll der ideologischen und politischen Führung Masaryks unterordnete. Zur Burg-Gruppe gehörte auch die deutsche Sozialdemokratie, die bis zum Jahre 1935 die stärkste deutsche politische Partei [in der ČSR] war.

Diese beiden sozialdemokratischen Parteien beherrschten auch die stärksten Arbeitergewerkschaften — die tschechoslowakische Gewerkschaftsvereinigung und den Bund der deutschen [Freien] Gewerkschaften. Die National-Sozialisten, die tschechische und die deutsche Sozialdemokratie bildeten die Hauptgrundlage der Burg-Gruppe. Neben ihnen gab es stärkere oder schwächere aber der Burg ebenso positiv gegenüberstehende oder mit der Burg zusammenarbeitende Gruppen in einer Reihe der bourgeoisen Parteien, die als Sprachrohr der Agrar- und Gruppen der Hochfinanz und klerikaler Kreise in der Republik fungierten... Durch alle diese Gruppen wurde die politische und ökonomische Verbindung der Burg mit bourgeoisen und klerikalen Kreisen ohne Rücksicht auf ihre Nationalität verwirklicht[18]."
Soweit Věra Olivová.

Es war erforderlich, diese Aussagen über die „Burg" und ihre Zusammensetzung so ausführlich zu bringen, um eine haltbare methodologische Ausgangsposition für die Bewältigung dieses Themas herauszuarbeiten. Versucht man die oben zitierten Feststellungen auf einen Nenner zu bringen, so entsteht ein politi-

---

[17] Olivová, Věra: Hradní buržoazie [Die Burg-Bourgeoisie]. Dějiny a součastnost, April 1965, S. 39—42.
[18] Ebenda.

sches Strukturbild, in dem die „Burg" zwar Zentrum staatlicher Macht ist, aber diese Funktion nur aufgrund der ihr gewährten Unterstützung durch Parteien und Organisationen ausüben kann. Es schien deshalb verkehrt, im vorliegenden Fall mit einer möglichst begrenzten Gruppe von „Burgpersonen" zu arbeiten. Es war angebracht, sich bei der Auswahl der Personen auch eher von dem heute geläufigen Begriff des politisch entscheidenden „Establishments" leiten lassen, das heißt von Personen, die kraft ihrer politischen, wirtschaftlichen, journalistischen, beamteten oder anderen Tätigkeit während der Ersten Republik politischen Einfluß ausübten und in einer direkten oder indirekten (nicht ohne weiteres nachweisbaren) Beziehung zur „Burgführung" — Masaryk oder Beneš — standen. Dieses Vorgehen scheint auch aufgrund des politischen Verhaltens Masaryks oder Beneš gerechtfertigt. Als Präsident stand Masaryk bewußt über den Parteien, und Beneš war zwar nominell Mitglied der National-Sozialistischen Partei; doch hätte er genausogut der Sozialdemokratischen Partei oder einer anderen „liberalen" Partei angehören können. Parteien und politische Richtungen interessierten ihn nämlich nur insoweit, wie sie zum Wohl des Staates auf einen allgemeinen Nenner gebracht oder benutzt werden konnten. Sagte er doch einmal zu Hubert Ripka, „mein Hang zum Synthetisieren hat dazu geführt, daß ich kein Parteipolitiker sein konnte. Eine Partei war und ist für mich immer ein Instrument des Staates und der nationalen Politik... Eigentlich könnte ich in jeder Partei sein"[19].

Doch nicht nur unter den beiden führenden Repräsentanten des Staates, sondern auch zwischen den politischen Parteien war man bemüht, sich zu einigen, Streit zu schlichten und Kompromisse zu schließen. Nicht von ungefähr behauptete einst der stellvertretende Ministerpräsident und Vorsitzende der katholischen Volkspartei, Jan Šrámek, die Regierung habe „sich geeinigt, daß sie sich einigen werde", und die ČSR war sicherlich nicht ohne Grund das einzige demokratisch regierte Land in Europa, in dem zeitweilig nicht das Parlament, sondern Fünfer-, Sechser-, Siebener- und selbst Achterausschüsse der Koalitionsparteien die legislative Macht ausübten[20].

Für diese Arbeit wurden über 800 biographische Aufsätze in den wichtigsten tschechoslowakischen Handbüchern und Lexika durchgesehen[21]. Da sich kein allgemein gültiger Auswahlmodus finden ließ, wurden die in Frage kommenden Personen nach Erfahrungskriterien ausgewählt. Dieser Vorgang führte zu einer 97 Personen umfassenden (und notwendigerweise unvollständigen) „politischen

---

[19] Státní ústřední archiv Prag (SUA) A-1-258/3. Notiz Hubert Ripkas vom 10. Juni 1937. Zit. n. K ř e n , Jan: Beneš — the Problem of Political Leadership (1939—1940). In: History of Socialism Yearbook 1968. Prag 1969, S. 91. — Vgl. auch K l á t i l, F.: Beneš zblízka [Ein Beneš-Ausschnitt]. London 1944, S. 25. Klátil schreibt über Beneš: „Er möchte immer etwas ergreifen, es in Besitz nehmen, beitreten, etwas zusammenführen, es harmonisieren."

[20] Vgl. S i v á k , Florian: Počiatky právneho a politického zakotvenia československého parlamentarizmu [Die Anfänge der rechtlichen und politischen Verankerung des tschechoslowakischen Parlamentarismus]. Právnické studie 19 (1971) 124—165.

[21] Vor allem folgende Werke: Československo biografie. 3 Bde. Prag 1936 ff. — Československá vlastivěda. 10 Bde. Prag 1930 ff. — Ottův slovník naučný. Prag 1930 ff. — Příruční slovník k dějinám KSČ. 2 Bde. Prag 1964.

und administrativen Führungsschicht". Diese Gruppe wurde statistisch aufgeschlüsselt[22] und anschließend auf jene Personen reduziert, die in mehr oder weniger direktem Kontakt mit Masaryk und besonders mit Edvard Beneš gestanden sind („engere Burggruppe"). Um den Beneš nahestehenden Personenkreis besser darzustellen und gleichzeitig die entscheidenden Außenpolitiker zu berücksichtigen, wurde das Außenministerium separat erwähnt. Außerdem schien es angezeigt, die Presseverbindungen Masaryks und besonders Beneš zu erwähnen. Beneš fehlte bekanntlich die für erfolgreiche Politiker so wichtige persönliche Ausstrahlung. Deshalb war für ihn die Presse gleichsam ein Ersatzpublikum, mit dessen Hilfe er sich sowohl informierte als auch seine Meinung unter das Volk zu bringen suchte.

Die Präsidialkanzlei

Längst vor seiner Wahl zum Staatspräsidenten hatte Edvard Beneš ein positives Verhältnis zu den führenden Beamten der „Burg" entwickelt. Diese Beziehungen charakterisierte Beneš am Tag seiner Amtseinführung gegenüber Kanzler Šámal und Sektionschef Schieszl folgendermaßen: „Sie kennen mich, und ich kenne Sie auch. Gehen wir in Ruhe an die Arbeit, im alten Sinne und in neuem Tempo[23]." Beneš hatte sämtliche führenden Kanzleibeamten ... (Schieszl, Popelka, Křovák und Patejdl[24] aus Masaryks Amtszeit übernommen und (soweit bekannt ist) keine Änderungen vorgenommen. Jaromír Nečas, ein Sozialdemokrat, war bereits im Jahre 1924 aus der Präsidialkanzlei ausgeschieden und in die aktive Politik gegangen. Auch Alice Masaryk, anfangs ein wichtiges Mitglied der Präsidialkanzlei, zog sich nach Benešs Wahl zum Staatsoberhaupt zurück.

Kanzler Šámal und Sektionschef Schieszl kannten sich aus gemeinsamer Tätigkeit während des Krieges. Beide standen den Staatsrechtlern bzw. der Fortschrittspartei Masaryks nahe und vertraten deren Nachfolgepartei, die Nationaldemokraten, in der Revolutionären Nationalversammlung. Šámal war vor 1918 ein erfolgreicher Prager Rechtsanwalt, während Schieszl als Geschäftsführer der Prager Advokatenkammer gewirkt hatte. Šámal, der nach der Abreise Benešs im Jahre 1915 ins Ausland neben Rašín und Kramář zu den führenden Vertretern der „Maffia" in der Heimat zählte, war mit dem eher repräsentativen Amt eines Kanzlers des Präsidenten der Republik abgefunden worden, da für ihn in der Regierung Kramář kein Kabinettsposten zur Verfügung stand. Diese Erfahrung bewog übrigens später Edvard Beneš, nicht den Nationaldemokraten, sondern der einflußreicheren National-Sozialistischen Partei beizutreten[25].

Die beiden Ministerialräte Křovák und Popelka arbeiteten während des Krieges im Wiener Ackerbauministerium und anschließend (1918) im Prager Landwirtschaftsministerium. Popelka wechselte Anfang 1919 in die Präsidialkanzlei über, wo er im Jahre 1925 neben seinen anderen Pflichten das Sekretariat des Ordens vom Weißen Löwen, der höchsten (und einzigen) tschechoslowakischen Auszeich-

---

[22] Für die ausgewählten Personen und statistischen Ergebnisse siehe Anhang.
[23] Zit. n. Klepetař 412.
[24] Für die genannten Personen siehe Československo biografie, Serie 2, 4, 14, 8 und 18 resp.
[25] Klepetař 20 f.

nung für Ausländer, übernahm. Křovák, Mitglied der Agrarpartei, blieb bis 1921 im Landwirtschaftsministerium, wo er an der Ausarbeitung der Bodenreform-Gesetze maßgeblich beteiligt war. Auf der „Burg" unterstanden ihm die Referate Gesetzgebung und internationale Verträge. Neben seiner Tätigkeit als Beamter fungierte Křovák zehn Jahre lang als Obmannstellvertreter des Prager *Sokol*-Gaues und als Vorstandsmitglied der Tschechoslowakischen *Sokol*gemeinde. Emil Sobota, der jüngste der führenden Kanzleibeamten des Präsidenten, war ebenfalls in der Fortschrittspartei tätig gewesen und arbeitete bis 1919 als selbständiger Rechtsanwalt. Sobota, der in den 20er und 30er Jahren eine Reihe verfassungsrechtlicher Bücher (u. a. über die Fraglichkeit einer „Verschweizerung" der ČSR), aber auch propagandistische Schriften, veröffentlichte, trat im Jahre 1925 der Sozialdemokratischen Partei bei.

Eine aus dem Rahmen fallende Rolle spielte Dr. Josef Patejdl, der 1920 als Sektionsrat in die Präsidialkanzlei berufen wurde. Der aus Pilsen stammende Advokat war bereits im August 1914 in russische Kriegsgefangenschaft geraten, wurde 1916 Legionär und später stellvertretender Vorsitzender des Tschechoslowakischen Nationalrates in Rußland. Im Dezember 1918 kehrte Patejdl auf Veranlassung von General Štefánik als Leiter einer Militärmission lange vor den übrigen Legionären in die Heimat zurück. Dort trat er der National-Sozialistischen Partei bei, die er seit 1921 bis zum Ende der Republik im Parlament vertrat. 1920, im Jahr seiner Berufung in die Präsidialkanzlei, wurde Patejdl zum Vorsitzenden der Tschechoslowakischen Legionärsgemeinde gewählt[26]. Er war außerdem Mitglied der Vereinigung der *Sokol*-Abgeordneten im Parlament. Es hat den Anschein, als ob Patejdl aufgrund seiner zahlreichen anderen Funktionen seinen Posten in der Präsidialkanzlei nur gelegentlich wahrnahm, trotzdem aber neben Schieszl zum Sektionschef avancierte.

Eine Sonderstellung unter den Beamten der „Burg" nahm auch Dr. Prokop Drtina ein, der im Jahre 1936 nach mehrjähriger untergeordneter Tätigkeit in der Präsidialkanzlei zum Sekretär Edvard Beneš ernannt wurde. Drtina, Sohn eines Prager Universitätsprofessors, war Mitglied der National-Sozialistischen Partei, galt als unterwürfiger und fleißiger Arbeiter und leitete außerdem den liberalen Klub *Přítomnost*, der allerdings mit der gleichnamigen Zeitschrift nicht identisch war[27].

Divisionsgeneral Silvester Bláha, der Vorstand der Militärkanzlei des Präsidenten, war Legionär in Rußland, kam aber wie auch Sektionschef Dr. Patejdl lange vor der Masse der „sibirischen Legionäre" in die ČSR zurück. Nach der Teilnahme an den Kämpfen gegen polnische Truppen in Teschen und gegen ungarische Verbände in der Slowakei wurde Bláha in den Jahren 1920—1925 als

---

[26] Josef Patejdl vertrat die mitgliederstärkste der drei großen Legionärsorganisationen, die da waren, 1. Československá obec legionářská (1935: 47 000 Mitglieder); 2. Ústřední jednota československá legionářů (1934: 5300 Mitglieder); 3. Nezávislá jednota československá legionářů (1934: 13 000 Mitglieder). Die Mehrzahl der čsl. obec-Mitglieder stand den beiden sozialistischen Parteien nahe. Die Nezávislá jednota stand den Nationaldemokraten und dem rechten Flügel der Agrarier nahe.

[27] Siehe Příruční slovník k dějinám KSČ I, 150.

Militärattaché nach Frankreich entsandt. 1929, nachdem er einige Jahre ein wichtiges Kommando an der Grenze in Eger übernommen hatte, wurde Bláha in die Präsidialkanzlei berufen. General Viktor Hoppe war während der Jahre 1920 bis 1927 im Adjutantendienst des Präsidenten der Republik für das diplomatische Protokoll zuständig. Hoppe hatte vor dem Umsturz 25 Jahre lang in der österreichischen Armee als Kavallerieoffizier gedient[28].

Die Mehrzahl der führenden Kanzleibeamten verbindet überraschenderweise die gemeinsame Herkunft aus Mähren, wo nationale Gegensätze weniger ausgeprägt waren als in Böhmen, doch sollte dies nicht überbewertet werden. Schieszl, Popelka, Hoppe und Bláha stammten nämlich aus Brünn, wo der tschechisch-deutsche Gegensatz nicht zu leugnen war, oder waren dort zur Schule gegangen; Sobota stammte aus Beroun bei Prag, hatte aber in Olmütz das Gymnasium absolviert. Šámal, Patejdl und Křovák kamen aus Böhmen. (Wenn man Nečas einbezieht, der aus Nové Město stammte und in Brünn studiert hatte, kommt ein weiterer Mährer hinzu.) Vier Beamte der Präsidialkanzlei (Hoppe, Popelka, Křovák und Nečas) hatten bereits im österreichischen Staatsdienst Karriere gemacht.

Offenbar nicht zufällig waren die wichtigsten politischen Richtungen vertreten: der gemäßigte Flügel der Nationaldemokraten durch Kanzler Šámal und Sektionschef Schieszl (der später Konrad Henlein mit Masaryk persönlich bekannt machte), die Sozialdemokraten durch Nečas und Sobota, die Agrarier durch Křovák und die National-Sozialisten durch Patejdl, Drtina und, last but not least, durch Alice Masaryk. Von besonderer Bedeutung scheint außerdem die Vertretung der Legionärsinteressen in der Person des nationalen Vorsitzenden der Legionärsgemeinde, Sektionschef Patejdl, sowie der Interessen der stärksten Massenorganisation des Staates, des *Sokol*, durch Rudolf Křovák. Die derzeit verfügbaren Quellen reichen jedoch nicht aus, die Beamten der Präsidialkanzlei kollektiv als pressure group verschiedener Interessen zu bezeichnen, und von einer „Hofkamarilla" reden zu wollen, scheint ebenfalls nicht angebracht, da es sich trotz ihrer überwiegend mährischen Herkunft um eine politisch heterogene Gruppe handelte, deren unterschiedliche Interessen und deren Beamtenstatus ihre Wirkung begrenzten. Sicherlich vertraten einige der genannten Personen, besonders Patejdl für die Legionäre, parteipolitische oder ähnliche Interessen gegenüber dem Präsidenten der Republik. Viel wichtiger jedoch scheint ihre von oben nach unten gerichtete Tätigkeit, nämlich als Beamte die politischen Anliegen des Präsidenten in ihren jeweiligen Parteien bekannt zu machen und die Kommunikationen zwischen dem Präsidenten und führenden Parteipolitikern vorzubereiten. Daß der bisweilen kontaktschwach wirkende Dr. Beneš während seiner späteren Amtszeit auf derartige Dienste besonders angewiesen war, bedarf kaum der Hervorhebung.

Minister und andere Kontaktpersonen

a) Sozialdemokraten. Edvard Benešs zweitältester Bruder Vojta (Vojtěch) Beneš[29] machte in der Ersten Republik bemerkenswerte Karriere. Als Bürgerschullehrer unternahm er 1913—1914 eine längere Studienreise in die Vereinigten Staa-

---

[28] Über Hoppe und Bláha siehe Československo biografie, Serie 7 und 6 resp.

ten; 1915, etwa zur gleichen Zeit, als auch sein Bruder Edvard Böhmen verließ, reiste Vojta Beneš zum zweiten Mal in die USA, wo er unter den eingewanderten Landsleuten für die tschechoslowakische Sache und gegen Österreich arbeitete. Nach seiner Rückkehr im Jahre 1919 wurde er Bürgerschuldirektor in Brandeis/ Elbe, 1920 Bezirksschulinspektor, 1922 Landesschulinspektor und schließlich 1937 Zentralinspektor der Volksschulen in der ČSR. Seit 1925 vertrat Vojta Beneš die Sozialdemokratische Partei, der er seit 1897 angehörte, im Parlament; 1935 wurde er in den Senat gewählt. Er war mehrere Jahre Vorsitzender des Tschechoslowakischen Lehrerverbandes und Obmannstellvertreter der Tschechoslowakischen Legionärsgemeinde. Vojta Benešs zahlreiche Publikationen bestehen aus Lehrbüchern für tschechische Kinder in Amerika, aus Schriften gegen den „Volksschädling Alkohol", nationalromantischen Artikeln, Romanen sowie zahlreichen Schilderungen aus dem tschechoslowakischen Freiheitskampf während des Weltkrieges.

Rudolf Bechyně[30], gelernter Schlosser und Sohn eines kleinen Bahnbeamten aus Nymburk, galt neben Jaromír Nečas[31] als der wohl einflußreichste Verbindungsmann der „Burg" zur tschechoslowakischen Sozialdemokratie. Er vertrat seine Partei als Minister und stellvertretender Ministerpräsident in allen Koalitionsregierungen, soweit Sozialdemokraten daran beteiligt waren. Wegen seiner ständigen Koalitions- und Kompromißbereitschaft gegenüber anderen Parteien hatte Bechyně gelegentlich Differenzen mit dem aus dem Gewerkschaftsflügel der Sozialdemokratie kommenden Parteivorsitzenden Antonín Hampl. Bechyněs zahlreiche Aufsätze im *Právo lidu*, in der sozialdemokratischen Wochenschrift *Nová svoboda* und besonders in der *Přítomnost* beweisen, daß er meistens gewillt war, die staatlichen über die Parteiinteressen zu stellen. Bechyně war es auch, der in der entscheidenden Koalitionsberatung vom 11. Dezember 1935 leidenschaftlich und geschickt an die Vertreter der Agrarpartei appellierte, ihren Widerstand gegen die Kandidatur Beneš aufzugeben, und der damit die Weichen für die Wahl des langjährigen Außenministers zum Staatspräsidenten stellte[32].

Es sei dahingestellt, ob Vertreter der deutschen Sozialdemokratie (DSAP) überhaupt zum politischen Establishment der ČSR zu zählen sind. Der langjährige Parteivorsitzende Dr. Ludwig Czech, ein in der Nähe von Lemberg geborener jüdischer Advokat, der in Brünn aufgewachsen war[33], vertrat zwar seine Partei seit 1929 in verschiedenen Regierungen, außerhalb der Sozialdemokratie aber vermochte er keine bedeutenden Verbindungen zu tschechischen Politikern zu knüpfen. Seit Mitte der dreißiger Jahre hatte er überdies unter persönlichen Intrigen der tschechoslowakischen Bruderpartei zu leiden[34].

---

[29] Čsl. biografie, Serie 2.
[30] Siehe Čsl. biografie, Serie 6.
[31] Über Nečas siehe Čsl. biografie, Serie 1.
[32] Siehe Amicus (Pseud. f. Rudolf B e c h y n ě): Jedenáctý prosinec 1935, Listopad prosinec 1935 v našem politickém životě [Der 11. Dezember 1935. November-Dezember 1935 in unserem politischen Leben]. Přítomnost 13 (1936), 30. September 1936.
[33] Über Ludwig Czech siehe B r ü g e l, Johann Wolfgang: Ludwig Czech, Arbeiterführer und Staatsmann. Wien 1960.
[34] Siehe B a c h s t e i n, Martin K.: Wenzel Jaksch und die sudetendeutsche Sozialdemokratie. Diss phil. München 1971.

Über wesentlich bessere Verbindungen zur tschechoslowakischen sozialdemokratischen Parteizentrale in der Prager Hybernergasse verfügte Siegfried Taub, der langjährige Erste Parteisekretär der DSAP. Taub stammte aus Teltsch in Mähren und hatte über die Angestelltengewerkschaft in der deutschen Sozialdemokratie Karriere gemacht. Er war außerdem Parlamentsvizepräsident und bekleidete eine führende Position in der Versicherungsanstalt für Angestellte in Prag, wodurch ihm wichtige Kontakte erschlossen wurden. Obwohl selbst jüdischer Abstammung, sollte Siegfried Taub im Jahre 1937 Ludwig Czech als Vertreter der DSAP im Kabinett ersetzen, doch lehnte er diesen Auftrag ab. Nach 1935 war auch eine gewisse Annäherung zwischen Taub und dem an die Parteispitze strebenden Wenzel Jaksch zu beobachten. Dieser Umstand bewirkte, daß Taub die Ambitionen des jungen Jaksch zunehmend unterstützte und schließlich auf dem entscheidenden Parteitag der DSAP im April 1938 auf Veranlassung Präsident Beneš erklärte, Jaksch müsse im Staatsinteresse demonstrativ zum neuen Parteivorsitzenden gewählt werden. Taub berichtete später, daß tschechische Sozialdemokraten an dieser Aktion nicht unbeteiligt waren[35].

Wenzel Jakschs eindeutiges Engagement für die deutsch-tschechische Verständigung hatte dazu geführt, daß der junge Böhmerwäldler 1937 und 1938 mehrmals im Auftrag des tschechoslowakischen Außenministeriums nach London reiste, um den dort von Henlein und seinem „Außenminister" Rutha gemachten Aussagen über die tschechoslowakische Nationalitätenpolitik entgegenzuwirken. Die ersten Kontakte zwischen Beneš und Jaksch soll Vojta Beneš, der sozialdemokratische Bruder des Präsidenten, im Frühjahr 1935 geknüpft haben[36]. Im Frühjahr 1938 waren die Beziehungen soweit gediehen, daß sich Jaksch in einer Sitzung des Abgeordnetenklubs der DSAP einmal für sein Zuspätkommen entschuldigen mußte, da seine Unterredungen mit dem Präsidenten inzwischen schon mindestens drei volle Stunden dauern würden[37]. Die beiden ungleichen Politiker, die allerdings beide aus dem gleichen Kleinbauernmilieu stammten, müssen Gefallen aneinander gefunden haben, der jedoch nach dem Bruch über die Aussiedlungspolitik Beneš während des Krieges in um so intensivere gegenseitige Ablehnung umschlug.

b) Agrarier. Die Partei des tschechischen und slowakischen Bauerntums war in den späteren Jahren der Republik ein unbequemer Partner der Prager Regierungen und wohl auch der „Burg", so daß ihre Erwähnung nur dann gerechtfertigt ist, wenn ihre Funktion (wie eingangs erwähnt) im größeren Rahmen gesehen

---

[35] Vgl. B r ü g e l : Tschechen und Deutsche 343 sowie seinen Artikel: Keine Legendenbildung nach 34 Jahren. Mitteilungen der Arbeitsgemeinschaft ehemaliger deutscher Sozialdemokraten in der Tschechoslowakei 5 (1971) Nr. 6, S. 7 f.
[36] F r a n z e l : Leitsterne 327. In diesem Zusammenhang interessiert eine Äußerung Jakschs gegenüber dem Prager britischen Geschäftsträger nach der Rückkehr von seiner ersten Reise nach London. Jaksch betonte, daß die Deutschen „in Präsident Beneš einen Verbündeten haben, der entschlossen ist, staatsmännische Weisheit über tschechische Habgier und Vorurteile triumphieren zu lassen". Hadow an Eden, 2. März 1937, Foreign Office Akten Band 21.127. Der Verf. dankt Herrn Dr. J. W. Brügel (London) für diesen Hinweis.
[37] Mitteilung Franz Köglers (Wendover, Bucks.) an den Verf.

wird. Die Agrarier, oft als konservative oder sogar reaktionäre Partei verschrien[38], hatten überdies mehr mit den führenden sozialistischen Parteien der ČSR gemeinsam, als allgemein anerkannt wird: Im Grunde genommen waren sie die Interessenvertretung des ländlichen Mittelstandes und der Kleinbauern, die funktionsmäßig den sozialistischen Gewerkschaften nicht unähnlich war. Dementsprechend erklärte der agrarische Staatsmann und Realpolitiker Švehla die Zusammenarbeit mit den Sozialdemokraten: „Ihr habt die Kohle und wir das Brot."

Švehlas politische Karriere führte nach seinem Engagement für den Streik der tschechischen Zuckerrübenbauern im Jahre 1912 steil nach oben. Unter seiner Führung wurde nach der Staatsgründung 1919 die rot-grüne Regierungskoalition gebildet, die nahezu sieben Jahre lang die Geschicke der Ersten Republik bestimmte, und die der tschechoslowakischen Sozialdemokratie den notwendigen Halt gab, die Folgen der kommunistischen Spaltung zu überwinden[39]. Masaryk schätzte Švehla, doch hielten nach Švehlas Tod die guten Beziehungen zwischen der „Burg" und den Agrariern nicht lange vor.

Švehlas „Nachfolger" als führender Repräsentant der Agrarier in der Regierung sowie gegenüber der „Burg" war von völlig anderer Natur als sein Vorgänger: Dr. Milan Hodža, der Sohn eines slowakischen Pfarrers, dessen Onkel zu den Anführern des slowakischen Aufstandes gegen das ungarische Regime im Jahre 1848 gehörte. Hodža hatte Jus und Slawistik studiert, seit 1905 einen slowakischen Wahlkreis im ungarischen Parlament vertreten und gemeinsam mit dem rumänischen Demokraten Dr. Vajda zu dem Kreis von Reformpolitikern um den Thronfolger Franz Ferdinand gehört. 1918 zählte Hodža zu jenen Slowaken, die sich zum tschechoslowakischen Staatsgedanken bekannten. Obwohl er als langjähriger Schul- und Landwirtschaftsminister politisch im Hintergrund blieb, entpuppte er sich seit 1935 als Ministerpräsident — ungeachtet persönlicher Gegensätze — zum verläßlichen Partner des neuen Staatspräsidenten Edvard Beneš, dessen Wahl er gegen den Widerstand einer Mehrheit seiner Partei hatte durchsetzen helfen. Hodžas Einfluß auf Dr. Beneš scheint besonders in nationalpolitischen Fragen nicht unerheblich gewesen zu sein[40].

c) National-Sozialisten. Konkrete Aussagen über die Schlüsselpersonen dieser Partei gegenüber der „Burg" und insbesondere Beneš sind aufgrund der Quellenlage kaum möglich. Dr. Emil Franke, langjähriger Minister der National-Sozialisten, war sicherlich ein Vertrauter des Präsidenten[41]; der Hauptvertreter dieser Partei im Kabinett und auch gegenüber Masaryk war jedoch Beneš selbst, und die Partei war ihm treu ergeben, obwohl es fraglich ist, inwieweit sich Beneš überhaupt als Vertreter einer politischen Richtung betrachtete.

Weit über den Rahmen parteipolitischer Bindungen hinausgehend, war das

---

[38] Vgl. das vernichtende Urteil von W h e e l e r - B e n n e t t , John W.: Munich: Prologue to Tragedy. New York 1964, Compass Books Edition, S. 128, 239.
[39] Über Švehla siehe Paleček, Antonín: The Rise and Fall of the Czechoslovak Agrarian Party. East European Quarterly 5 (1971) 177—201.
[40] Československo biografie, Serie 1.
[41] Diese Meinung vertrat Julius Firt, langjähriger Prager Verleger und Mitglied des Staatsrates der Londoner Auslandsregierung, in einem Gespräch mit dem Verfasser.

Verhältnis zwischen Dr. Hubert Ripka und Edvard Beneš. In den frühen dreißiger Jahren hatte Präsident Masaryk, da ihm die regelmäßigen literarischen Abendgesellschaften auf der „Burg" nur ungenügende Pressekontakte erschlossen, gegenüber Karel Čapek den Wunsch geäußert, man möge doch einen „inoffiziellen Verbindungsmann" zur Presse finden[42]. Da Peroutka nicht bereit war, eine solche Aufgabe zu übernehmen, fiel die Wahl auf Ripka, der wie auch Čapek und Peroutka der Redaktion des Brünner Intelligenzblattes *Lidové noviny* angehörte. Ripka, ein aus Mähren stammender Forstverwalterssohn, hatte nach seinem Studium im staatlichen Archivdienst gearbeitet und war anschließend in die Redaktion des Legionärsorgans *Národní osvobození* eingetreten, das neben der vom Außenministerium subventionierten *Prager Presse* wohl als das wichtigste Sprachrohr Edvard Benešs anzusehen ist[43].

Nach 1935 gehörte Ripka zu den engsten Vertrauten Beneš. Er leitete die Studienreise tschechoslowakischer Journalisten in die Sowjetunion (1934/1935) und war Mitglied der Gesellschaft zur Förderung der kulturellen und wirtschaftlichen Beziehungen zur Sowjetunion sowie der sogenannten Kleinen Presseentente, des Syndikats der tschechoslowakischen Journalisten und des Klubs der außenpolitischen Redakteure. Ripka gehörte außerdem zu jenen tschechoslowakischen Journalisten, die aus dem umfangreichen und von dem etwas zwielichtigen Sektionschef Jan Hájek geschickt eingesetzten Pressefonds des Außenministeriums zum Teil sehr großzügige Zuwendungen erhielten[44]. Ein anderer national-sozialistischer Journalist, der vor 1938 eine Reihe von publizistischen Aufträgen des Präsidenten erfüllte, war Karel Jíše vom *České slovo,* der eigentümlicherweise sowohl an den Bemühungen der sogenannten sudetendeutschen Jungaktivisten beteiligt war als auch gute Kontakte zum fast radikal-nationalistischen „Aufbruch-Kreis" in der SdP unterhielt[45].

d) Nationaldemokraten. Sicherlich spielte der gemäßigte und aus den Reihen der Realisten-Partei kommende Flügel der Nationaldemokraten zu Masaryks Zeiten eine größere Rolle im politischen Geschehen des Staates als danach während Beneš Präsidentschaft. Diese Partei vertrat im Grunde genommen das alte tschechisch-großbürgerliche Establishment Böhmens und Mähren-Schlesiens, das trotz seiner Verdienste um die Gründung des tschechoslowakischen Staates von der neuen, aus den unteren Mittelschichten kommenden Führungsschicht der Ersten Republik aus Macht und Einfluß verdrängt wurde.

Mit einiger Sicherheit läßt sich behaupten, daß der wohl einflußreichste Vertreter dieser Partei im politischen Geschehen des Landes ein Mann war, der weder Abgeordneter noch Minister sein wollte, und doch über so viel Ansehen

---

[42] Mitteilung von Julius Firt; über Ripka siehe auch Čsl. biografie, Serie 7.
[43] Mitteilung Dr. Emil Franzels an den Verfasser.
[44] Urban, Rudolf: Demokratenpresse im Lichte Prager Geheimakten. Prag 1943, S. 275 f. Obwohl eine nationalsozialistische Propagandaveröffentlichung übelster Art, enthält das Buch eine große Zahl von teilweise im Faksimile wiedergegebenen Akten der Pressestelle des Prager Außenministeriums.
[45] Mitteilung Julius Firts und Dr. Emil Franzels an den Verfasser.

verfügte, daß ihm selbst Edvard Beneš gern sein Privatvermögen zur Verwaltung anvertraute: Dr. Jaroslav Preiss, der Oberdirektor der Živnostenská banka[46]. Preiss, Sohn eines Amtsrichters aus Přestice in Böhmen, saß in fast allen der wichtigen Aufsichtsräte der Industrie und sprach ein gewichtiges Wort bei der Formulierung wirtschaftspolitischer Ziele in der Ersten Republik. Die Bedeutung dieses Mannes weiter herauszuarbeiten, ist ein seit langem unerfüllter Auftrag an die Geschichtswissenschaft.

e) Volksparteiler und andere. Ähnlich wie Antonín Švehla zum linken Flügel der Agrarpartei zählte, so war auch Monsignore Jan Šrámek[47], der langjährige Vorsitzende der Volkspartei, des *Orel* und ihr Vertreter im Kabinett, ein Exponent des progressiven Flügels. Der aus Mähren (wo die Volkspartei eine mit den Agrariern in Böhmen vergleichbare Rolle spielte) stammende Professor der christlichen Soziologie kam aus der christlichsozialen Bewegung Altösterreichs und hatte bereits 1902 die Gewerkschaftsvereinigung der tschechoslowakischen christlichen Arbeiterschaft gegründet. Šrámek hatte außerdem eine Reihe von Ministerien in sämtlichen Kabinetten der Ersten Republik mehr oder weniger lustlos verwaltet, aber er schien unersetzlich und wurde immer wieder berufen. Wenn das gute Einvernehmen zwischen Beneš und Šrámek im englischen Exil irgendwelche Rückschlüsse auf die Beziehungen zwischen den beiden Männern in der Heimat zuläßt, so ist mit einiger Sicherheit anzunehmen, daß sie während der Ersten Republik gute Kontakte miteinander pflegten.

Die beiden führenden Militärs der Ersten Republik, die Armeegenerale Ludvik Krejčí und Jan Syrový, stammten beide wie so viele führende Leute in der ČSR aus Mähren[48]. Des einen Vater war Schuhmacher, des anderen Landwirt. Krejčí rückte 1914 als Reserveoffizier ein und wurde nach seiner Gefangennahme im Jahre 1917 Legionär. Nach seiner Rückkehr aus Sibirien als Oberst studierte er zwei Jahre an französischen Kriegsschulen und wurde 1933 zum Chef des Generalstabes ernannt.

Sein Amtsvorgänger Jan Syrový weilte bei Kriegsausbruch in Polen und trat bereits im September 1914 in das tschechische Bataillon in Kiew ein. Er wurde Offizier in der zaristischen Armee und übernahm 1918 den Oberbefehl über die in Rußland kämpfenden tschechoslowakischen Verbände. Seit 1926 war Syrový Generalinspekteur der tschechoslowakischen Wehrmacht, bis ihn Präsident Beneš mit der Bildung einer Allparteienregierung zur Rettung des Nachmünchner Reststaates betraute. Krejčí und Syrový standen während der letzten Jahre der Ersten Republik in fast täglichem Kontakt mit der Präsidialkanzlei.

Das Außenministerium

Ebenso wichtig wie die „Burg" als politisches Zentrum war das seit der Staatsgründung bis zum Jahre 1935 (und eigentlich bis zum Ende der Republik) von

---

[46] E b e n d a.
[47] Über Šrámek siehe Československo biografie, Serie 5.
[48] E b e n d a, Serie 9 und 5 resp.

Edvard Beneš verwaltete Außenministerium, dessen führende Beamte in ständiger Verbindung mit ihrem Chef standen und ihre Karriere Beneš verdankten. Der erste Stellvertreter Benešs als Außenminister war Václav Girsa, ein in Rußland geborener tschechischer Arzt, der nach dem Studium in Prag wieder in seine Heimat zurückkehrte, wo er während des Weltkrieges am Aufbau des Nationalrates führend mitarbeitete. Girsa übernahm später die politische Repräsentanz der sibirischen Legionäre. 1920, nach seiner Rückkehr, wurde er Stellvertretender Außenminister.

Girsas Nachfolger wurde im Jahre 1927 Kamil Krofta, ein aus dem Großbürgertum Pilsens hervorgegangener Geschichtsprofessor, der die ČSR bereits als Gesandter in Rom, Wien und Berlin vertreten hatte. Krofta war Mitglied der Nationaldemokratischen Partei, die in ihm ursprünglich einen Rivalen und Nachfolger für Beneš gesehen hatte. Krofta ist dann acht Jahre später tatsächlich Außenminister geworden — aber unter ganz anderen Umständen als ursprünglich vorgesehen. Beneš und Krofta wurden nämlich bald „gute und aufrichtige Freunde" (H. Klepetař), und als 1934 die Nationaldemokraten die Faschistische Liga des Beneš-Feindes Stříbrný absorbierten, trat Krofta aus der Partei aus[49]. In den Beziehungen der beiden Männer dominierte sicherlich Beneš, der von Krofta mehr als respektiert wurde und sich ohne weiteres in der Person von Edvard Táborský einen Verwandten von Madame Hana Beneš als Sekretär und Aufpasser beiordnen ließ.

In hohem Ansehen bei Beneš stand auch Legationsrat Jan Jína, seit 1936 Kabinettsvorstand im Außenministerium, und vorher, noch während Benešs Amtszeit als Minister, Parlamentsreferent und politischer Sektionsvorstand. Jína, der kurz nach Abschluß seines Studiums Syndikus der Zentralbank der böhmischen Sparkassen geworden war, gehörte 1919 zur tschechoslowakischen Delegation auf der Friedenskonferenz in Paris. Beneš scheint die Karriere des aus Libstadt in Böhmen stammenden Industriellensohnes gefördert zu haben, bis er ihn nach dem Zweiten Weltkrieg schließlich als Sektionschef in die Präsidialkanzlei berief.

Zdeněk Fierlinger, ein Olmützer Professorensohn und Sozialdemokrat, gehörte ebenfalls zu den leitenden Beamten des tschechoslowakischen Außenministeriums[50]. Fierlinger war als Automobilvertreter in Rußland tätig, als der Krieg ausbrach. Er begann sofort mit dem Aufbau einer tschechischen Kompanie. 1917, als kaum 26jähriger Oberst, wurde er im Auftrag Masaryks in die USA entsandt. Seit 1918 im diplomatischen Dienst, vertrat er bis 1935 sein Land als Gesandter in Den Haag, in Bukarest, Washington, Bern und Wien. Nach Benešs Wahl zum Staatspräsidenten — sie waren Freunde und Nachbarn in Sezimovo Usti — wurde Fierlinger Sektionsvorstand in der Prager Zentrale des Außenministeriums und ging 1937 als Botschafter in die Sowjetunion.

Es bleiben noch zu erwähnen Pavel Wellner, seit 1936 stellvertretender Außenminister, und Robert Flieder, Gesandter und 1933—1935 politischer Sektions-

---

[49] Klepetař 246 f.; siehe auch Československo biografie, Serie 3.
[50] Siehe Fierlingers „Erlebnisbuch": V službách ČSR sowie Československo biografie, Serie 8.

vorstand im Außenministerium. Beide waren in Prag aufgewachsen, hatten dort studiert und waren mehr als zehn Jahre im politisch-administrativen Dienst Altösterreichs. Beide waren typische Laufbahnbeamte ohne erklärte parteipolitische Bindungen, die augenscheinlich aufgrund ihrer Tüchtigkeit Karriere machten[51].

Zusammenfassung

Die bisherige, primär faktographische Darstellung der politisch-administrativen Führungsschicht der Ersten Republik ist bewußt als „Versuch" und Anregung zu weiterer Forschung angelegt. Die nach ad hoc-Kriterien und nur mit Hilfe zugängiger Quellen ausgewählte Gruppe von 97 „führenden Personen" und davon außerdem 37, die ebenso willkürlich als „innere Burggruppe" bezeichnet wurden, muß unvollständig bleiben und bedarf der Ergänzung. Allerdings wurde auf eine separate Auswertung und Gegenüberstellung der letzteren Gruppe mit der erstgenannten verzichtet, da gerade der engere Personenkreis um Masaryk und Beneš noch weiter diskutiert und hinsichtlich seines wirklichen und zeitlich verschiedenen Einflusses abgegrenzt werden muß. Das wohl bemerkenswerteste Ergebnis eines versuchsweisen oberflächlichen Vergleiches der Unter- mit der Gesamtgruppe besteht darin, daß der Einfluß der Interessengruppen wie Legionärsgemeinde und *Sokol* im engeren Burgkreis wesentlich höher war als in der Gesamtgruppe der untersuchten Personen. Die summarische Analyse der Gesamtgruppe ergab folgende Resultate:

Geographische Herkunft: 69 Prozent kamen aus Böhmen, 20 Prozent kamen aus Mähren-Schlesien, und nur 5 Prozent kamen aus der Slowakei (im „engeren Burgkreis" ist der Anteil der Mährer und Schlesier allerdings wesentlich größer).

49 Prozent der Führungsschicht kamen aus Ortschaften mit weniger als 3000 Einwohnern; 19 Prozent — ein Fünftel — aus Dörfern mit weniger als 500 Einwohnern, und nur 18 Prozent aus Großstädten.

Elternhaus: 33 Prozent der Führungsschicht entstammten Familien, deren Vorstand als Landwirt, Häusler oder Handwerker ausgewiesen ist. Zählt man andere Berufsgruppen wie kleine und mittlere Beamte, Musiker, Gastwirte, Pastoren, Lehrer sowie jene Personen hinzu, die aus Schamgefühl wegen ihrer niederen Herkunft keine Angaben über den Beruf ihres Vaters machen, so stammten immerhin 73 Prozent der Führungspersonen aus den aufstrebenden unteren Mittelschichten.

Bildung: 72 Prozent der untersuchten Personen waren Akademiker; 22 Prozent besaßen Hochschulreife und nur 6 Prozent waren Volksschüler.

Beruf: 45 Prozent waren hauptberuflich im Staatsdienst; 5 Prozent waren Offiziere. 24 Prozent arbeiteten als Journalisten, und nur runde 15 Prozent gehörten zu den sogenannten Selbständigen.

Militärdienst: 17 Prozent dienten während des Weltkrieges ohne zu desertieren. Nur 12 Prozent der untersuchten Personen waren überraschenderweise Legionäre. Ebenso war der Anteil der „Maffia"-Leute am politischen Leben der Ersten Republik mit 26 Prozent (einschließlich der Mitglieder der Revolutionären Nationalversammlung) verhältnismäßig gering. Trotz eifriger Bemühungen konnten

---

[51] Siehe Československo biografie, Serie 5 und 7 resp.

auch nur 8 Freimaurer festgestellt werden, die allerdings sämtlich einflußreiche Personen waren (Tomáš G. und Jan Masaryk, Beneš, Ripka, Krofta, Sychrava, Kvapil und Jína).

Politische Zugehörigkeit: Die Aufschlüsselung entspricht annähernd dem tatsächlichen Stimmenanteil der einzelnen Parteien, allerdings unter Einrechnung einer Dunkelziffer von 38 Prozent): 1. National-Sozialisten 17 Prozent; 2. Sozialdemokraten 15 Prozent; 3. Agrarier 10 Prozent; 4. Nationaldemokraten 9 Prozent; 5. Volkspartei 3 Prozent; Sonstige 8 Prozent.

Gesamtergebnisse:
1. Die politische Führungsschicht der Ersten Republik bestand, wie erwähnt, vorwiegend aus Repräsentanten der aufsteigenden unteren Mittelschichten, die aus dem Land in die Stadt, aus ländlichen in urbane Berufe strebten.
2. Das Weltkriegserlebnis und die Staatsgründung beflügelten diese Personen zu intensivem beruflichen und politischen Engagement, durch das die alten Strukturen verändert wurden. Die Politisierung neuer Schichten minderte den Einfluß des alten Establishments (und führte beispielsweise zum Rückgang der Nationaldemokratischen Partei).
3. Die Identifizierung mit dem neuen Staat war ausgeprägt: zur politischen Führungsschicht zählten 50 Prozent Beamte und Offiziere.
4. Die politische Gliederung der Führungsschicht war heterogen. Es gab drei große Parteien. Der Einfluß von Legionären (in der untersuchten Gesamtgruppe, weniger in der „Burgführung") und Freimaurern ist statistisch gesehen gering, der Einfluß des *Sokol* scheint ebenfalls mäßig gewesen zu sein.
5. Die „Burg" war Bestandteil der politischen Führung. Sie war am politischen Interessenausgleich beteiligt, aber sie dominierte ihn nicht. Der schwierige Beweis direkter Verbindungen zwischen „Burg" und führenden Parteipolitikern erhärtet diese Feststellung.
6. Die Ergebnisse implizieren, daß die außenpolitische Führungsrolle der „Burg" durch die Person Beneš und durch die außenpolitische Zwangslage der dreißiger Jahre bedingt war. Auch als Außenminister wäre Beneš die Rolle zugefallen, die er als Präsident spielen mußte.
7. Die hier vorgelegten Resultate erheben keinen Anspruch auf Vollständigkeit. Zahlreiche Aspekte der hier versuchsweise vorgeführten personellen Führungsstruktur bedürfen der weiteren Untersuchung.

Anhang

Der „politisch-administrativen Führungsschicht" wurden folgende Personen zugerechnet:

Andrial, Jindřich, JUDr.
Auerhan, Jan, JUDr.
Bartovský, Josef, Ing.
Bas, Ottokar, JUDr.
Baxa, Karel, JUDr.

Bechyně, Rudolf*
Beneš, Bohuslav Václav
Beneš, Edvard, PHDr., JUDr.*
Beneš, Jiří, JUDr.
Beneš, Vojta*

Berdych, František, JUDr.
Bláha, Silvestr, General Ing.*
Boháč, Antonín, PHDr.
Bohuslav, Josef Václav, JUDr.
Botto, Ján, Ing., Dr. techn.
Braščajko, Mychailo, JUDr.
Bukovský, Stanislav, MUDr.
Čapek, Josef
Čapek, Karel, PHDr.*
Černý, Adolf
Čermák, Oskar, Ing.
Červinka, Vincenc
Charvát, Jaroslav, JUDr.
Chvalkovský, Frantisek, JUDr.
Císař, Jaroslav, RNDr.
Čížek, Jaroslav, General
Cvrk, Otto, Ing.
Czech, Ludwig, JUDr.*
Dérer, Ivan, JUDr.
Dostálek, Jan, Ing.
Drtina, Prokop, JUDr.*
Engliš, Karel, JUDr.*
Ettel, Viktor, Dr. techn.
Fafl, Zdeněk, JUDr.
Feierabend, Ladislav, JUDr.
Fierlinger, Zdeněk*
Flieder, Robert, JUDr.*
Franke, Emil, PHDr.*
Girsa, Václav, MUDr.*
Hájek, Jan*
Hajn, Alois
Hampl, Antonín*
Hanák, Miloš, JUDr.
Hejda, Jiří, JUDr.
Herben, Jan, PHDr.
Hodža, Milan, PHDr.*
Hoppe, Viktor, General*
Hora, Josef
Horák, Vladimír, JUDr.
Hrabánek, Jan
Jaksch, Wenzel*
Janeček, František, Ing., Dr. techn.
Jaroch, Antonín, JUDr.
Jína, Jan, JUDr.*

Jíše, Karel*
Kalfus, Josef, JUDr.
Klíma, Karel Zdeněk
Klindera, Ferdinand, Ing.
Klofáč, Václav
Kolben, Emil, Dr. techn.
Krejčí, Ludvík, Armeegeneral*
Krofta, Kamil, PHDr.*
Křovák, Rudolf, JUDr.*
Laurin, Arne (Lustig)
Macek, Josef, JUDr.
Maly, Rudolf, Ing.
Markovič, Ivan, JUDr.
Masaryk, Jan
Masaryk, Tomáš Garrigue, PHDr.*
Mastný, Vojtěch, JUDr.
Mayr-Harting, Robert, JUDr.
Nečas, Jaromír, Ing.*
Patejdl, Josef, JUDr.*
Peroutka, Ferdinand*
Popelka, August Adolf, JUDr.*
Preiss, Jaroslav, JUDr.*
Ripka, Hubert, PHDr.*
Šámal, Přemysl, JUDr.*
Schicht, Heinrich, Dr. h. c.
Schieszl, Josef, JUDr.*
Schütz, Hans
Schuster, Václav, JUDr.
Sís, Vladimír
Slávik, Juraj, JUDr.
Smetáček, Zdeněk, PHDr.
Spina, Franz, PHDr.
Sobota, Emil, JUDr.*
Srba, Antonín
Šrámek, Jan, Msgr., ThDr. h. c.*
Stivín, Josef
Stránský, Jaroslav, JUDr.
Švehla, Antonín*
Syrový, Jan, Armeegeneral*
Táborský, Edvard, JUDr.*
Taub, Siegfried*
Tobolka, Zdeněk Václav, PHDr.
Wellner, Pavel, JUDr.*

* sogenannte „engere Burggruppe"

Statistische Auswertung (97 Personen der „politisch-administrativen Führungsschicht" in der Ersten Republik)

Geographische Herkunft (Land):

Böhmen	66 Personen	69 Prozent
Mähren-Schlesien	19 „	20 „
Slowakei	5 „	5 „
Karpaten-Ukraine	1	1 „
Ausland	3	3 „
Keine Angaben	3	3 „
	97 Personen	

Geographische Herkunft (Ortsgröße):

Bis 500 Einwohner	18 Personen	19 Prozent
1 000 „	13 „	14 „
2 000 „	6 „	6 „
3 000 „	10 „	10 „
5 000 „	6 „	6 „
10 000 „	8 „	8 „
25 000 „	10 „	10 „
100 000 „	6 „	6 „
Über 100 000 „	17 „	18 „
Keine Angaben	3 „	3 „
	97 Personen	

Politische Zugehörigkeit:

National-Sozialisten	16 Personen	17 Prozent
Tchechoslowak. Sozialdemokraten	14 „	15 „
Republikaner (Agrarier)	10 „	10 „
Nationaldemokraten	9 „	9 „
Volkspartei	3 „	3 „
Keine Angaben	36 „	38 „
Deutsche Sozialdemokraten	3 „	3 „
Deutsche Christlich-Soziale	2 „	2 „
Deutscher Landbund	2 „	2 „
	97 Personen	

Berufliche Tätigkeit:

Beamter	43 Personen	45 Prozent
Journalist, Verleger	23 „	24 „
Kaufmann, Bankier, Industrieller	11 „	11 „
Rechtsanwalt	6 „	6 „
Professor, Lehrer	5 „	5 „
Offizier	5 „	5 „

Landwirt, Gutsbesitzer	2 "	2 "
Arzt	1 "	1 "
Priester	1 "	1 "
	97 Personen	

Bildung:

Keine Hochschulreife	6 Personen	6 Prozent
Hochschulreife	21 "	22 "
Lehrerbildungsanstalt	3 "	3 "
Ingenieur	9 "	9 "
Dr. RN, Dr. techn.	5 "	5 "
PHDr.	5 "	5 "
JUDr.	36 "	38 "
MUDr.	2 "	2 "
THDr.	1 "	1 "
Habilitierte	9 "	9 "
	97 Personen	

Beruf des Vaters:

Landwirt	20 Personen	21 Prozent
Handwerker	12 "	13 "
Arzt, Rechtsanwalt, Professor	12 "	13 "
Kaufmann, Bankier, Industrieller	11 "	12 "
Kleiner und mittlerer Beamter	9 "	9 "
Pastor und Lehrer	7 "	7 "
Gastwirt	4 "	4 "
Musiker	1 "	1 "
Schriftsteller	1 "	1 "
Ohne Angabe	17 "	18 "
	97 Personen	

Militärdienst im Weltkrieg:

Normaler Dienst	16 Personen	17 Prozent
Legionäre (Überläufer)	11 "	12 "
Keine Angaben	70 "	72 "
	97 Personen	

Nichtmilitärische Tätigkeit gegen Österreich-Ungarn:

Mitglied der „Maffia" bzw. Revolutionäre Nationalversammlung	25 Personen	26 Prozent
Keine Angaben	72 "	74 "
	97 Personen	

Publizistische Tätigkeit 1918—1938:

a) Tagespresse

Právo lidu	12	Nennungen*
České slovo	10	"
Lidové noviny	10	"
Národní osvobození	9	"
Národní listy	9	"
Tribuna	4	"
Prager Presse	3	"
Venkov	2	"
Prager Tagblatt	1	"
Lidové listy	1	"
Rudé právo	1	"

b) Periodika

Přítomnost	17	Nennungen
Naše doba	11	"
Čas (bis 1916)	8	"
Nová svoboda	6	"

* Das heißt, wievielmal einer der angeführten Titel im Zusammenhang mit schriftstellerischer oder journalistischer Tätigkeit der 97 untersuchten Personen genannt wurde.

Hans Lemberg

DIE POLITISCHE FUNKTION DER „BURG"

„Eine ebenso exklusive wie unzulängliche Gruppe von Auserwählten", „eine republikanische Hofkamarilla, deren unbestreitbare Qualitäten ein gemeinsamer Zug kennzeichnete: absolute Geschichtsfremdheit." So charakterisiert Oswald von Kostrba-Skalitzký, ein böhmischer Konservativer alten Stils, unter dem Autorennamen Christian Willars die „Burg-Gruppe". Sie sei „ein ‚Brain-Trust' von ungeahnter politischer Macht. Wer nicht dazugehörte, wurde an die Peripherie des Geschehens verdrängt". Willars billigt der von anderen vorgebrachten Meinung Wahrscheinlichkeit zu, „die ‚Burg' habe die unheimlichen Züge einer auf Logenart arbeitenden Gesellschaft von Verschwörern gehabt", und er fährt fort: „Jedenfalls handelte es sich um eine konsequente Repräsentation, die mit allen Mitteln versuchte, ihre Monopolstellung im Staat zu sichern und auszubauen ... Masaryks Popularität überdeckte diese abträgliche Entwicklung" ... Weiter ist dann von „politischen Gnomen" die Rede, „die hinter dem verehrungswürdigen Grand Old Man ihr Unwesen zu treiben begannen", und von der „üblen Beweihräucherung des Präsidenten", die innerhalb der Burggruppe üblich gewesen sei[1].

Das andere Extrem einer Beurteilung der politischen Funktion der Burg-Gruppe entstammt einem offiziellen Parteidokument der kurz zuvor voll auf die bolschewistische Linie eingeschwenkten Kommunistischen Partei der Tschechoslowakei. In einer von Klement Gottwald verfaßten politischen Resolution des ZK der KPTsch vom Januar 1930 („Über die Situation, über die Partei und über die nächsten Aufgaben") wurde die außerkommunistische politische Szenerie der ČSR in drei Gruppen eingeteilt: a) die Sozialfaschisten (das war die neue offizielle Bezeichnung der kurz zuvor noch schonender „Sozialpatrioten" genannten Sozialdemokraten), b) die Burg, c) der nationale Faschismus. Unter b) heißt es nach der Überschrift „Die Burg — Verkörperung der Konzentration der bürgerlichen Kräfte" wie folgt: „Im Prozeß der Konzentration der bürgerlichen Kräfte spielt eine immer bedeutendere Rolle die s. g. Burg und ihr Haupt, Präsident Masaryk. Die Burg ist der politische Exponent des Finanzkapitals, das mit ihrer Hilfe seinen politischen Einfluß in allen bürgerlichen Parteien geltend macht, vor allem in den sozialfaschistischen. Die Burg zerrüttet die alten traditionellen politischen Formationen und gruppiert die politischen Kräfte der Bourgeoisie nach den gegenwärtigen Bedürfnissen des jungen tschechoslowakischen Kapitals (Beherrschung der tschechoslowakischen National-Sozialistischen Partei durch die Burg-Côterie um Stránský und Beneš, die Überschwemmung der Spitzen der Tschechoslowakischen Sozialdemokratie durch Burg-Theoretiker und Burg-Nationalökonomen, die Beherrschung der Agrarpartei durch den Burg-Flügel Udržal-Viškovský, die Kandidatur

---

[1] Willars, Christian: Die böhmische Zitadelle. ČSR — Schicksal einer Staatsidee. Wien — München 1965, S. 261 f.

des Burg-Mannes Dr. Hodáč für die Nationaldemokratie)." Die Beurteilung Gottwalds endet: „Die jetzige Regierung der faschistisch-sozialfaschistischen Konzentration (gemeint ist die einen Monat zuvor erst aufgestellte zweite Regierung Udržal) wurde unter direkter politischer Führung der Burg gebildet." Damit ist diese Beurteilung der „Burg", der eine Charakterisierung des „Nationalfaschismus" (sub c) unter Stříbrný und Gajda als „Reserve des Finanzkapitals" folgte, abgeschlossen[2].

So weit also wie diese beiden ausführlichen Zitate divergieren die Vorstellungen, die Gegner sich von der politischen Gruppe der „Burg" gemacht haben. Um Maßstäbe für eine gerechte Beurteilung der Frage nach der politischen Funktion der „Burg" zu gewinnen, müßte man nun nach Selbstdarstellungen dieser Gruppe suchen. Indes — vergeblich! Was der zu Beginn dieser Tagung von den Herren Bosl und Prinz treffend geschilderten Schwierigkeit der Erfassung der Burg-Gruppe ein besonderes Gewicht verleiht, ja die Frage auftauchen läßt, ob es überhaupt eine Burg-Gruppe gegeben hat, ist der Umstand, daß es keine Selbstdarstellung dieser Gruppe gibt, ja daß sie nur in Ausnahmefällen den namengebenden Begriff auf sich selbst angewandt hat.

Wurzeln und Varianten des Begriffes „Burg"

Eines der zu erörternden Probleme im Zusammenhang unseres Themas wird also sein, die Entwicklung des Begriffs „Burg" im hier gemeinten Sinne zu verfolgen. Der früheste mir zugängliche Beleg ist ein Artikel in „Čas" vom 3. November 1923. Jan Herben setzt sich darin mit den Angriffen Karel Kramářs und der „Národní Listy" gegen die „Burg" auseinander; die „Burg" ist hier in Anführungsstriche gesetzt und offensichtlich als Feindbegriff der Gegenseite von einem Anhänger der Burg zitiert[3]. — Es wäre interessant, noch frühere Belege zu finden, um auf dem Wege der Näherung zur Wurzel der Verwendung des Begriffes „Burg" im übertragenen Sinne vorzudringen.

In struktureller Hinsicht ist der Begriff „Burg" hier in eine Reihe von Beispielen einzuordnen, bei denen Gebäude oder Straßen, in denen diese Gebäude liegen, zur Kennzeichnung der dort residierenden Würdenträger und ihres unmittelbaren Apparates dienen (Schönbrunn, Belvedere, Buckingham Palace, Ballhausplatz, Downing Street, Wilhelmstraße, Kreml, Weißes Haus usw.). Im Rahmen einer Auseinandersetzung darüber, ob die „Burg" eine vielgliedrige Machtkonzentration oder eine enge, ausschließlich auf den Staatspräsidenten Masaryk konzentrierte Gruppe, ja ob sie nicht sogar allein mit Masaryk zu identifizieren sei[4],

---

[2] Gottwald, Klement: Spisy [Schriften]. Bd. 2 (1930—1931). Prag 1951, S. 22.
[3] T. (= Jan Herben): Prodaná nevěsta, bez Jeníka [Die verkaufte Braut, ohne Jeník]. In: Čas, v. 3. 11. 1923. Abgedruckt: Úvahy presidenta Osvoboditele o historii osvobození [Abhandlungen des Präsidenten-Befreiers über die Geschichte der Befreiung]. Hrsg. von Jaroslav Werstadt. In: Naše Revoluce (1937), S. 266—356; dort T. G. Masaryk zugeschrieben. Zur Korrektur und richtigen Auflösung der Chiffre „T." s.: Werstadt, Jaroslav: Skrytý Masaryk [Der verborgene Masaryk]. Prag 1938.
[4] Als Unterstützung der These sei die überaus einleuchtende Erklärung von Julius Firt

mag ein Vergleich der oben genannten Parallelbezeichnungen eher auf die engere Fassung des Begriffes hindeuten. Hinzu kommt, daß die Burg in Prag nur der Sitz des Staatspräsidenten war und ist, und daß das Czernin-Palais, in dem der Außenminister Beneš residierte, zwar auf dem Burghügel (Hradčany) liegt, nicht aber im unmittelbaren Bereich der Burg (Hrad).

Zu prüfen wäre im Vorfeld des Themas außerdem, welche emotionale Besetzung die Burg traditionellerweise für Prag und seine Bürger hatte. Hier wird die These kaum fehlgehen, die Prager Burg sei weder mit positiven noch mit negativen emotionalen Werten besetzt gewesen: Dort hatte seit der Schlacht am Weißen Berge kein böhmischer König residiert; in der zweiten Hälfte des 19. Jahrhunderts war sie bis 1875 der Ruhesitz eines geistig getrübten Exkaisers; frühe Fotografien zeigen ein eher idyllisches Genrebild mit einer legeren Burgwache; der im späten 19. und beginnenden 20. Jahrhundert vollendete gotische Kathedralbau innerhalb der Burg gab Anlaß zu kirchlichem Gepränge. Die Staatsmacht Altösterreichs war nicht mit der Burg verbunden; sie hatte ihren Sitz im Statthaltereipalais auf der Kleinseite. So bot die Burg 1918 die entsprechende Menge leerstehender Räume für den Sitz des neuen Staatspräsidenten; zunächst wurde die Burg auch dem Außenminister Beneš als Amtssitz angeboten. Daß Karel Kramář seine Villa auf der Marienbastei als Gegen-Burg verstanden haben wollte, ist sicherlich eine spätere Interpretation aus der Zeit seines Kampfes gegen die „Burg"; bei Baubeginn der Villa 1912 bot die Burg keinen Anlaß zu einer derartigen Anti-Haltung. So hatte also der fäusteschüttelnde Aufblick zur Burg, den Gegner der Burg-Gruppe in den zwanziger und dreißiger Jahren wohl getan haben mochten, keine Tradition, die über das Jahr 1918 zurückgereicht hätte; er war eher im Sinne des Zornes gegen „die da oben" zu verstehen, wie ihn auch in traditionslosen Staaten die Machtlosen gegenüber dem Establishment hegen.

Die Wurzeln des Terminus „Burg" in unserem Sinne sind also, so mag das Voraufgegangene erhellt haben, auf die Gegner der „Burg" zurückzuführen, die sich etwa in folgende vier Gruppen einordnen lassen:

1. Teile des Heimatwiderstandes aus dem Ersten Weltkrieg (domácí odboj), die nicht zu den Ideen und Trägern des Auslandswiderstandes (zahraniční odboj) übergegangen sind — der Gegensatz zwischen beiden Gruppen wurde überhaupt erst in den zwanziger Jahren konstruiert und hochgespielt —, also die Gruppe um Kramář, aber auch Teilnehmer des Auslandswiderstandes, die sich von der neuen Staatsführung übergangen fühlten. Die Anti-Burg-Kampagne dieser Gruppe begann schon 1921; hier ist vermutlich auch die Quelle des Begriffs „Burg"-Gruppe zu suchen.

2. Etwa ab 1930 erst tritt die Kommunistische Partei hinzu. Gleichzeitig mit der Annäherung der tschechoslowakischen Außenpolitik an die UdSSR im Rahmen der Politik der kollektiven Sicherheit wurde diese mit einem grundsätzlichen

---

aus dem späteren Verlauf der Diskussion herangezogen: Angesichts des Gesetzes zum Schutz der Person des Präsidenten der ČSR hätten sich Journalisten zur Vermeidung strafrechtlicher Folgen bei Angriffen auf Masaryk des harmloseren Ersatzbegriffes „Burg" bedient.

Negativismus gegenüber der ČSR verbundene Anti-Burg-Haltung der KP ab 1935 merklich abgeschwächt. Sie sollte im vollen Sinne erst Anfang der fünfziger Jahre wieder aufgenommen werden: Bis etwa 1951 bewahrte die Hochschätzung Zdeněk Nejedlýs gegenüber T. G. Masaryk die Burg-Gruppe vor der danach rasch einsetzenden totalen „denigration", die bis zur Masaryk-Renaissance der zweiten Hälfte der sechziger Jahre anhielt[5].

3. Die Negativisten aus vorwiegend nationalen Gründen; besonders die deutschen nationalistischen Parteien, denen die Burg-Gruppe als die Verkörperung des nicht akzeptierten Tschechoslowakischen Staates erschien. Die von den Negativisten geführte Anti-Burg-Kampagne wurde nach 1936 im Deutschen Reich aufgegriffen und in einer umfangreichen Literatur propagiert. Hitlers polternde Angriffe gegen „Herrn Benesch" sind in dieser Tradition zu sehen.

4. Konservative Kritiker im Sinne des eingangs zitierten Urteils von Willars. Diese Gruppe wurde naturgemäß im Laufe der Zeit immer kleiner.

Mit diesen vier Gruppen ist gleichzeitig das Spektrum der bisherigen Literatur über die „Burg" angedeutet. Hinzu kämen lediglich glorifizierende Darstellungen der ČSR aus Kreisen der Burg-Gruppe selbst, die die Tschechoslowakische Republik stark mit ihrer Führungsgruppe identifizieren, diese aber nie beim Namen nennen, so daß diese Literatur für unser Thema unergiebig ist: Aus dieser Sicht kann man am wenigsten erfassen, was die Burg-Gruppe eigentlich war.

Wer gehört zur Burg-Gruppe?

In dem Versuch einer soziologischen Analyse der Burg-Gruppe durch Martin K. Bachstein wurde eine große Anzahl von Namen und Figuren benannt, die in irgendeinem Sinne als zur „Burg" gehörig zu betrachten war[5a]. Dabei leuchtet ein, daß die Intensität ihrer Beteiligung in jedem Fall verschieden war; hypothetisch könnte man also von engeren und weiteren Kreisen, von unterschiedlichen Graden der Zugehörigkeit, der Nähe zum Zentrum der Burg-Gruppe sprechen. In diesem Sinne wäre sogar ein graphisches Modell dieser Gruppierung etwa nach Art eines Soziogramms möglich.

Wegen ihres hypothetischen Charakters soll auf eine solche graphische Darstellung hier verzichtet werden; an ihre Stelle möge eine Aufzählung der Personen und Gruppen treten, die – präziser läßt es sich nicht formulieren – gemeinhin zur „Burg" gerechnet werden[6].

---

[5] Zum Wandel der Beurteilung Masaryks in der ČSR/ČSSR nach dem Zweiten Weltkrieg s.: H u n t, R. N. Carew: The Denigration of Masaryk. The Yale Review 43 (1954) 414–426. – H u l i c k a, Karel: The Communist Anti-Masaryk Propaganda in Czechoslovakia. ASEER 16 (1957) 160–174. – D r e s l e r, Jaroslav: Masaryk und die Kommunisten. Osteuropa 10 (1960) 663–668. – O s c h l i e s, Wolf: Masarykismus. Konservative und Progressisten in der Auseinandersetzung um das demokratische Vermächtnis des tschechoslowakischen Staatsgründers. Politische Studien 21 (1971) 668–685.

[5a] Siehe S. 64 f.

[6] Vgl. auch: O l i v o v á, Věra: Hradní buržoazie [Die Burg-Bourgeoisie]. Dějiny a současnost 7 (1965) H. 4, S. 39–42. – Polemisch: K o p e c k ý, Václav: ČSR a KSČ [Die ČSR und die KPTsch]. Prag 1960, S. 161 ff.

1. Als Zentrum der „Burg" gilt unbestritten T. G. Masaryk, der Staatspräsident selbst; unmittelbar dazugerechnet wurde jedoch stets Eduard Beneš. Durch das kaum zutreffende, doch immer wieder verwendete Bild, Beneš sei Masaryks „Schüler" gewesen, wurde der Ruf des gelehrten Präsidenten, eines platonischen Philosophen-Königs also, indirekt auf Beneš mit hinübergezogen. Daß sich zudem Masaryk die Kontinuität von ihm zu Beneš angelegen sein ließ, davon wird noch zu reden sein.

2. Gruppen, die unmittelbar zur „Burg" gerechnet werden:
a) die sogenannten „Burg-Parteien", also die Tschechoslowakische national-sozialistische Partei, die Tschechoslowakische sozialdemokratische Arbeiterpartei und — einige Jahre nach der Staatsgründung beginnend — die Deutsche sozialdemokratische Arbeiterpartei.
b) Von diesen „Burg-Parteien" sind abhängig oder ihnen stehen nahe eine ganze Reihe von Verbänden: Zu den Nationalsozialisten gehören die Tschechoslowakische Sokolgemeinde, Lehrer-, Legionärs- und Arbeitergemeinde; den Sozialdemokraten standen die Gewerkschaften nahe, also die Tschechoslowakische Gewerkschaftsvereinigung und der Bund der deutschen Gewerkschaften.
c) Einer Anzahl von Banken wurden Verbindungen zur „Burg" nachgesagt, unter ihnen vor allem der Gewerbebank (Živnostenská Banka) mit ihrem Aufsichtsratsvorsitzenden Jaroslav Preiss, der als Berater Masaryks galt.
d) Die Burg-Gruppe hatte starken Einfluß auf einige Zeitungen und Verlage, die quasi „Organe" der „Burg" waren. Dazu gehörten die Zeitungen der Tschechoslowakischen Nationalsozialistischen Partei, also das České Slovo mit seinen Nebenausgaben, der Melantrichverlag als größter der ČSR überhaupt, und Ferdinand Peroutkas Wochenzeitung „Přítomnost" (Gegenwart)[7].
e) Ein wissenschaftliches Institut stand im Dienst der „Burg": Die „Gedächtnisstiftung des Widerstandes", die mit ihren Sammlungen und ihren Editionen, besonders der Zeitschrift „Naše Revoluce" unter Leitung von Jaroslav Werstadt sich der Pflege einer Geschichtstradition widmete, in deren Mittelpunkt der Staatsaufbau der ČSR durch die Burg-Gruppe stand.

3. Neben den Gruppen, Organisationen und Instituten, die als der Burg unmittelbar zugehörig betrachtet werden können, hatte sie einen gewissen, in der Intensität wechselnden Einfluß innerhalb anderer Gruppen, die nicht zur Burg gerechnet werden konnten oder ihr sogar feindlich gegenüberstanden.
a) Hier wären für das Inland vor allem die sogenannten „Burg-Flügel" verschiedener Parteien zu nennen. Solche Flügel gab es bei den tschechoslowakischen Agrariern und dem deutschen Bund der Landwirte, bei der Tschechoslowakischen Volkspartei, deren Vorsitzender Msgr. Šrámek der „Burg" nahestand, und der deutschen Parallelpartei, der Christlich-sozialen, ja sogar bei erklärten Gegnern der „Burg", wie den Nationaldemokraten (Preiss, Hodáč).
b) Im Ausland hatte die „Burg" eine Anzahl befreundeter Presseorgane, die im Sinne der „Burg" schrieben und mit ihr in unmittelbarem Kontakt standen.

4. Außerhalb oder unabhängig von Gruppen, die zur „Burg" gehörten oder in

---

[7] Vgl.: D o l e j š í, Vojtěch: Noviny a novináři [Zeitungen und Journalisten]. Prag 1963, passim.

denen sie Einfluß ausübte, sind der Burg-Gruppe einige namhafte Einzelpersönlichkeiten zuzurechnen:

a) in der Tschechoslowakei selbst wären hier Jan Herben zu nennen, die Brüder Čapek, der Publizist Karel Kříž, oder der Nationalökonom Theodor Pistorius;

b) im Ausland, vor allem in den ehemals alliierten Weststaaten, gab es eine Anzahl von Vorkämpfern der Tschechoslowakei schon aus der Zeit vor oder während des Weltkrieges, die auch danach, in der Tschechoslowakei offiziös hochgeschätzt, die Linie der Burg propagierten: Ernest Denis, R. W. Seton-Watson, Henry Wickham-Steed u. a. m.

5. Schließlich dürfen einige prominente Gesprächskreise bei dieser Aufzählung nicht fehlen, so der Kreis der Pátečníci[8] oder die „Nová Maffie"[9]. Sie werden bisweilen als die eigentlichen Begegnungsstätten der so heterogenen Burg-Gruppe angesehen.

Angesichts der Vielfalt der Persönlichkeiten, Organisationen und Kreise, die man gemeinhin zur „Burg"-Gruppe rechnet (und eine genauere Definition wird sich schwerlich finden lassen, da die „Burg" weder sich selbst nach außen hin abgegrenzt noch überhaupt sich als „Gruppe" irgendwie formal konstituiert hat), wird man abermals die Frage aufgreifen müssen: Hat es die Burg-Gruppe überhaupt gegeben? Oder, wenn man die Hypothese beibehält: Was hat die „Burg" überhaupt zu einer Gruppe gemacht? Welches sind die ihren Gliedern gemeinsamen Kennzeichen? Man könnte angesichts der in der vorstehenden Aufzählung zutage tretenden Mannigfaltigkeit zu der Antwort Zuflucht nehmen, dieses gemeinsame Merkmal sei die „státotvornost", das staatstragende Verhalten, die staatserhaltende Gesinnung[10]. Doch es fällt schwer, diese státotvornost zu definieren. Ist es nicht die gleiche Haltung, die die Jungtschechen unter Karel Kramář in der Spätphase des Habsburgerreiches mit ihrer „positiven Politik" einnahmen, also eine konservative Einstellung, die jetzt, unter den Bedingungen des neuen Staates, die Errungenschaft der nationalen Revolution, und damit schließlich die eigene Macht bewahren will? Zweifel an der Eignung des Merkmals der státotvornost legt ebenso die Tatsache nahe, daß auch eine der wichtigsten Gegnerparteien der Burg sich auf diese „státotvornost" berief, nur eben in einem anderen Sinne: Die National-

---

[8] „Freitagsgesellschaft", traf sich unter Beteiligung von T. G. Masaryk freitags im Hause der Brüder Čapek. F. X. Šalda nennt diese „Kaffeegesellschaft" in einer Kritik die „Göttergleichen" (bohorovní). Š a l d a , F. X.: Kávová společnost propírá českou kritiku [Die Kaffeegesellschaft wäscht der tschechischen Kritik den Kopf]. Šaldův zápisník 5 (1932/33) 208 ff.

[9] K r á l , Václav: O Masarykově a Benešově kontrarevoluční protisovětské politice [Über Masaryks und Beneš konterrevolutionäre antisowjetische Politik]. Prag 1953, S. 129 f., nennt, leider ohne Quellenangabe, als Mitglieder einer von Masaryk im November 1921 gegründeten Gesellschaft dieses Namens, die sich regelmäßig im Hause Preiss getroffen habe: Masaryk, Beneš, Stránský, Hampl, Preiss, Husák, Machar, Bechyně, Mastný, Krofta, Girsa, Stříbrný, Klofáč, Rašín, Šámal, Švehla, Černý, Tusar, Malypetr „u. a.".

[10] Zur „státotvornost" s.: J i č í n s k ý , Zdeněk: K politické ideologii buržoazní ČSR [Zur politischen Ideologie der bürgerlichen ČSR]. Prag 1965, S. 65, 114 ff.

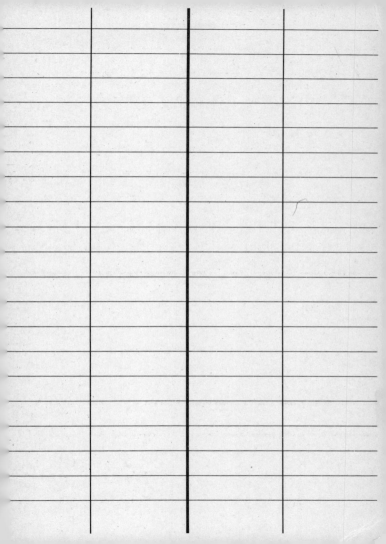

Boh/1

Die "Burg"
Bd. 1

Hrsg. v. Karl Bosl

demokraten wollten den Tschechoslowakischen Staat nicht so, wie die „Burg"-Gruppe ihn maßgeblich gestaltet hatte, sondern als Nationalstaat im strengen Sinne („náš národní stát").

Wandel in der politischen Funktion der Burg-Gruppe

Da auch der zweite, eher deskriptive Ansatz zur Erfassung der Burg-Gruppe nicht allzu konkrete Ergebnisse gebracht hat, soll im folgenden versucht werden, im Wandel der politischen Rolle der Burg-Gruppe deren Funktion einzufangen und gleichzeitig zu einer Diskussion einiger der bereits im Verlauf der Tagung vorgebrachten Thesen vorzustoßen.

1. Schon mehrfach ist in den voraufgehenden Referaten die Entstehung der Burg-Gruppe aus der Emigration erwähnt worden: Die Burg sei eine „erfolgreiche, rückverpflanzte Emigration" (Prinz)[10a], sie sei einzuordnen in die Geschichte der europäischen Emigrationen. Ich möchte diesen Ansatz im Sinne der Seibtschen These[10b] relativieren: In der Tat scheint es wichtig zu sein, ob eine Emigration vor oder nach einer Revolution entsteht.

Im nachhinein betrachtet ist das Verlassen des Landes v o r einer Revolution und mit dem mehr oder weniger bestimmten Zweck, sie abzuwarten oder gar herbeizuführen, nicht Emigration im eigentlichen Sinne zu nennen, eher ein Ausweichen; man verläßt — etwa wie Lenin — das Land nur zeitweilig. Dies war auch der Fall bei Masaryk, Beneš und anderen kurzfristigen Exulanten während des Ersten Weltkrieges. Sie fühlten sich nie anders als Gäste in ihrem Aufenthaltsland. Zur echten Emigration gehört ein gewisses Maß von Integration im Gastland. Sie scheint eher n a c h Revolutionen von den durch sie betroffenen Unzufriedenen angetreten zu werden, oder nach politischen Katastrophen jeder Art. Als typische Emigrationspolitik in diesem langfristigen Sinne wäre etwa die polnische Politik des Hôtel Lambert im 19. Jahrhundert zu bezeichnen. Einschränkend wird man allerdings einräumen müssen, daß die Dauer der politischen Emigration von dem, der sie antritt, nie vorausgeschätzt werden kann und wohl stets zunächst als vorübergehend empfunden wird. Der Übergang zur Dauer-Emigration geschieht dann in einer für die Miterlebenden kaum merklichen Weise.

2. Als Augenblick der Entstehung der Burg-Gruppe wurde die Genfer Episode vom 28.–31. Oktober 1918[11] genannt. Herr Firt hat in einem Diskussionsbeitrag bereits die Gewichtigkeit dieses Datums relativiert und auf ein richtiges Maß zurückgeführt. Während der Besprechungen von Genf ist diese Begegnung in der Tat kaum als Konfrontation zweier Lager empfunden worden. Die tschechische Politik war in diesen Wochen in einer stärkeren Umstrukturierung begriffen als je zuvor. Wenige Monate waren erst seit dem Versuch der Neuformierung des tschechischen Parteienwesens vergangen: Im Februar 1918 war eine neue, „alltschechische und

---

[10a] Siehe S. 11.
[11b] Siehe S. 39.
[11] Siehe S. 12 f. — Dazu siehe: P e r o u t k a , Ferdinand: Budování státu [Der Aufbau des Staates]. Bd. 1. Prag 1933, S. 90 ff., 217 ff.

allnationale" Sammelpartei, die „Tschechische Staatsrechts-Demokratie", gegründet worden, die der alten Parteienvielfalt ein Ende machen sollte (freilich blieben alle sozialistischen, klerikalen und Agrarparteien fern); Seit September 1917 handelten alle tschechischen Abgeordneten in Wien in einem gemeinsamen Klub. In den Tagen der nationalen Revolution, im Oktober 1918, schien den meisten Miterlebenden der Augenblick größtmöglicher nationaler Einigkeit gekommen zu sein[12].

Věra Olivová hat auf zwei mögliche Alternativen zum Konzept von T. G. Masaryk hingewiesen: Kramářs Plan eines slawischen Imperiums, und Šmerals Entwurf einer Umgestaltung Österreichs. Šmerals Plan sei theoretisch tiefer begründet gewesen, aber im Moment des Sieges der Entente-Mächte gescheitert[13]. Kramářs „phantastisches Projekt"[14], damals außer russischen Mittelsmännern kaum jemandem bekannt, ist, so wäre Olivová zu ergänzen, keine wirkliche Alternative zu Masaryk-Beneš gewesen. Hinzu kam verstärkend, daß Masaryk durch das Setzen auf die richtige Karte innerhalb weniger Monate fast das gesamte politisch denkende tschechische Volk hinter sich gebracht hat. Der Prozeß des Umdenkens aber fiel den traditionellen Führern, zu denen Masaryk höchstens in den Augen kleiner intellektueller Zirkel gehört hatte, schwer: Als Grand Old Man fühlte sich auch im Augenblick der Genfer Gespräche noch Kramář, als ungekrönter König Böhmens, als Beinahe-Märtyrer, und als Ministerpräsident des neuen Staates.

3. Das entscheidende Moment im ersten Auftreten der Burg-Gruppe liegt also in der Figur einer einzigen Person: T. G. Masaryks. Anhand der Quellenpublikation „Boj o směr vývoje československého státu" läßt sich anschaulich verfolgen, wie die ersten Wochen des neuen Staates von einer Mischung aus Überschwang und steigender Ratlosigkeit geprägt waren. Zwei Briefe Kramářs an seinen „lieben Freund" Beneš vom 15. und 24. November 1918 zeigen deutlich die Einschätzung von Masaryks Bedeutung und Funktion durch den Schreiber: „Es wird nötig sein, daß Sie und Masaryk bald herkommen, Sie haben wenigstens für eine Weile — jedoch in Böhmen nie auf Dauer — eine unverbrauchte Popularität und Autorität — und sicher wird es Ihnen gelingen, unsere Kandidaten des Bolschewismus zu beruhigen...[15]"

Neun Tage später wird der Ruf nach Masaryk noch dringender: „Was die zukünftigen Dinge betrifft, brauchen wir hier unbedingt Masaryk. Er hat eine unverbrauchte, noch nicht schäbig gewordene (neopelichanou) Popularität in Böhmen — er als einziger kann den Sozialismus im Zaum halten /.../ Ich möchte ihn wieder in der Politik haben — er wird gut tun, wird gegen den Bolschewismus sein. Mit seinem ganzen angeborenen Opportunismus /.../ Jetzt ist die schwerste Zeit, die wir mit Ruhe überstehen müssen — nur jetzt keine Unruhen! Aber dazu

---

[12] T o b o l k a, Zdeněk: Politické dějiny československého národa od r. 1848 až do dnešní doby [Politische Geschichte des tschechoslowakischen Volkes vom Jahre 1848 bis zur heutigen Zeit]. Bd. 4 (1914—1918). Prag 1937, S. 263 ff.

[13] O l i v o v á.

[14] Siehe P a u l o v á, Milada: Dějiny Maffie [Geschichte der „Maffia"]. Bd. 1. Prag 1937, S. 55 ff., 635 ff.

[15] Boj o směr vývoje československého státu [Kampf um die Entwicklungsrichtung des tschechoslowakischen Staates]. Bd. 1. Prag 1965, Nr. 124.

ist unbedingt die Anwesenheit Masaryks und der Entente-Truppen nötig." Im Gefühl seiner innenpolitischen Ratlosigkeit schlägt Kramář dann einen Platzwechsel vor: Masaryk sei wichtiger in Prag als bei den Pariser Friedensgesprächen, wohin es Kramář zieht: „Wenn nur Masaryk hier ist! Dann werde ich in Ruhe fahren[16]."

An welche Stelle innerhalb des Staates die „Männer des 28. Oktober", also diejenigen, die das Geschäft der Staatsgründung in der Heimat vollführt hatten, den so herbeigesehnten Masaryk aber gerückt haben wollten, erfuhr er schon bei seiner Heimreise zu Schiff von Amerika aus. Inzwischen war er bereits zum Staatspräsidenten gewählt worden, doch schon bekam er Vorstellungen zu hören wie „Präsident gut — aber ohne Partei", „mehr Philosoph als Politiker"[17]. Wie diese von Masaryk selbst in seiner „Weltrevolution" lakonisch wiedergegebenen Devisen zu verstehen waren, verdeutlicht ein Ausspruch Kramářs aus dieser Zeit, den Peroutka zitiert: „Wir danken dem Herrgott, daß wir Sie (das ist Masaryk) haben, aber ich bitte und beschwöre Sie, bleiben Sie über den Wolken, denn wer bei uns ein bißchen tiefer herabsteigt ins politische Leben, der kann sich dessen nicht erwehren, daß er mit Schmutz beworfen wird und die Autorität verliert, die er so sehr braucht[18]." Hier spricht Kramář eigentlich von seinem selbst erfahrenen Autoritätsverlust, der Mitte 1919 zu dem ihm unbegreiflichen Sturz seiner Regierung führen sollte.

Noch aber, bei Masaryks Rückkehr nach Prag im Dezember 1918, sind Gegensätze nicht zu erkennen: Masaryk küßte Kramář, seinen früheren Freund aus den Zeiten des jungtschechischen Realismus, demonstrativ — in den späteren Auseinandersetzungen sollte Masaryk seinem unversöhnlichen Gegner Kramář das öfters vorhalten[19]. „Kein Imperator" aber, so schilderte Soukup die Ankunft Masaryks in Prag, „hat unseren Boden ruhmvoller betreten als unser revolutionärer Präsident[20]."

Welche Vorstellungen hatte nun dieser revolutionäre Präsident selbst von seiner Position? Ferdinand Seibt hat in seiner eindrucksvollen Darstellung der politischen Ideologie Masaryks[20a] notwendigerweise immer wieder auf ganz allgemeine ideologische, ja eher philosophische Äußerungen Masaryks zurückgreifen müssen, wo sich unmittelbar politische Stellungnahmen nicht finden ließen. In der Tat ist es außerordentlich schwer, zu erfassen, wie Masaryk seine Rolle im neuen Staat sah[21].

---

[16] E b e n d a , Nr. 127.
[17] M a s a r y k , T. G.: Die Weltrevolution. Erinnerungen und Betrachtungen 1914—1918. Berlin 1925, S. 379.
[18] Peroutka I, 472.
[19] Brief Masaryks an Kramář v. 24. 12. 1920. In: Boj o směr vývoje československého státu. Bd. 2. Prag 1969, Nr. 180; Brief v. 15. 6. 1921. In: Archiv Národního Muzea, Prag, Nachlaß Kramář, 2/3/6465—68.
[20] Brief Soukup an Beneš v. 24. 12. 1918. In: Boj o směr vývoje československého státu I, Nr. 135.
[20a] Siehe S. 28—33.
[21] Zwei Versuche aus jüngerer Zeit, das politische Denken Masaryks zu erfassen: M a c h o v e c , Milan: Thomas G. Masaryk. Graz—Wien—Köln 1969, S. 206—229. — U r b a n , Otto: Masarykovo pojetí české otázky [Masaryks Auffassung der tschechischen Frage]. ČSČH 17 (1969) 527—552.

Seine Ansichten darüber gehen weder aus seiner „Weltrevolution", noch aus den „Gesprächen" mit Karel Čapek hervor; dort findet sich nur an einer einzigen Stelle der Hinweis, Masaryk habe zu Kriegsende gedacht, „bei uns würde eine Regierung entstehen, die aber anfangs diktatorisch geleitet sein würde"[22]. Ob Masaryk sich selbst in die Rolle dieses Diktators projiziert hat? Wohl niemand weiß es. Denn wenn sich in seinen Papieren Hinweise dafür gefunden hätten, wären sie sicherlich im Rahmen der Anti-Masaryk-Kampagne um 1953 als Beweis für die angeblich gegen das werktätige Volk gerichtete (protilidová) Politik Masaryks veröffentlicht worden. Nun aber war Masaryk bei seiner Rückkehr in die inzwischen zur Tschechoslowakei gewordene Heimat mit der in voraufgehenden Referaten beschriebenen, äußerst eingeschränkten Stellung des Staatspräsidenten konfrontiert, die die „Männer des 28. Oktober" für ihn bestimmt hatten[23]. Noch im Laufe des Jahres 1919, als die Stellung des Präsidenten schon gegenüber dem ursprünglichen Konzept aufgewertet wurde, beschuldigte der nationalsozialistische Abgeordnete Franke die Nationaldemokraten: „Es ist Ihre Partei, die zuerst aus dem Präsidenten der Republik einen distinguierten Fremdling gemacht hat; als das ganze Volk ihn als seinen größten Sohn begrüßte, bereiteten Sie, die Verfassungsleute, ihm eine Situation, daß dieser große Mann nur hierher, ins Parlament kommen konnte, hier sich still hinstellen, zuhören und weggehen. Wir Abgeordneten, die wir diesen Mann zum Präsidenten gewählt haben, hatten dem Ministerpräsidenten zufolge nicht das Recht, ihn hier in diesem Saal anzuhören, und wir mußten auf die Burg wie zu einem Monarchen gehen." Franke meinte damit die erste Ansprache des Präsidenten an das Parlament, die auf der Burg abgehalten wurde und deren Text erst auf Umwegen ins Parlaments-Protokoll gelangen konnte; welche formalen Schwierigkeiten das bereitete, illustriert die verlegene Auskunft Hajns „Das war und war nicht eine Sitzung der Nationalversammlung[24]."

Allerdings: Das Bild vom Monarchen hat Masaryk selbst beschäftigt. In gewisser Hinsicht fühlte er selbst sich in dieser Rolle, wie aus einer Bemerkung in einem Brief an Kramář im Juni 1919 hervorgeht: „Es ist interessant zu beobachten, wie unser Publikum ‚monarchisch' ist"[25]; dies war jedoch eher passiv gemeint, in dem Sinne, daß man mit allen Angelegenheiten zu ihm gelaufen komme. Niemand wird T. G. Masaryk, der den Gegensatz zwischen theokratischer Monarchie (des alten Österreich) und a-theokratischer, anthropokratischer Demokratie (des neuen tschechoslowakischen Staates) zur Grundlage seines politischen Denkens gemacht hatte, vorwerfen, er habe monarchistische Anwandlungen gehabt – Kramář wäre das schon eher in einer solchen Rolle zuzutrauen gewesen. Man wird daher die delikate Ironie empfinden können, mit der T. G. Masaryk in einer Ansprache an Regierung

---

[22] Čapek, Karel: Gespräche mit T. G. Masaryk. München 1969, S. 322.
[23] Klepetař, Harry: Seit 1918 ... Eine Geschichte der Tschechoslowakischen Republik. M.-Ostrau 1937, S. 15 f. – Zur staatsrechtlichen Stellung des Präsidenten siehe Slapnicka, Helmut in: Handbuch der Geschichte der böhmischen Länder. Hrsg. von Karl Bosl. Bd. 4. Stuttgart 1970, S. 14, Literatur ebenda, S. 10. – Peroutka I, 464 ff.; II, 914; III, 1496 ff.
[24] Ebenda I, 471 ff.
[25] Boj o směr vývoje československého státu II, Nr. 76.

und Nationalversammlung am Staatsgründungstag, dem 28. Oktober 1923, offensichtlich den schon im Umlauf befindlichen übertragenen Begriff „Burg" aufgreifend, gegen Ende erklärte, die Burg (gemeint war zunächst das Gebäude in Prag) solle nicht nur Präsidentensitz sein, sondern „Symbol unserer nationalen demokratischen Ideale"[26].

Wie wichtig Masaryk sein Präsidentenamt genommen hat, geht nicht nur aus der Energie hervor, mit der er den verfassungsmäßigen Ausbau dieses Amtes betrieb und teilweise auch durchsetzte, sondern auch — und das ist der Grund, warum im Rahmen dieses Referates so viel Gewicht auf dieses Thema gelegt wird — aus dem tatsächlichen Beruhen der Burg-Gruppe auf diesem Amt.

Jedem, der die tschechoslowakische Verfassung von 1920 studiert, wird die Paradoxie auffallen, daß das passive Wahlalter in den Senat 45 Jahre, zum Staatspräsidenten aber nur 35 Jahre beträgt. Dieser Passus wurde — wie mehrfach beschrieben worden ist — auf unmittelbares Drängen Masaryks in die Verfassung aufgenommen, und zwar einzig zu dem Zweck, Eduard Beneš, der 1920 erst 36 Jahre alt war, auf jeden Fall die Nachfolge des damals kränkelnden Staatspräsidenten zu ermöglichen. Auch damals noch schien Masaryk nämlich die Kontinuität seiner Auffassung vom Amt des Staatspräsidenten nur durch Beneš gewährleistet. Wie stark das entgegengesetzte Verständnis der „Männer des 28. Oktober" noch weiterwirkte, zeigt ein Gespräch einige Zeit später zwischen Masaryk und Švehla, den die Koalitionspolitiker ungeachtet der Wünsche Masaryks zum Kandidaten für die eventuelle Nachfolge Masaryks bestimmt hatten. Švehla betonte dabei, er fühle sich nicht für die repräsentativen Verpflichtungen des Amtes geeignet — es genüge doch, irgendeinen Akademiepräsidenten dafür zu finden, „damit dem Volk irgendeine Monstranz gezeigt" würde. Diese These hat Masaryk energisch bestritten und betont, man brauche im Gegenteil einen arbeitenden Präsidenten[27].

4) Man hat der „Burg" und insbesondere Masaryk vorgeworfen, durch die Berufung eines Beamtenkabinetts im Jahre 1920 und durch die Zulassung der Pětka, des interfraktionellen Ausschusses der fünf großen tschechoslowakischen Parteien, gegen die Regeln der parlamentarischen Demokratie verstoßen zu haben. In der Tat scheint es so, als sei die Installation des Beamtenkabinetts die erste Ausweitung der Macht der Burg-Gruppe gewesen; und ebenso wenig ist zu bestreiten, daß dieser Vorgang kein Akt des demokratischen Parlamentarismus war.

Vielleicht aber vermag ein Blick auf die Pětka und ihre Funktion auch einiges Licht auf die Rolle der Burg zu werfen[28]. Erst vor einigen Jahren haben Gajanová und Lehár in einem Aufsatz über den Charakter des bürgerlich-demokratischen

---

[26] M a s a r y k, T. G.: Cesta demokracie. Soubor projevů za Republiky [Der Weg der Demokratie. Sammlung von Reden in der Zeit der Republik]. Bd. 2 (= Spisy T. G. Masaryka 4,2). Prag 1934, S. 485. — Ähnlich: Č a p e k 184 f., dort aber wohl ohne Ironie: „Ein anderes Kapitel meiner Politik betrifft die Burg, d. h. ihre Wiederherstellung; aus ihr möchte ich ein Denkmal unserer Geschichte machen, ein Bild unseres altneuen Staates, ein Symbol nicht nur der Vergangenheit, sondern auch der Zukunft. In concreto: die monarchische Burg umwandeln in eine demokratische."
[27] P e r o u t k a III, 1496–1506.
[28] Zur Pětka siehe P e r o u t k a IV, 2158–2173.

Systems in der ČSR auf einen anderen Aspekt dieses Phänomens hingewiesen: Wären diese Maßnahmen unterblieben, dann wäre die ČSR wahrscheinlich nicht über die Krisen der Jahre 1920/21 ohne die „Ausbildung eines Systems persönlicher Macht" hinweggekommen, wie es wenige Jahre später im polnischen Sanacja-Regime durch Piłsudski etabliert wurde[29].

Für die Beurteilung des Modells der Pětka, die während Masaryks Krankheit als quasi „kollektives Staatsoberhaupt" (Peroutka) fungiert hat, wird man keine allzu abstrakt-buchstabengetreue Interpretation des demokratischen Parlamentarismus anwenden dürfen: Nicht alles, was nicht in der Verfassung steht, ist damit auch schon verfassungswidrig. Hier geht es aber nicht um die Beurteilung der Pětka, sondern um die „Burg": Stand die „allmächtige" Pětka höher als die Burg — oder war sie ein Instrument der Burg. Die Auflösung der Pětka 1925 spricht eher für die letztere Version.

Masaryk hat sich die in der Zwischenkriegszeit sehr bald lautgewordene Kritik am reinen Parlamentarismus durchaus zu eigen gemacht und mehrmals auf die Notwendigkeit des „vůdcovství", des Führertums auch in einem demokratischen System, hingewiesen. Gegenüber einer Parlamentsdelegation sprach Masaryk am Neujahrstage 1922 davon, daß das Problem der demokratischen Parteien, ja der Demokratie überhaupt, in gewissem Maße das Problem der Führer sei. Das Parlament bilde wie in anderen Ländern so auch in der ČSR in Gestalt der Pětka aus sich besondere Führungsorgane. Das Parlamentsplenum sei nämlich „kein Ort für Arbeit und Nachdenken", seine Funktion sei „ganz anders". Wirkliche Arbeit werde stets in Ausschüssen und in noch kleineren Organen, ja von Einzelpersonen geleistet. „Die Demokratie kommt nicht aus ohne fähige, gebildete und anständige Fachleute, Mitarbeiter, Führer." Die Parlamente seien sicher unvollkommene Instrumente; Paganini habe jedoch auch auf nur einer Saite spielen können, und solche Paganinis brauche man[30]. Es scheint, als habe Masaryk auch in der Burg-Gruppe die Funktion eines solchen Führungskollektivs erblickt.

Diese Führung stellte sich Masaryk offensichtlich in indirekter Weise vor. In seinen Gesprächen findet sich ein Hinweis, der vielleicht als symptomatisch für die Aktionsweise der Burg überhaupt gelten kann: „Ich trachte, alles zu kontrollieren, wenn ich auch in den Gang der Geschäfte möglichst wenig eingreife[31]."

5) Die Funktion der „Burg" in den ersten Jahren der Republik hat uns über Gebühr lange beschäftigt. Deshalb soll das weitere Schicksal der „Burg" nur kurz resümiert werden. Das Jahr 1925 brachte für sie eine negative Wendung: Im Hinblick auf die internationale Situation bedeutete Locarno eine stillschweigende Anerkennung der deutschen Revisionsforderungen im Osten durch die Westmächte, und im Innern der Republik entstand als Ergebnis der Wahlen der „Bürgerblock"; drei traditionelle Burg-Parteien schieden damit aus der Regierung aus: die tschecho-

---

[29] G a j a n o v á, Alena / L e h á r, Bohumil: O charakteru buržoazně-demokratického zřízení v Československu [Über den Charakter der bürgerlich-demokratischen Verfassung in der Tschechoslowakei]. ČSČH 16 (1968) 385 ff.
[30] M a s a r y k: Cesta demokracie II, 209—211.
[31] Č a p e k 183.

slowakischen und die deutschen Sozialdemokraten und die tschechoslowakischen Nationalsozialisten. Innenpolitisch machte die „Burg" eine leichte Anpassungsbewegung nach rechts mit; noch hatte die Burg genug Vertrauensleute in den Parteien, doch schien die Führungsposition der Burg erhebliche Einbußen erlitten zu haben. Gerade in dieser Zeit konnte die Nationaldemokratie Kramářs und ihr nahestehende Gruppen stärkste Angriffe gegen die Burg richten.

Nach einer gewissen Ruhezeit gegen Ende der zwanziger Jahre kam um 1933 eine neue Krise, die nicht nur die „Burg", sondern die tschechoslowakische Demokratie insgesamt bedrohte. Innerhalb einiger Parteien wurden Tendenzen nach einer außenpolitischen Umorientierung laut: Der Hodža-Beran-Flügel der Agrarpartei forderte eine Abkehr von Frankreich und eine stärkere Hinwendung an ein deutsch bestimmtes Mitteleuropa; die slowakische Volkspartei tendierte zu Freundschaft mit dem Beckschen Polen, das 1934 einen Vertrag mit dem Deutschen Reich schloß. Hinsichtlich der Innenpolitik bedeutete die Zeit um 1933 eine Bedrohung nicht nur durch den gestärkten Rechtsradikalismus, sondern auch durch die seit 1929 in der KPTsch fest etablierte bolschewistische Linie. In dieser Situation wurden die Gesetze erlassen, die die parlamentarische Demokratie in der ČSR zwar einschränkten, sie aber auf weitere Jahre zu konservieren vermochten.

Im Zusammenhang mit der Neuentdeckung der Ersten ČSR durch die tschechoslowakischen Historiker der sechziger Jahre wurde mit Nachdruck auf die Kontinuität der „Burg" und ihrer Politik bis 1938 hingewiesen[32]; diese Kontinuität habe sich besonders in der Beibehaltung der außenpolitischen Linie durch Beneš manifestiert, der schließlich 1935 im Rahmen der kollektiven Sicherheit sogar eine Annäherung an die UdSSR vollzogen habe; innenpolitisch wurde das Heranrücken der KPTsch an die „Burg" im Sinne der Volksfrontpolitik hervorgehoben. Dieser Aspekt vermag in der Tat die in den fünfziger Jahren maßlos verketzerte Rolle der „Burg" für die erste ČSR in einem auch für die Optik einer marxistischen Historiographie günstigeren Lichte zu zeigen. Dennoch wird man nicht um die Diskussion der These von Julius Firt herumkommen, daß die Burg-Gruppe schon in der Krisenzeit von 1933 bis 1935 an ihrem Ende angelangt sei. Eine solche Datierung könnte zudem die Behauptung ergänzen, die „Burg" habe im wesentlichen aus Masaryk selbst bestanden: Der Staatspräsident ist im November 1935 von seinem Amt aus Altersgründen zurückgetreten.

Modelle zur Bestimmung der politischen Funktion der „Burg"

Angesichts der noch immer offenen Frage, was denn die Burg-Gruppe nun eigentlich sei, sollen im letzten Teil dieses Referats einige Modelle angeboten oder erörtert werden, durch die die politische Funktion der „Burg" einer Eingrenzung oder Erklärung näher gebracht werden könnte.

1) Schon eingangs wurde das freilich polemisch gemeinte Epitheton „(Hof-)Kamarilla" zitiert. Gemäß gängiger Definition ist dies „eine Hofpartei, die im Gegensatz zum verantwortlichen Ministerium oder zur Kammer einen unkontrol-

---

[32] Z. B. Olivová.

lierbaren Einfluß auf den Herrscher ausübt"[33]. Akzeptabel wäre bei diesem Modell das Charakteristikum der Unverantwortlichkeit, andererseits disqualifiziert es sich für die Burg-Gruppe durch seine Bindung an absolutistische Staatssysteme[34]. Mit der Gründung der ČSR aber ist die Schwelle zur parlamentarischen Demokratie unwiderruflich überschritten. Sicherstes Indiz dafür ist die Ablehnung der ČSR durch die alten Führungsschichten, vor allem den Adel. Wo in der ČSR außerparlamentarische Elemente zu finden waren, da sind sie eher post- als prädemokratisch einzustufen. Auch das Problem des Führertums ist von Masaryk stets im Rahmen des demokratischen Systems gesehen worden.

Man hat gelegentlich versucht, den Begriff „Kamarilla" als Sonderform einer Clique zu erklären[35]. In der Tat wird man das Modell der Clique, wie es in der heutigen Soziologie gebraucht wird, in seiner Anwendbarkeit auf die „Burg" untersuchen können. Es liegt auf der Hand, daß Führungscliquen, die sich selbst reproduzieren und deren Mitglieder sich clanhaft gegenseitig stützen, dem Normensystem des bürgerlich-parlamentarischen Demokratismus widersprechen, dennoch aber erfahrungsgemäß vorhanden sind. Ihrer Systemfremdheit wegen und infolge ihrer Abgeschlossenheit sind die Cliquen jedoch einer starken Mystifizierung durch solche Mitglieder der Gesellschaft ausgesetzt, die außerhalb der Clique stehen[36]. So wird auch der hier nur als Möglichkeit anzudeutende, nicht aber zu unternehmende Versuch der Identifikation und Erklärung der „Burg" als einer Clique auf kaum überwindliche Schwierigkeiten stoßen; einige Beispiele dafür konnten im voraufgehenden bereits aufgewiesen werden.

2) Im Verlauf der Diskussion sind zur Charakterisierung der Burg-Gruppe ferner die Begriffe „Brain-Trust" und — zur Kennzeichnung der Mitglieder — „egg-heads" verwendet worden. Beide Termini scheinen mir jedoch die Sache nicht ganz zu treffen. Egg-heads sind Intellektuelle, Angehörige der Intelligencija. Die Mitglieder der Burg-Gruppe, soweit sie sich mit einiger Sicherheit definieren lassen, sind zwar dem Ausbildungsstand nach Intelligenzler, dem Wesen nach aber politische Tatmenschen.

Das Bild des Brain-Trusts bezieht sich, von der Welt des wirtschaftlichen Managements übertragen, auf den Beraterkreis des Präsidenten der USA, also einer Präsidialdemokratie. Die Mitglieder des Brain-Trusts, die Präsidentenberater, sind dort die fachkundigen Hintergrundfiguren, die den handelnden Präsidenten unterstützen. Anhand der Erörterung der eingeschränkten Aktionsmöglichkeiten des Präsidenten der ČSR konnten wir jedoch bereits feststellen, daß Masaryk seine Aufgabe realistischerweise nicht im selbständigen Handeln, sondern in der Kontrolle sah.

---

[33] Brockhaus Enzyklopädie. 17. Auflage. Bd. 9. Wiesbaden 1970, S. 659f.
[34] Daß der Vorwurf, Masaryk habe sich eine Kamarilla geschaffen, diesen Absolutismusverdacht impliziert, zeigt die Klage Viktor Dyks, die Feinde Masaryks hätten diesem weniger geschadet als die „franzjosefisierende (franzjosefující)" Kamarilla und Beneš. D y k , Viktor: Ad usum pana Presidenta Republiky [Ad usum des Herrn Präsidenten der Republik]. Prag 1929, S. 56.
[35] Kleines politisches Wörterbuch. Berlin (O.) 1967, S. 319.
[36] Vgl. T j a d e n , K. H.: Cliquen. In: Wörterbuch der Soziologie. Hrsg. von Wilhelm B e r n s d o r f. Bd. 1. Frankfurt (Main) 1972, S. 142—144 (Fischer Handbücher 6131).

3. Von ihren kommunistischen Gegnern ist die „Burg" als Handlangerin des Finanzkapitals angeprangert worden. Tatsächlich war die Führungsgruppe der ČSR an der Stabilität des parlamentarisch-demokratischen, oder, anders gesagt, des kapitalistischen Gesellschaftssystems interessiert. Freilich wäre zu bedenken, ob nicht das Finanzkapital umgekehrt als systemstabilisierender Faktor von der „Burg-Gruppe" eingesetzt wurde. — Im übrigen ist diese Distinktion in keiner Weise eine Besonderheit der „Burg-Gruppe"; sie gilt auch für ihre entschiedensten Gegner im bürgerlichen Lager, vor allem für die nationaldemokratische Partei Kramářs (deren prominentes Mitglied Preiss allerdings gleichzeitig ein wichtiger Vertrauensmann der „Burg" war).

4) Ein weiteres Modell bezieht sich auf eine ganz enge Variante des Burg-Begriffes, nämlich auf Masaryk selbst. Ihm könnte man im Sinne Max Webers Züge eines „charismatischen Führers" nachweisen. Dafür spricht der allgemeine Respekt, den ihm selbst seine Gegner entgegenbrachten, und seine ungeheuere Autorität, die auf einer „affektuellen Hingabe" an seine Person beruht. Der Weberschen Definition dieses Typus entsprechen auch Masaryks Bemühungen um seine Nachfolgefrage: der Nachfolger wird durch Bezeichnung als charismatisch qualifiziert.

Allerdings hat man gerade diesem Nachfolger vorgeworfen, ein kleinbürgerlicher Bürokrat zu sein — also, um in der Weberschen Systematik zu bleiben, eine Verkörperung des Typus der legalen Herrschaft. Verschiedene Elemente in der Amtsführung Benešs lassen die bürokratische Komponente durchaus bestätigt erscheinen: die ungewöhnlich lange Kontinuität der Amtsführung, die eine solche Vielzahl von Kenntnissen ansammeln läßt, daß die Ausübung der bürokratischen Herrschaft unantastbar wird; hinzu kommt der kontinuierliche Arbeitsstab Benešs, der bei wechselnden Kabinetten beibehalten wurde (Slapnicka).

Versucht man also, die Burg-Gruppe im Sinne der Max Weberschen Typologie zu bestimmen, dann kann dies mit einer Kombination aus charismatischer und bürokratischer Herrschaft angedeutet werden. Eine solche Einordnung würde freilich durch die anzweifelbare Anwendung des Herrschaftsbegriffs relativiert.

5) Im bisherigen Verlauf des Referates ist der hypothetische Charakter der bloßen Existenz der „Burg-Gruppe" nie ganz verlassen worden. Trotz aller Bestimmungen sind ihre Konturen nicht einwandfrei abgrenzbar gewesen. Zweifel, ob es überhaupt eine Burg-Gruppe gegeben hat, können nicht ganz ausgeräumt werden. Zudem darf man nicht aus dem Auge verlieren, daß der Terminus „Gruppe", „skupina" nicht Bestandteil der zeitgenössischen Bezeichnung des Phänomens gewesen ist, mit dem wir uns beschäftigen. Sein Name war ausschließlich „Hrad", „Burg". Das Wort „Gruppe" wurde erklärend erst in einer Zeit und in einer Umgebung hinzugefügt, da man den übertragenen Sinn von „Burg" nicht mehr einwandfrei oder gar nicht mehr verstehen konnte. Der Terminus „Burg-Gruppe", „skupina Hradu", „hradní skupina" ist also streng genommen anachronistisch.

Angesichts der unübersehbaren Vielfalt von Definitionen und Klassifikationen von Gruppen wäre es ein müßiges Unterfangen, die „Burg" in dieses oder jenes theoretische Gruppenmodell einzuordnen. Es bleibt jedoch der methodische Zweifel: Hat es eine „Burg" als politisch handelnde Gruppe überhaupt gegeben?

Der Führer — oder, je nach Definition, die Verkörperung — der „Burg" hat die Existenz einer Burg-Politik in Abrede gestellt. In einem 1926 gegebenen Interview antwortete Masaryk auf die direkte Frage „Was ist das eigentlich, diese sogenannte Burg-Politik, von der man spricht und schreibt?" in folgender Weise: „Ich weiß nicht genau, was sich wer unter diesem Wort vorstellt. Es gibt keine Burg-Politik in dem Sinne, daß ich oder irgendein Kreis von Leuten unter meiner Führung irgendeine Politik neben der Verfassung und dem Parlament durchführen würde. Ich habe meine politische Überzeugung wie jeder Bürger, und als Präsident habe ich meine von der Verfassung bemessenen Pflichten. Nie habe ich meine Überzeugung verheimlicht, und meine Pflichten habe ich stets so verstanden, daß ich offen mit der Regierung und den Führern der Parlamentsparteien darüber sprechen soll, was die gemeinsame Sorge unser aller ist. Manchmal haben sie mich überzeugt, manchmal habe ich sie überzeugt. Das ist die ganze Burg-Politik. Auf der einen Seite imputiert man mir Absolutismus, auf der anderen wieder lese ich immer wieder, daß ich ein Gefangener sei, daß ich nicht selbständig handeln kann und so weiter — lauter politische Naivitäten und eine unglaubliche Unkenntnis von Personen und der Situation im Lande[37]." Einige Wochen später bezeichnete Masaryk die Vorstellung von einer Burg als politischem Faktor als „mythisch"[38].

*

Die „Burg" war sicherlich mehr als eine bloße Mystifikation. Der von einem Historiker unternommene Versuch, ihre politische Funktion zu beschreiben, konnte im gegenwärtigen Stadium der Forschung nicht mehr sein als eine Skizze, ein Hinweis auf Möglichkeiten einer Eingrenzung. Es wäre zu wünschen, daß sich an künftigen Bemühungen, dieses lohnende Untersuchungsfeld intensiver zu bearbeiten, gemeinsam mit Historikern auch Soziologen und Politik-Wissenschaftler beteiligen: Die grundsätzliche Bedeutung dieses Phänomens würde den Aufwand lohnen.

Erst nach Abschluß der Korrekturen werden mir einige Anmerkungen von F. Prinz zu seinem Referat (s. o., S. 11–26) zugänglich, die nicht in der Bad Wiesseer Diskussion vorgetragen worden waren und daher jetzt, sofern sie sich auf mein Referat beziehen, einer Entgegnung bedürfen:

1. Zu S. 15, Anm. 5: Gerade die These, daß die Burg-Gruppe ihre Definition ex negativo, d. h. aus dem Feindbild ihrer Gegner erhalten hat, bildet einen der Kernpunkte meines Referats (s. o. S. 70–72). Auf die Position Kramářs intensiver einzugehen, als hier geschehen, hätte eine dem Thema unzuträgliche Gewichtverlagerung ergeben.

2. Zur Entgegnung auf S. 18, Anm. 15 genügt ein Hinweis auf das oben, S. 75–77, Punkte 2 und 3, Ausgeführte. Meine angebliche Behauptung, gegen die F. Prinz eine Anzahl von Argumenten ins Feld führt, zeigt sich so als sein Mißverständnis.

3. Auch der von F. Prinz auf S. 18, Anm. 16 vorgetragene Einwand verliert an Gewicht, wenn man ihn nicht auf eine aus dem Zusammenhang gerissene Bemerkung, sondern auf die ganze, auf S. 75–77 vorgetragene Argumentation bezieht. Hier und an anderen Stellen erweist sich somit die Schärfe der Diktion in der Prinzschen Polemik als zwar temperamentvoll, jedoch nicht immer als sachbezogen.

---

[37] Tři rozhovory s Presidentem Masarykem [Drei Gespräche mit dem Präsidenten Masaryk]. Prag 1930, S. 12 (Interview in: Národní osvobození, 27. 6. 1926).
[38] E b e n d a 30 (Interview im: Prager Tagblatt, 7. 9. 1926).

Julius Firt

DIE „BURG" AUS DER SICHT EINES ZEITGENOSSEN

Vorbemerkung

Zu den hervorragenden Vorträgen dieses Wiesseer Symposiums möchte ich mir ein paar Randbemerkungen erlauben, und ich werde mich tatsächlich auf Randbemerkungen beschränken. Ich war in der Ersten Tschechoslowakischen Republik kein aktiver Politiker, sondern Direktor der Tageszeitung „Lidové Noviny" und des Buchverlages „Borový". Meine täglichen Mitarbeiter und Freunde waren Politiker, Journalisten und Schriftsteller wie Jaroslav Stránský, Ferdinand Peroutka, Hubert Ripka, Karel Čapek und andere. Diese haben mich über alle wichtigen politischen Ereignisse und Entscheidungen informiert, und ihnen danke ich, daß ich auch hinter die Kulissen der Entwicklungen in der ČSR einen Blick werfen konnte. So war ich zwar nicht direkt, aber doch in gewissem Sinne des Wortes „aus erster Hand" darüber informiert, was sich auf der politischen Bühne unseres Landes abgespielt hat. Diese inoffiziellen Kontakte zur tschechoslowakischen Innenpolitik bekamen dann im Jahre 1938 fast offiziellen Charakter: unter Berücksichtigung der Möglichkeit des Kriegsausbruchs übernahm damals der Inhaber der Zeitung „Lidové Noviny", Jaroslav Stránský, selbst die politische Leitung der Redaktion und ich wurde als Direktor der Zeitung zu seinem Stellvertreter ernannt. So habe ich auch an der politischen Leitung von „Lidové Noviny" teilgenommen.

Dennoch möchte ich noch einmal wiederholen, daß ich kein Historiker bin und auch in der Ersten Republik kein Politiker im eigentlichen Sinne gewesen war.

Was war eigentlich „Hrad" (die „Burg")?

Zunächst zum Begriff „Hrad" oder die „Burg": Durch meine Tätigkeit an der Tageszeitung „Lidové Noviny" war ich ja auch mehr oder weniger mit dem Kreis verbunden, den man als die „Burg" bezeichnet hat. Soweit mir bekannt ist, stammt diese Bezeichnung von den politischen Gegnern T. G. Masaryks und Edvard Benešs. In gewissem Sinne sollte es ein Schimpfwort sein, eine abwertende Bezeichnung. Damit wollte man an die verblaßte Machtposition des Kaisers in der alten Monarchie erinnern und den damaligen Präsidenten der ČSR wie den Minister für Auswärtige Angelegenheiten mit den alten Herrschern und deren „Kamarilla" vergleichen. Gleichzeitig aber wollte sich die oppositionelle Journalistik gegen jede gerichtliche Verfolgung schützen, indem sie diese indirekte Bezeichnung anwendete.

Die Verfassung der Republik hat nämlich die Person und das Amt des Präsidenten geschützt. Der Begriff „Burg" hat aber jenen Journalisten und Politikern, die nicht mit der Politik des Präsidenten, und besonders nicht mit der Tätigkeit und Person des Außenministers, einverstanden waren, eine Möglichkeit gegeben, indirekt und doch für alle verständlich den Präsidenten und seinen Schützling Beneš zu kritisieren. Daß der Begriff „Burg" später auch für die Anhänger von Masaryk und Beneš gebraucht wird, ändert nichts an dem Ursprung dieser Bezeichnung.

Es ist nur ein weiterer Beweis dafür, daß nicht nur Menschen, Nationen und Bücher, sondern auch Wörter ihre Begriffsgeschichte haben.

Unter der Bezeichnung „Burg" hat man, wie gesagt, außer Masaryk und Beneš auch ihre engsten Mitarbeiter verstanden: die führenden Beamten der Kanzlei des Präsidenten (Šámal, Schieszl), aber auch die nächsten Mitarbeiter des Außenministers (Krofta, Jína usw.). Wir sollten in diesem Zusammenhang nicht vergessen, daß am Anfang der Republik das Außenministerium seinen Sitz auf der Burg hatte und erst später das Czernin-Palais für seine Zwecke hergerichtet wurde. Die Rolle der hohen Beamten sollte aber auf keinen Fall überschätzt werden; sie haben nur die Anordnungen und Wünsche des Präsidenten und des Außenministers ausgeführt.

Zu den wenigen Personen, die wir schon angeführt haben, sollten wir noch die Tochter des Präsidenten, Alice Masaryková, und den literarischen Mitarbeiter T. G. Masaryks, Vasil Škrach, hinzufügen. Damit hätten wir im großen und ganzen alle Leute beisammen, die man mit dem Wort „Burg" bezeichnen kann. Jedenfalls bildeten sie den engeren Kreis der Mitarbeiter von Masaryk und Beneš.

Zu dem breiteren Kreis gehörten dann viele Politiker, Diplomaten, Beamte und Freunde von Masaryk und Beneš, die aus allen Schichten der politischen, kulturellen und journalistischen Welt stammten. Es ist fast unmöglich, alle namentlich aufzuführen. Die „Burg" im weiten Sinne des Wortes war auch weder eine organisierte Gruppe noch eine Institution. Im Gegenteil: es war eine Schar von Individualisten, die sich in ihren Urteilen und Ansichten unterschieden und mehreren politischen Parteien und Strömungen angehörten. Was immer sie zusammengebracht hat, war in erster Linie die außergewöhnliche Persönlichkeit des ersten Präsidenten der Republik und auch die Tatsache, daß Masaryk bei jeder Gelegenheit die Person und die Politik seines Außenministers und engen Mitarbeiters aus den Jahren des Ersten Weltkrieges, Edvard Beneš, unterstützt hat. Masaryk hat auch eindeutig Beneš als seinen Nachfolger durchsetzen wollen, und das wurde fast moralisches Gesetz. Sie fühlten sich seinem Wunsche verpflichtet. Ich meine zunächst den größten Teil von ihnen, denn nicht alle sahen sich hinsichtlich Beneš dem Wunsch des Präsidenten unbedingt und unter allen Umständen verbunden.

Übrigens glaubte auch Masaryk eine Zeitlang, daß der Führer der Agrarpartei und Ministerpräsident, Antonín Švehla, eher sein Nachfolger sein sollte. Die schwere Krankheit und der Tod von Švehla haben dann dazu beigetragen, daß man doch bei der Kandidatur von Beneš geblieben ist.

Meines Wissens war das, was man allgemein als „Burg" im weiten Sinne des Wortes versteht, kein „policy making body". Diese Rolle spielten nahezu ausschließlich Masaryk und Beneš. Es fanden keine Konferenzen oder Beratungen statt, auf denen man auf breiter Basis Entscheidungen über die Politik der Republik getroffen hätte. Masaryk wie Beneš haben immer nur einzelne Personen empfangen, die ihnen über jeweilige Themen berichteten oder Ideen vermittelten. In den meisten Fällen erhielten sie jedoch Informationen, Ratschläge oder Weisungen. Dies hing natürlich von der Persönlichkeit und ihrer Wichtigkeit ab, oder von dem Verhältnis, in dem diese Besucher zu Masaryk oder Beneš standen.

Es dürfte allgemein bekannt sein, daß der Präsident der Republik keine direkte politische oder administrative Macht ausüben konnte. Dies war ausschließlich Sache der Parteien und der Regierungskoalition. Die Regierungen und die Koalitionen standen mehrmals in Opposition zum Präsidenten und seinem wichtigsten Vertrauensmann Beneš, oder auch umgekehrt. Es war also nicht die politische Macht (die dem Präsidenten ja gar nicht zur Verfügung stand), sondern die Ausstrahlung der Persönlichkeit, die auf so viele intellektuelle Kräfte der Tschechoslowakei so großen Einfluß ausgeübt und sie zu Mitarbeitern des Präsidenten im weitesten Sinne des Wortes gemacht hat. Nur dieser moralischen und persönlichen Ausstrahlung dürften es Masaryk und Beneš verdanken, daß sie beide auf die politische, wirtschaftliche und kulturelle Entwicklung Einfluß nehmen konnten, der im Grundgesetz gar nicht verankert war.

Masaryk und Beneš

Masaryk und Beneš wußten genau, welche Schwächen dieser tschechoslowakische Staat hatte, den sie gemeinsam gegründet hatten; beide kannten die Schwächen ihrer eigenen Nation, ihres Volkes. Beide waren sich der prekären internationalen Lage des neuen Staates bewußt.

Will man die beiden Persönlichkeiten — Masaryk und Beneš — vergleichen, dann wird man einige grundlegende Unterschiede feststellen. Ich möchte behaupten, daß T. G. Masaryk ein ausgesprochener Typ des 19. Jahrhunderts war. Von der Volksschule bis zur Universität hat Masaryk nur deutsche Schulen besucht. Er besaß zwar starke Sympathien für einen gefühlsmäßigen Sozialismus und wurde deshalb auch von den sozialistischen Tendenzen beeinflußt, im Grunde genommen aber war er sein Leben lang eher ein typischer Liberaler des 19. Jahrhunderts.

Seine Ehe mit einer Amerikanerin hat ihm Eindrücke von der angelsächsischen und amerikanischen Kultur vermittelt. Und seine in Amerika gewonnenen Erfahrungen haben Masaryk auch in seiner toleranten Einstellung zu den Deutschen in den böhmischen Ländern bestärkt. Als Abgeordneter des Reichsrates in Wien hat er aus unmittelbarer Nähe die nationalen Kämpfe in der alten Monarchie erlebt, und seine Überzeugung, daß die Länder der böhmischen Krone eine Einheit bilden müßten, daß sie untrennbar seien, wurde dadurch noch bestätigt. Jeden Chauvinismus lehnte er strikt ab, und aus diesem Grund vertrat er immer den Standpunkt, daß Tschechen und Deutsche in Böhmen und Mähren zu einem Ausgleich kommen und einen Modus für ein friedliches Zusammenleben finden würden und finden müßten.

Edvard Beneš hingegen ist eher ein Kind des 20. Jahrhunderts. Er besuchte ausschließlich tschechische Schulen und wurde während seiner Studien in Paris sehr stark von der französischen Kultur beeinflußt. Masaryk hat noch den Kampf um jede neue tschechische Schule persönlich erlebt; für Beneš war dies bereits ausgestanden, zu seiner Zeit war der nationale Kampf schon längst zugunsten der Tschechen entschieden. Wäre nicht der Erste Weltkrieg ausgebrochen, hätte man sicherlich die zweite tschechische Universität in Brünn erhalten, jene Hochschule, um welche die Tschechen in der zweiten Hälfte des 19. Jahrhunderts so leidenschaftlich gekämpft hatten, und die ihnen die österreichische Regierung ebenso hartnäckig abgelehnt hatte. Die Stärke und politische Position der Tschechen wurde in Wien vor dem

Ersten Weltkrieg bereits sehr deutlich. Die vielsprachigen tschechischen Beamten drangen langsam in die höchsten Planstellen in den Zentralbehörden vor. Beneš sah schon vor dem Jahre 1914 weniger die Erhaltung der tschechischen Nation als die Gründung eines tschechischen Staates als das wichtigste Ziel vor sich. Für Masaryk haben vor dem Kriege die staatsrechtlichen Fragen nie eine sehr große Rolle gespielt.

Bei Gründung des selbständigen Staates während des Krieges konnte Beneš eine Schlüsselrolle übernehmen. Wir sollten in diesem Zusammenhang nicht vergessen, daß Beneš ein ausgeprägtes sozialistisches Bewußtsein entwickelte. Dies zeigen unter anderem seine Artikel, die er vor dem Ersten Weltkrieg aus Paris für die Prager sozialdemokratische Tageszeitung „Právo Lidu" schrieb. Als Realist und Sozialist verlor Beneš das Problem der tschechisch-deutschen Beziehungen und der Möglichkeiten des Zusammenlebens dieser beiden Völker in einem Staat nie aus den Augen. Im Gegensatz zu Masaryk aber betrachtete er dieses Problem als fast unlösbar. Und hierin müssen wir auch die Gründe für seine Absicht suchen, die bei der Vorbereitung der Pariser Friedenskonferenz deutlich wurde, nämlich einige Randgebiete Böhmens und Mährens an Deutschland abzutreten. Allerdings war dies an die Bedingung gekoppelt, daß dann Deutschland durch Verträge die Verpflichtung eingehen sollte, aus den innerböhmischen Gebieten eine bis eineinhalb Millionen Deutsche zu übernehmen. Mit diesem Konzept hatte Beneš aber keinen Erfolg: die Franzosen lehnten es grundsätzlich ab, und auch bei tschechischen Politikern, Masaryk eingeschlossen, stieß er auf Widerstand.

Sicherlich war sich Beneš, im Gegensatz zu der Euphorie der meisten tschechischen Politiker, schon in den ersten Monaten der jungen selbständigen Tschechoslowakischen Republik bewußt, daß der neue Staat mit seinem kulturell und ökonomisch starken deutschen Element in große Schwierigkeiten geraten würde. Und weil er nicht wie Masaryk an eine deutsch-tschechische Symbiose in Böhmen und Mähren glaubte, versuchte er einen anderen Weg und eine andere Möglichkeit zu finden.

Wie bei einer Reihe von anderen Problemen hat sich auch hier gezeigt, daß Masaryk und Beneš zwar aus dem gleichen Volk kamen, daß sie aber aus unterschiedlichen Quellen schöpften. Natürlich hat dabei der Altersunterschied eine große Rolle gespielt.

Es ist bedauerlich, daß wir den Präsidenten Masaryk zu wenig als aktiven Politiker kennenlernen konnten. Er wird in der Literatur und in den Erinnerungen immer nur als Erzieher, als Moralist, als Freiheitskämpfer geschildert. Auch Karel Čapek schildert ihn in seinen „Gesprächen mit T. G. Masaryk" als eine große Persönlichkeit, deren Stärke im Moralischen und weniger im Politischen zu suchen sei. Sehr wenig wurde über Masaryk als Politiker geschrieben. Čapek hat sich zwar nach dem Tode Masaryks mit der Idee befaßt und beabsichtigt, auch etwas über den politischen Menschen Masaryk zu schreiben, denn er war ein geschickter und kluger Politiker, doch die stürmische zweite Hälfte der dreißiger Jahre und der vorzeitige Tod haben Čapek daran gehindert, das andere noch immer unbekannte Bild des ersten Präsidenten zu skizzieren.

Die Schwächen des neuen Staates

Beneš Idee der Abtretung eines Teiles der neuen Republik und des friedlichen Transfers der Deutschen aus den anderen Gebieten Böhmens und Mährens ins benachbarte Reich blieb ohne praktischen Erfolg. Nachher hat er sich — zumindest bis 1939 — bemüht, die Politik Masaryks wie auch des Ministerpräsidenten Antonín Švehla zu unterstützen, die nach einer engen Zusammenarbeit zwischen Tschechen und Deutschen in der Tschechoslowakei strebten. Dabei war er sich aber bewußt, daß die Nationalitätenfrage eine „offene Wunde" der tschechoslowakischen Demokratie geblieben war, die auch ihre internationalen Beziehungen beeinträchtigte.

Der Schutz ihrer nationalen Minderheiten wurde der neuen Republik in den Friedensverträgen zur Pflicht gemacht. Dies ermöglichte es auch den Deutschen in der Tschechoslowakei, durch ihren Bevollmächtigten, den Abgeordneten und späteren Senator Medinger, im Völkerbund in Genf auf jede Verletzung dieser vertraglichen Pflicht hinzuweisen.

Die Lage des Außenministers Edvard Beneš war in dieser Hinsicht nicht beneidenswert. Einerseits war es seine Pflicht, die Tschechoslowakische Republik auf der internationalen Bühne zu vertreten und auch zu verteidigen; andererseits mußte er in der eigenen politischen Partei die radikalen Elemente unter Kontrolle halten und obendrein den nationalistischen Angriffen gegen den Präsidenten und gegen seine eigene Person standhalten. Überhaupt glaube ich, daß man die Persönlichkeit Beneš und sein Schaffen, besonders in der deutschen Frage, in zwei geschichtliche Epochen einteilen muß, wenn man ihm gerecht werden will: die Epoche vor dem Münchner Abkommen und die Zeit nach dem 15. März 1939.

Doch kehren wir noch einmal zu Masaryk zurück: Es war ihm klar, und er hat sich auch sehr oft in diesem Sinne Karel Čapek und anderen gegenüber geäußert, daß die Bürger der Tschechoslowakei zwar eine Republik hätten, daß aber nicht genügend Republikaner vorhanden seien. Diese Feststellung war sehr zutreffend. Die Tschechen der älteren Generation in der jungen Republik waren ja im guten wie im schlechten Sinne noch als Untertanen der alten österreichischen Monarchie aufgewachsen. Nur unter Schwierigkeiten und sehr langsam wurden sie der monarchistischen Denkungsart entwöhnt. Die überwiegende Mehrheit der tschechoslowakischen Bürger hat die Verehrung für den Monarchen einfach auf den Präsidenten der Republik — zumindest auf Masaryk — übertragen. Diese sozusagen traditionelle Beziehung zum Staatsoberhaupt wurde noch dadurch unterstrichen, daß Masaryk auf der Burg residierte, der Burg der böhmischen Könige und ihrer Nachfolger. Masaryk selbst sah die unkritische Verehrung, die ihm von seiten der Tschechen, aber auch vieler Slowaken, entgegengebracht wurde, sehr ungern. So ärgerte er sich über das Wort „Väterchen", mit welchem man ihn seitens der Tschechen und in den Reihen der Legionäre des Ersten Weltkrieges ansprach. Diese unkritische Liebe und Verehrung Masaryks erfaßte alle Schichten des Volkes. Wenn er von Kindern besucht wurde, sangen sie immer sein angebliches Lieblingslied „Teče voda, teče" (Es fließt das Wasser, es fließt), ein Lied aus der mährischen Slowakei. In Wirklichkeit war sein Lieblingslied ein realistisches tschechisches Lied mit dem Titel „Ach, synku, synku, oral-li jsi" (Ach, mein Sohn, mein Sohn, hast du gepflügt?).

Bezeichnend für seine Einstellung zu solchen Fragen ist die Antwort, die er einem deutschen Schriftsteller auf die Frage gegeben hat, wie er sich fühle, wenn er in vielen Städten und Dörfern sein Denkmal sehe: „Ich habe immer das Gefühl", sagte Masaryk, „als wäre es wie das Rufzeichen hinter dem Satz: ‚Gib Acht!'" Und deshalb hat er nie erlaubt, ihm in Prag ein Denkmal zu setzen. Die Hauptstadt der Republik war eine der wenigen großen Städte in der ČSR, wo sein Denkmal fehlte.

Die Mängel an staatsbürgerlichen Voraussetzungen bei seinen Landsleuten waren ihm bekannt, und er wußte, daß man diesen Passivposten nicht auf einmal und in kurzer Zeit ausgleichen konnte; dennoch war Masaryk hierüber nicht hoffnungslos. Er meinte nur, daß die Bürger der Tschechoslowakei wenigstens fünfzig republikanische Jahre brauchen würden, um sich auch als wirkliche Republikaner zu verhalten und zu erreichen, daß die Republik innerlich wie äußerlich gefestigt wäre.

Die Verfassung der Republik

Masaryks Vorstellungen über die Verfassung der Republik waren nicht im Einklang mit den Vorstellungen der maßgebenden tschechischen Politiker. Er dachte in diesem Zusammenhang vielmehr an das Beispiel der amerikanischen Verfassung. Er war der Meinung, daß ein starker Präsident ein Gegengewicht zum Parlament und dem höchsten Gerichtshof bilden sollte. Hier ist er aber auf den harten Widerstand der Autoren der Verfassung gestoßen, auf den Agrarier Antonín Švehla und den Sozialdemokraten Alfred Meissner. Švehla war damals Innenminister, und Meissner präsidierte im Verfassungsausschuß. Dies war zugleich auch der erste Konflikt der einheimischen Politiker mit dem ausländischen Befreiungskämpfer. Švehla wie Meissner hatten behauptet, daß eine Verfassung nach amerikanischem Muster zwar für Masaryk geeignet sei und auch der augenblicklichen Situation entsprechen würde, daß aber eine derartige Lösung nicht ohne weiteres einer anderen Person und einer anderen Situation gerecht würde. Überdies könnte die direkte Wahl einer starken Persönlichkeit durch alle berechtigten Bürger, wie dies in den USA üblich ist, in der Tschechoslowakei bei den herrschenden Spannungen zwischen den Staatsvölkern und Nationalitäten sowie angesichts der Verunsicherung durch die Kommunisten zu einem Fiasko für den jungen Staat führen. Wer konnte gewährleisten, daß auch jeder künftige Präsident die Völker und miteinander fehdenden Gruppen mit der gleichen Autorität führen würde wie T. G. Masaryk? Das war auch eines der stärksten Argumente Švehlas und Meissners. Nicht nur diese zwei, sondern auch andere tschechische Politiker und Fachleute haben das Beispiel der damaligen französischen Verfassung für die Tschechoslowakei für geeigneter gehalten. Meissner hat ebenso die Entwicklung in Deutschland sehr aufmerksam verfolgt, und auch die Weimarer Verfassung hat ihn als Sozialdemokraten natürlich beeinflußt.

Aufgrund dieser Tatsachen gelangte man schließlich zu einem Kompromiß, der zwar nicht schriftlich festgelegt, aber in der Praxis immer eingehalten wurde: die Verfassung wurde entsprechend den Wünschen der „inländischen" politischen Führer formuliert, Präsident Masaryk aber wurde hinsichtlich der Person für die Posten des Außen- und Verteidigungsministers freie Hand gelassen. Daß er das Entscheidungsrecht bei der Besetzung des Verteidigungsministeriums für sich beanspruchte, entsprach seinen Erfahrungen während der zweiten russischen Revolution: dort wurde er überzeugt, daß es letzten Endes die Armee sei, die in einer Krisensituation das entscheidende Element in einem modernen Staat sein könne. Ebenso zu erklären ist auch sein Wunsch, die Besetzung des Außenministerpostens zu beeinflussen. Masaryk wußte, daß sich im Ausland außer ein paar Politikern, Diplomaten und Intellektuellen fast niemand über die Tschechen und Slowaken eine Vorstellung machen konnte. Selbst die Bezeichnung des neuen Staates war vielen — mit Ausnahme der deutschsprachigen Länder — fremd. So war damals die Ausgangsposition der neuen Republik, und Masaryk machte sich in dieser Hinsicht keine Illusionen. Innenpolitisch hegte er keine derart gravierenden Befürchtungen. Er vertraute auf Beamte, Juristen und Parlamentarier mit Erfahrungen im alten Österreich. Nur die Vertretung der Republik im Ausland sollte seiner Meinung nach in einer berufenen Hand bleiben, denn auf diesem Gebiet konnte sich die Tschechoslowakei keine Experimente leisten. Der einzige Mann, der für Masaryk hier in Frage kam, war, wie gesagt, sein vertrauter Mitarbeiter aus den Jahren des Ersten Weltkrieges, Edvard Beneš.

Diese Überzeugung hat Masaryk mehrmals öffentlich ausgesprochen. Als der berühmte tschechische Dichter Viktor Dyk, ein Nationaldemokrat und Anhänger Karel Kramářs, eine Schrift mit dem Titel „Ad usum des Herrn Präsidenten, nicht ad usum Delphini" (hier war Edvard Beneš gemeint) veröffentlichte und den damaligen Außenminister hart kritisierte, antwortete ihm Masaryk folgendermaßen: „Sie sollten nicht vergessen, daß es ohne Dr. Edvard Beneš keine Tschechoslowakische Republik gäbe." Kein Wunder, daß zahlreiche verdiente Politiker eifersüchtig wurden. Beneš war in der Tschechoslowakei im Jahre 1919 ein fast unbekannter und noch dazu sehr junger Mann. Vor dem Krieg war er Privatdozent an der Karls-Universität gewesen und Mitglied der Realisten-Partei, die von Masaryk geführt wurde. Doch es war eine winzige Partei, die nur einen Abgeordneten im österreichischen Parlament hatte. In den Jahren 1914—1918 hatten daheim zwar viele gewußt, daß Masaryk im Ausland für die Selbständigkeit der Tschechen und Slowaken arbeitete, aber nie hatte man etwas über Edvard Beneš gehört. Für die Öffentlichkeit wie für die Politiker in den böhmischen Ländern war und blieb Beneš bis Ende des Krieges ein nahezu unbekannter Mann. Bei Kriegsende haben sich alle gefragt: Wer ist Beneš, wo kommt er her? Masaryk mußte damals Beneš in den politischen Kreisen wie in der Öffentlichkeit bekanntmachen und seine Autorität aufbauen. Das war keine leichte Sache, aber Masaryk hatte für diesen 34jährigen Mann große Sympathie und schätzte ihn außerordentlich. Er hatte die hervorragenden Leistungen seines Mitarbeiters im Ausland kennengelernt; er wußte, wie fleißig und fähig Beneš war, und — das hatte bei Masaryk eine große Rolle gespielt — er wußte auch, daß Beneš ein mustergültiges Familienleben führte.

Außer direktem Einfluß auf die Besetzung der Außen- und Verteidigungsministerien forderte Masaryk auch das Recht, bei der Besetzung des Postens des Finanzministers ein entscheidendes Wort mitzureden. Sein Wunsch war, daß an der Spitze dieses Ministeriums immer ein Fachmann und kein Politiker stehen sollte. Neben der Außen- und der Verteidigungspolitik hat er auch die wirtschaftliche Führung der Republik für eine der Säulen des neuen Staates gehalten.

Bei dieser Gelegenheit muß gesagt werden, daß es zwischen den Vertretern der politischen Parteien und dem Präsidenten hinsichtlich der Besetzung der drei für Masaryk so wichtigen Ministerien nie zu nennenswerten Konflikten gekommen ist. Masaryk wäre ohnehin in der Frage des Außenministerpostens kompromißlos geblieben. Er bestand darauf, und er wußte, daß die Außenpolitik in den Händen von Beneš — das hieß auch in seinen eigenen Händen — bleiben sollte. In dieser Hinsicht war er sogar bereit, die schwersten Konflikte mit den stärksten politischen Persönlichkeiten des Staates zu riskieren.

Masaryk und Švehla

Die Gemeinschaft dieser beiden Männer war unzertrennlich. Masaryk und Beneš repräsentierten gemeinsam, manchmal auch getrennt, jene Kräfte, die von ihren Widersachern als die „Burg" bezeichnet wurden. Diese Kräfte, die „Burg" also, haben in dem Spiel der politischen Zentren ein Gegengewicht zur Macht der politischen Parteien und führenden Persönlichkeiten dargestellt.

Zum erstenmal kam dies schon im Jahre 1920 zum Ausdruck. Die Koalitionsregierung des sozialdemokratischen Ministerpräsidenten Tusar wurde durch die Spaltung seiner Partei zur Demission gezwungen. Der Präsident der Republik ernannte daraufhin eine Beamtenregierung unter dem Chef des mährischen Landesamtes, Jan Černý. Er tat es in vollem Einverständnis mit den Koalitionsparteien: sollte nämlich das parlamentarische System weiter erhalten bleiben, so mußte diese Regierung im Parlament eine Mehrheit finden, und dies war nur durch die Unterstützung der führenden Parteien und deren leitende Politiker zu schaffen. Der Eingriff des Präsidenten und die Ernennung der Beamtenregierung waren von außerordentlicher Bedeutung, denn nur auf diese Art und Weise konnte man damals die kommunistische Revolte vom Dezember 1920 überwinden.

Bei dem gelungenen Versuch, für die Beamtenregierung im Parlament die nötige Mehrheit zu finden, ist ein wichtiges politisches Gremium entstanden, das nicht verfassungsrechtlich verankert war, aber dennoch im politischen Leben der Republik jahrelang eine sehr wichtige Rolle spielen sollte, der sogenannte Fünferausschuß, auch „Pětka" genannt. Die Mitglieder dieses Ausschusses wurden nicht formell ernannt oder gewählt. Sie waren vielmehr Repräsentanten der sogenannten staatsbildenden Parteien, das heißt der Agrarpartei, der National-Demokraten, der Sozialdemokraten, der Volkspartei und der National-Sozialisten. Der Geist und eigentliche Schöpfer dieses Ausschusses war der Vorsitzende der Agrarpartei, Antonín Švehla, sowie der stellvertretende Vorsitzende der National-Demokraten, Alois Rašín. Weitere Mitglieder waren für die geschwächten Sozialdemokraten Vlastimil Tusar, der aber bald durch Rudolf Bechyně ersetzt wurde, ferner der Vorsitzende der Christlichen Volkspartei, Monsignore Jan Šrámek, und der National-Sozialist Jiří Stříbrný.

Das waren Politiker, die im Jahre 1918 größtenteils den Umsturz in Prag durchgeführt hatten, aber während des Krieges zu Hause nur zur zweiten Garnitur der politischen Führung gezählt wurden. Die erste Garnitur – Kramář, Staněk, Klofáč und Habrman – war im Oktober 1918 in Genf, wo sie zum erstenmal mit Genehmigung der österreichischen Regierung den Repräsentanten der tschechoslowakischen Auslandsregierung, Edvard Beneš, traf. Für die von Masaryk und Beneš geführte Auslandsaktion war dieses Treffen in Genf von außerordentlicher Bedeutung. Hier wurde für die Siegermächte ein Beweis geliefert, daß die Vertreter der Nation zu Hause mit den Zielvorstellungen einverstanden waren, die man im Ausland in den Jahren des Ersten Weltkrieges ausgearbeitet und teilweise bereits verwirklicht hatte. Außerdem konnte bewiesen werden, daß die „einheimische" Regierung, die sich in Prag aufgrund des österreichischen Zusammenbruchs gebildet hatte, ohne Schwierigkeiten in die im Ausland von den Mächten der Entente anerkannte Regierung integriert werden konnte. Aber auch die Prager Ereignisse im Oktober 1918 wurden durch Abwesenheit der ersten politischen Garnitur beeinflußt: die Führung der Aktion fiel an jüngere und elastischere Politiker wie Antonín Švehla, Alois Rašín und Jiří Stříbrný. Das waren im Vergleich zu den ergrauten Führern wie Kramář und Habrman zwar ebenfalls Männer von revolutionärer Entschlossenheit, die aber die politischen Realitäten besser erkannten als die Alten und genau wußten, wie man den Umsturz durchzuführen hatte. So ließ Švehla zuerst die Getreidezentrale in Prag durch die Sokoln besetzen und gewann so die Kontrolle über die Versorgung Böhmens und Mährens (einschließlich der deutschsprachigen Gebiete). Rašín hat sofort das wichtigste Gesetz der neuen Republik konzipiert, wonach alle Gesetze aus der Zeit der österreichisch-ungarischen Monarchie bis auf weiteres ihre Gültigkeit behalten sollten. Auf diese Weise hat er die rechtliche Kontinuität erhalten und ein mögliches Chaos in allen rechtlichen Fragen verhindert. Zu den drei Führern des Prager Umsturzes von 1918 kamen im Fünferausschuß noch die bereits erwähnten Rudolf Bechyně und Jan Šrámek hinzu. Die Aufgaben der Pětka waren schwer, weitreichend und oft sehr unpopulär. Dennoch wurde durch die erfolgreiche Funktion des Ausschusses die Position seiner politischen Repräsentanten gestützt, so daß die Pětka in gewissem Sinne ein Gegenzentrum zur „Burg", das heißt zu Masaryk und Beneš, werden konnte. Diese Beziehungen der politischen Führer zur „Burg" haben in keinem Fall die Form einer harten Auseinandersetzung angenommen, und es hat sich kein Kampf um die Macht zwischen diesen Zentren entwickelt. Dazu waren Masaryk und auch Švehla zu nüchtern und realistisch eingestellt. Dessenungeachtet konnte ein gewisser Prestigeantagonismus zwischen den Mitgliedern der Auslandsaktion und den Männern des 28. Oktober nicht verhindert werden, zumal diese Tatsache auch in der Öffentlichkeit zur Sprache kam.

Der Fünferausschuß, der die Parteien und Parlamentsfraktionen repräsentierte, geriet gelegentlich in Gegensatz zu den Mitgliedern des ausländischen Widerstandes, die hin und wieder meinten, daß die politischen Parteien ihre Leistungen im Weltkrieg nicht hinreichend würdigten, und die ungeachtet ihrer Mitgliedschaft in den verschiedenen politischen Parteien ihr eigenes Zusammengehörigkeitsgefühl aus dem *odboj* bewahrt hatten. Aus diesem Anlaß stellten sie ihre Kräfte und ihre Fähigkeiten auch lieber den beiden Führern der „Burg" zur Verfügung.

Allmählich entstand so ein gesundes Gleichgewicht, eine wichtige Voraussetzung zur Erhaltung der Balance und der politischen Vernunft. Der Wichtigkeit des Gleichgewichts waren sich Masaryk als Führer der „Burg" und Švehla als Leiter des Fünferausschusses bewußt, und sie haben diese Kräfte der Vernunft in jeder Weise und sehr geschickt zum Wohle des Staates zu nutzen verstanden. Masaryk und Švehla waren zwar oft verschiedener Meinung, doch haben sie immer einen vernünftigen Kompromiß gefunden. Es gehört zu den Verdiensten dieser zwei Männer, daß sie auf diese Weise den Grundstein zur parlamentarischen Demokratie in der ČSR legen halfen, die auch während Masaryks Siechtum und lange nach Švehlas Tod noch funktionierte.

Die Deutschen in der Regierung

Die Tätigkeit des Fünferausschusses war nach den Parlamentswahlen im Jahre 1925 eigentlich beendet, aber die Solidarität seiner führenden Männer blieb bestehen. Die Sozialdemokratische Partei wie die National-Demokraten hatten viele Mandate verloren, so daß jene Parteien, die den Fünferausschuß gebildet hatten, über keine Mehrheit im Parlament mehr verfügten. Diese Änderung der politischen Lage gab aber Masaryk und Švehla Gelegenheit, eine völlig neue Regierungskoalition zu bilden. Beide erwogen nämlich die Möglichkeit, durch Beteiligung von Vertretern der deutschen Parteien in der Tschechoslowakei die Regierungsmehrheit zu sichern. Mit dieser Haltung hat sich auch Edvard Beneš identifiziert; er wußte, daß das Mitwirken der Deutschen das Ansehen der Republik auf der internationalen Bühne heben würde.

Die internationale Lage um die Zeit der Locarno-Konferenz hatte für dieses Vorgehen günstige Voraussetzungen geschaffen. Trotzdem war es nicht möglich, die Absicht Masaryks und Švehlas von einem Tag zum anderen zu realisieren. Man schlug deshalb Umwege ein, um Zeit zu gewinnen. Zuerst wurde eine Regierung gebildet, in der auch die Gewerbepartei vertreten war, und diese Regierung wurde anschließend durch eine neue Beamtenregierung, wieder unter Jan Černý, ersetzt. Dann erst wurde die erste tschechoslowakische Regierung, in der die Deutschen vertreten waren, gebildet. In dieser Koalition fehlten die Sozialisten, und darum gab man der Regierung den Spitznamen „Herrenkoalition". Neben den tschechischen bürgerlichen Parteien und der slowakischen Volkspartei (Ludova strana) Andrej Hlinkas saßen im Kabinett auch der deutsche Agrarier Franz Spina und der deutsche Christlich-Soziale Robert Mayr-Harting.

Daß diese Regierung tatsächlich zustande kam, war nur der politischen Klugheit und dem Geschick Antonín Švehlas zu verdanken. Es war nicht einfach, in diese Regierung auch Vertreter der National-Demokratischen Partei hineinzubekommen, welche nach dem tragischen Tode Rašíns nur noch von Karel Kramář geleitet wurde. Gerade Kramář stand ja jahrelang öffentlich auf dem Standpunkt: „Die Deutschen in die Regierung, und wir in die Revolution!" Švehla brachte es zuwege, daß auch die Repräsentanten der Kramář-Partei neben den Deutschen in der Regierung der Republik saßen. Die Grundidee Švehlas war, durch Beteiligung der Deutschen und der Slowaken unter Hlinka eine solide Regierungsmehrheit sicherzustellen. Karel

Kramář hatte aber dem Beitritt in die Koalition aus ganz anderen Gründen zugestimmt: Er war ein prinzipieller Gegner der politischen Methoden von Edvard Beneš — es sei aber dahingestellt, inwieweit seine Abneigungen berechtigt waren oder nur aus verletzter Eitelkeit entstanden sind. Karel Kramář fühlte sich nämlich prädestiniert für die Führung seines Volkes; die machtpolitische Entwicklung hatte ihn jedoch, der im Krieg daheim geblieben war, in den Hintergrund gedrängt.

Jetzt aber sah Kramář die Möglichkeiten einer Regierungskoalition ohne die Sozialisten, die ja eindeutig hinter der „Burg" und auf der Seite seiner Widersacher standen, und diese Tatsache hat ihn, wie auch andere öffentliche oder heimliche Gegner der „Burg", in der Überzeugung bestärkt, diese Chance auszunutzen und möglicherweise das Amt des Präsidenten wie des Außenministers mit neuen Leuten zu besetzen. Für Kramář war dies sehr verlockend, und darum gab er sein Jawort zu der Koalition mit den Deutschen. Es hat sich aber dann bald gezeigt, daß Präsident Masaryk darauf bestand, auch weiterhin Beneš als Außenminister zu halten, und zwar als Fachmann ohne Abgeordnetenmandat. Karel Kramář trat dann nicht persönlich in die Regierung ein, erhob aber keinen Einspruch gegen den Eintritt eines seiner Parteifreunde.

Die Bürgerblock-Regierung, die der Republik eine solide Basis gab, war das gemeinsame Werk der „Burg" und Švehlas. Antonín Švehla hat wieder als Person, und auch als Ministerpräsident vom Kolowrat-Palais aus, als Gleichgewicht gegenüber der „Burg" fungiert.

Die beiden Machtzentren — die „Burg" mit Masaryk auf der einen und die Regierung geführt von Švehla auf der anderen Seite — haben bei jeder Gelegenheit einen Ausgleich ihrer Unterschiede herbeiführen können, und da dies auch nach Švehlas Tod andauerte, muß man hier die Erklärung suchen, daß der tschechoslowakische Staat bis zum Jahre 1938 durch alle ernsten Krisen der Innen- und Weltpolitik steuern und seine demokratische Basis erhalten konnte.

Diese Behauptung sei an einem Beispiel illustriert. Im Jahre 1927 hat man die Wiederwahl des Präsidenten vorbereitet. In dieser Zeit erkrankte Antonín Švehla zum erstenmal ernstlich, und in seiner Abwesenheit haben die Gegner der „Burg" in allen bürgerlichen Parteien viel Boden gewonnen. Hierbei hat die Affäre um den Legionärsgeneral Rudolf Gajda, die 1926 ausgebrochen war und ein Jahr später noch andauerte, eine ziemlich wichtige Rolle gespielt. Es schien, als ob der Wunsch Kramářs doch noch eine Chance hätte und Masaryk sein Amt verlieren würde. Die Spannung zwischen den „burgfreundlichen" Kräften (und dies waren nicht nur Sozialisten) und den Gegnern der „Burg" wuchs ständig. Den Höhepunkt erreichte sie im Mai 1927, im gleichen Monat, da das Parlament den Präsidenten wählen sollte.

Die Feinde der „Burg" konnten sich nur auf einen einzigen Kandidaten gegen Masaryk einigen, und dieser hieß Švehla. Dieser kam sogar noch rechtzeitig von einem Genesungsurlaub zurück, und sofort meldete ihm einer der Gegner der „Burg", daß man schon alles für seine Wahl zum Präsidenten vorbereitet habe. Antonín Švehla soll auf diese Mitteilung geantwortet haben: „Ich finde das aber nicht schön; Sie hätten mir mitteilen sollen, daß Masaryk gestorben ist!" Mit diesem kurzen, einfachen Satz hat er die drohende Staatskrise schnell beendet.

Das Gleichgewicht, das Masaryk und Švehla so geschickt und klug pflegten, wurde auch nach Švehlas tödlicher Krankheit von späteren Ministerpräsidenten aufrechterhalten. Seine Nachfolger Udržal, Malypetr und Hodža haben den Präsidenten Masaryk und Beneš gleichermaßen gedient. Dabei unterstützte die Ministerpräsidenten, die alle aus der Agrarpartei kamen, der sozialdemokratische stellvertretende Ministerpräsident Rudolf Bechyně. Er gehörte von Anfang an zu den hervorragenden Vorkämpfern einer engen deutsch-tschechischen Zusammenarbeit. Das Gleichgewicht der politischen Kräfte wurde später gestärkt und gefestigt durch den Eintritt der Sozialisten in die Regierung, während die Abstinenz der Slowakischen Volkspartei Andrej Hlinkas und der deutschen Christlich-Sozialen Partei störend wirkte.

Beneš zum Präsidenten gewählt

Das Jahr 1935 hat eine ähnliche Krise gebracht, wie sie die Republik schon 1927 durchgemacht hatte. Die Parlamentswahl hatte alle aktivistischen deutschen Parteien geschwächt. Auf der politischen Bühne erschien eine neue Kraft – die Sudetendeutsche Partei des Konrad Henlein. Es schien, als müßte die Regierungskoalition platzen. Sie war nicht imstande, eine einheitliche Antwort auf zwei grundsätzliche Fragen zu finden: 1.) Sollte man die Sudetendeutsche Partei anstelle der aktivistischen deutschen Parteien in die Regierung einladen? 2.) Wer sollte der zweite Präsident der Republik werden? Die Gesundheit des alten Masaryk hatte immer schneller nachgelassen, und man mußte im Ernst an einen Nachfolger denken. Die „Rechten" in den nichtsozialistischen Parteien waren der Meinung, daß anstelle der aktivistischen deutschen Parteien die Sudetendeutsche Partei in die Regierung kommen sollte. Außerdem lehnten sie die Wahl von Edvard Beneš zum Nachfolger Masaryks ab. Diese Haltung war am deutlichsten in der Agrar-Partei sichtbar. Offiziell hat diese Partei der Ministerpräsident Jan Malypetr repräsentiert; seine Position innerhalb seiner Partei wurde aber sehr geschwächt durch einen radikalen, Beneš-feindlichen Flügel bei den Agrariern. Diese Kreise sperrten sich gegen die Wahl Benešs. Rudolf Bechyně suchte zu vermitteln. Eine außerordentlich schwere Aufgabe hatte er damit auf sich genommen, denn er mußte den Ministerpräsidenten Malypetr überzeugen, auf seinen Posten zu verzichten und sich zum Parlamentspräsidenten wählen zu lassen. Der Verzicht Malypetrs auf die Ministerpräsidentschaft öffnete dann auch den Weg zu diesem Posten für Milan Hodža, den Führer des slowakischen Flügels der Agrarier.

Noch schwieriger aber war die Aufgabe, Masaryk so schonend wie möglich beizubringen, daß er auf das Amt des Präsidenten verzichten solle. Außerdem mußte Bechyně zwischen Beneš und Hodža eine Vereinbarung zustande bringen, damit Hodža zum Ministerpräsidenten ernannt werden konnte, um dann die Wahl Benešs zum Präsidenten auch tatsächlich betreiben zu können.

Diese heiklen politischen Aufgaben hat Bechyně erfüllt, und man kann sagen, daß er sich als würdiger Partner von Masaryk, Švehla und Beneš bewährt hat. Meiner Meinung nach hat dieser Realismus der führenden tschechischen politischen Persönlichkeiten die Republik wiederholt und erfolgreich durch die politischen und wirtschaftlichen Hindernisse der zwanziger und dreißiger Jahre gesteuert und der Tschechoslowakei innen- wie außenpolitisch sehr geholfen. Die ČSR fiel schließlich nur deshalb auseinander, weil die westliche Welt ihre Bündnistreue und ihre moralischen Verpflichtungen nicht erfüllte und somit der nazistischen Intrige die Amputation des Staates ermöglichte.

Die Wahl Beneš zum Präsidenten der Republik und die Haltung des Slowaken Hodža – bisher ein Widersacher Beneš – brachten eine bittere Enttäuschung für Karel Kramář, die Nationaldemokratische Partei und den radikalen Flügel der Agrarier. Für eine gewisse Zeit herrschte in der Agrarpartei aufgrund dieser Ereignisse eine innerparteiliche Krise. Gegner Beneš inszenierten sogar eine Gegenkandidatur bei der Präsidentenwahl, indem sie den Universitätsprofessor Bohumil Němec aufstellten, der sogar einige Chancen hatte. Milan Hodža mit allen slowakischen Agrariern unterstützte aber, wie vereinbart, die Kandidatur Beneš. So wurde Professor Němec ein Opfer dieses politischen Spiels, nicht zuletzt auch deshalb, weil weder er noch der radikale Flügel der tschechischen Agrarier ahnten, daß sogar die slowakische Volkspartei (Ludova strana) Andrej Hlinkas für Beneš stimmen würde.

Dies war tatsächlich eine Überraschung. In den Stimmen der slowakischen Volkspartei hat sich aber nur das Ergebnis der erfolgreichen Politik Beneš gegenüber dem Vatikan widergespiegelt. Beneš hatte in jahrelangen Verhandlungen mit dem Vatikan einen sogenannten Modus vivendi erzielt, der in vollem Maße ein Konkordat ersetzte. Das Übereinkommen befriedigte beide Seiten, obwohl es der Form nach kein eigentlicher Vertrag zwischen der ČSR und dem Vatikan war. So ein Vertrag hätte nämlich dem tschechoslowakischen Parlament vorgelegt werden müssen, doch mit dem Modus vivendi hat Beneš antiklerikalen Elementen in allen tschechischen Parteien diese Abstimmung erspart. Der Vatikan war zufrieden, und auch die tschechoslowakischen Interessen wurden voll gewahrt, besonders dadurch, daß der Vatikan die Grenzen der Diözesen den Staatsgrenzen anpaßte.

Vor der Präsidentenwahl haben Beneš Gegner dennoch verbreitet, daß er als Freimaurer für die tschechischen wie slowakischen katholischen Wähler nicht akzeptabel sei. Es hat sich aber später gezeigt, daß auch Professor Němec Mitglied einer Freimaurerloge war. Über die Stimmen der deutschen Aktivisten herrschte kein Zweifel. Auch die Kommunisten stimmten auf Anweisung Moskaus für Beneš.

Trotz aller Konflikte hat sich nach der Wahl die Regierungskoalition sehr bald konsolidiert. Allein die slowakische Frage blieb offen, und Hlinkas Volkspartei ist in der Opposition geblieben. Allerdings wurde auch das deutsche Problem – nicht nur aus innenpolitischen Gründen – mit der Zeit immer unangenehmer. In den Ländern des Westens zeigte sich infolge der Propaganda Berlins zunehmende Skepsis betreffend die Lösung des nationalen Problems in der Tschechoslowakei.

In dieser schwierigen Lage fehlten dem Staat Männer wie Masaryk und Švehla, die in ihrer Zeit bedeutende Krisen gemeistert hatten. Nach dem Rücktritt Masaryks, und das sollte man nicht vergessen, ist die Autorität der „Burg" wesentlich zurückgegangen. Die Regierung und die stärkste Partei – die Agrarier – hatten viel an Boden gewonnen und besaßen nicht nur größeren Einfluß, sondern auch größere Verantwortung, aber nicht die erforderlichen Persönlichkeiten. Der Ministerpräsident Milan

Hodža, der sich bei der Wahl Beneš gegenüber seinen tschechischen Parteifreunden hatte durchsetzen können, mußte jetzt immer mehr die Wünsche und Tendenzen seiner Partei, deren stellvertretender Vorsitzender er war, in Betracht ziehen.

Die „Burg" und die Kirche

Daß bei der Wahl Beneš die tschechischen wie die slowakischen Katholiken auf einer gemeinsamen politischen Plattform standen, muß man als Ergebnis der aufgeklärten Politik Masaryks und Švehlas und ihrer Koalitionspartner Bechyně und Šrámek betrachten. Am Anfang der Republik haben die tschechischen und slowakischen Katholiken eine gemeinsame politische Fraktion im Parlament gebildet. Bald haben sie sich aber getrennt: der slowakische Katholikenführer, Pater Andrej Hlinka, begann das Recht der Slowaken auf nationale Autonomie im Rahmen der Tschechoslowakei hervorzuheben; der Führer der tschechischen Katholiken, Msgr. Jan Šrámek hingegen, hat sich voll mit den Autoren der eher zentralistischen tschechoslowakischen Verfassung aus dem Jahre 1920, Švehla und Meissner, identifiziert.

Am Rande sei hier erwähnt, daß Beneš überall, wo er nur konnte, und besonders in seiner eigenen politischen Partei, die schon vor dem Krieg deutlich antiklerikal war, antikatholische Sentiments gebremst hat. Trotz seiner Mitgliedschaft in einer Freimaurerloge blieb er ein Matrikenkatholik, und seine Frau ist zeitlebens eine gläubige Katholikin geblieben. Neben Jaroslav Stránský war Beneš der einzige Katholik in der Parlamentsfraktion der National-Sozialistischen Partei. Alle anderen Abgeordneten dieser Partei waren entweder konfessionslos, Protestanten oder gehörten der Tschechoslowakischen Kirche an, die erst nach 1918 gegründet worden war und zu ihren Angehörigen auch viele Mitglieder der Agrarpartei zählte. Masaryk beharrte auch als Präsident auf seiner Kritik an der katholischen Kirche, aber als gläubiger Mensch hat er den leichtfertig-opportunistischen Austritt aus der Kirche abgelehnt. Außerdem war er, obwohl Protestant, kein Befürworter der neugegründeten Tschechoslowakischen Kirche.

Darüber habe ich im Zweiten Weltkrieg in London ein interessantes Zeugnis aus dem Munde des britischen Jesuiten, Monsignore Vance, gehört. Dieser Mann, ein überzeugter Gegner des Münchner Abkommens, hatte sich bald nach Gründung der tschechoslowakischen Exilregierung bei Jan Šrámek gemeldet und bei jeder Gelegenheit den Ministerpräsidenten Šrámek und die tschechoslowakische Sache in Wort und Schrift unterstützt. Ich wurde einmal zu einem Mittagessen eingeladen, das Šrámek für Monsignore Vance gab, und bei dieser Gelegenheit erzählte uns der Gast eine interessante Geschichte. Als im Jahre 1919 eine besonders starke antikatholische Agitation ausbrach, wurde er als Beobachter nach Prag geschickt. Er sollte auch feststellen, inwieweit Masaryk mit der Gründung der Tschechoslowakischen Kirche zu tun hatte. Vance hat nicht ausdrücklich gesagt, wer ihn beauftragt hatte, aber aus seinen Worten ging hervor, daß es entweder der Vatikan direkt oder dem Vatikan nahestehende Kreise waren, die ihn in die tschechoslowakische Hauptstadt entsandt hatten. Es lag wohl in ihrem Interesse, ein direktes Zeugnis über die Verhältnisse in der ČSR zu erhalten.

Monsignore Vance bereitete sich sehr sorgfältig auf seine Mission vor. Er studierte die Geschichte der Tschechen und Slowaken, und besonders die Biographie des ersten Präsidenten des Staates. Masaryks Lebenslauf beeindruckte ihn so, daß er beschloß, ihn zu besuchen und ihm direkte Fragen zu stellen. Vance wurde nicht enttäuscht. Masaryk, so Vance, sagte ungefähr folgendes: „Es ist mir zur Gewohnheit geworden, alles öffentlich zu tun. Sollte ich also hinter der Tschechoslowakischen Kirche stehen, oder sollte ich sogar diese Kirche beeinflussen, dann hätte ich es öffentlich gesagt. Ich habe mit dieser Bewegung nichts gemein. Für mich entstehen Kirche oder Glauben durch das Martyrium, das auch die Religion kennzeichnet. Eine Religion kann nicht dadurch entstehen, daß sich einer oder ein paar hundert Priester entschließen, dem Zölibat zu entsagen." Diese Antwort hat auf Vance einen derartigen Einfluß ausgeübt, daß er sich spontan in den Dienst der tschechischen Sache stellte. Ich erinnere mich bis heute an den Text einer Predigt, die er während des Krieges aus Anlaß des Festes des Heiligen Václav (Wenzeslaus) gehalten hat: es war kurz nach der Ermordung des Reichsprotektors Heydrich und nach den schrecklichen Hinrichtungen vieler unschuldiger Menschen. Vance forderte den Patron auf, endlich etwas für sein Volk zu unternehmen, denn sonst würde er zu Hause wie in der Welt an Reputation verlieren.

Wenn man schon über Religion und Kirche spricht, dann sollte auch gesagt werden, daß im Zusammenhang mit der „Burg" die Religion fast gar keine politische Rolle gespielt hat. So könnte ich bei bestem Willen die Frage nicht beantworten, ob der Kanzler des Präsidenten, Přemysl Šámal, Katholik oder Protestant war; es läßt sich nur erraten, daß Šámal wie Schieszl und viele andere Beamte Katholik war. Dasselbe gilt für andere Personen und Persönlichkeiten, die man zur „Burg" zählt. Daß zahlreiche tschechische, slowakische aber auch deutsche Protestanten der „Burg" wegen Masaryk sehr nahestanden, ist sicherlich bekannt. Bei dieser Gelegenheit sei darauf hingewiesen, daß man diesen Kreis nicht schlechthin als „führende Schicht" bezeichnen kann. Vielleicht im intellektuellen Sinn des Wortes. Es gehörten zu diesem Kreis natürlich Leute, die wohlhabend waren, aber diese bildeten nur einen Bruchteil der tatsächlich „führenden Schicht" in der Wirtschaft. Nur ein Beispiel: der Generaldirektor der Škoda-Werke war ein Agrarier und Senator dieser Partei — er war zwar kein ausgesprochener Gegner der „Burg", er gehörte aber auch nicht zu dem Kreis jener Personen, die hier als die „Burg" bezeichnet werden. Das gilt auch für Jaroslav Preiss, den Präsidenten der größten Bank im Staat, der Živnostenská Banka, und für mehrere andere Persönlichkeiten.

Schon einmal habe ich betont, daß es ein Fehler wäre, den Beamten und Offizieren in der Kanzlei des Präsidenten oder im Außenministerium zu großen Einfluß oder eine zu große Rolle beizumessen. Diese waren vielmehr nur Ausführende des Willens und der Absichten ihrer Vorgesetzten, als Männer eigener politischer Initiativen. Das soll natürlich nicht bedeuten, daß ihre Informationen und Berichte und manchmal auch ihr Rat Masaryk wie Beneš nicht in gewissem Maße beeinflußt hätten, das ist ja selbstverständlich. Das heißt aber noch längst nicht, daß sie einen entscheidenden politischen Einfluß ausgeübt haben.

Mir ist nur ein Fall bekannt, in dem der Sektionschef der Präsidialkanzlei, Josef Schieszl, in die Geschichte der Republik eingegriffen hat: es war kurz nachdem die Sudetendeutsche Partei entstanden war. Ich weiß heute nicht mehr, ob es sich damals noch um die Heimatfront oder schon um die Sudetendeutsche Partei handelte. Schon zu dieser Zeit war Beneš, zu Recht oder zu Unrecht, überzeugt, daß Henlein nach Instruktionen der reichsdeutschen NSDAP handele. Deshalb ersuchte er die Regierung, zur Auflösung dieser Bewegung die erforderlichen gesetzlichen Schritte zu ergreifen. Josef Schieszl, entweder aus eigener Initiative oder beeinflußt von der tschechischen Rechten, führte Henlein zu dem damals schon kranken Masaryk. Henlein hat angeblich auf den Präsidenten einen solch positiven Eindruck gemacht, daß Masaryk mit der Auflösung der sudetendeutschen Bewegung nicht einverstanden war. Das loyale Telegramm, das Henlein nach den Parlamentswahlen 1935 an den Präsidenten geschickt hat, war für Masaryk nur ein Beweis dafür, daß sein Eingreifen gerechtfertigt war. Die SdP-Sache war auch, soweit bekannt ist, der einzige Fall, in dem Beneš seine Sache bei Masaryk nicht durchsetzen konnte.

Masaryks Realisten

Einige Worte über die sogenannten Realisten scheinen hier angebracht: Šámal wie Schieszl waren vor dem Ersten Weltkrieg Mitglieder der Realisten-Partei, die von Masaryk gegründet und geführt wurde. Es war dies eine ganz kleine Partei, die in den österreichischen Reichsrat anfangs zwei (Masaryk und Drtina), später nur einen Abgeordneten (Masaryk) geschickt hat. Es wäre ein Fehler, den Einfluß der einstigen Mitglieder dieser Partei in der Republik zu überschätzen.

Noch während des Krieges ließ Masaryk wissen, daß sich seine fast ausschließlich aus Akademikern bestehende Partei auflösen und die Mitglieder sich je nach Weltanschauung und Temperament in anderen tschechischen politischen Parteien engagieren sollten. So kam es, daß bald in fast jeder politischen Partei ein Mitglied oder mehrere Mitglieder der früheren Realisten-Partei zu finden waren: Šámal, Herben und Drtina in der National-Demokratischen Partei; Maxa, Múdrý, Kozák und Veselý in der National-Sozialistischen Partei; Macek und Dolanský in der Sozialdemokratie (und Dolanský später bei den Kommunisten).

Die Zeiten hatten sich indessen geändert, und die Realisten-Partei ging nach dem Krieg allmählich ein. So blieb Šámal als Kanzler des Präsidenten parteilos, Herben blieb nicht in der Kramář-Partei und ging zu den National-Sozialisten.

Professor Prokop Drtina traf ein tragisches politisches wie persönliches Schicksal. Dies begann folgendermaßen: Der erste Erziehungsminister in der Republik, Gustav Habrman, ersuchte den persönlichen Freund des Präsidenten, Professor Drtina, das Amt des leitenden Sektionschefs in seinem Ministerium zu übernehmen. In dieser Position sollte er beim Ausbau der tschechoslowakischen Schulverwaltung führend tätig werden. Beide, Habrman und Drtina, waren überzeugte tschechische Fortschrittler und haben die Säkularisierung des Bildungssystems eingeleitet, das in Böhmen begeistert, mit geringerer Freude in Mähren, aber mit grundsätzlicher Ablehnung in der klerikal-beeinflußten Slowakei hingenommen wurde. Es blieb also nichts anderes übrig, als Korrekturmaßnahmen zu ergreifen. Eine Gelegenheit hierzu bot sich bei der Bildung der Beamtenregierung im Jahre 1920. Dabei ernannte Masaryk, wie immer unabhängig und nicht beeinflußbar, den konservativen Historiker, Professor Dr. Josef Šusta, und überging Drtina, einen seiner treuesten

Mitarbeiter, der bald danach schwer erkrankte und starb. Man darf sagen, daß von allen Vorkriegsrealisten (der offizielle Titel dieser Partei war Česká strana pokroková — Tschechische Fortschrittspartei) nur ein einziger während der ganzen Amtszeit Masaryks an der Macht blieb: Edvard Beneš; und hierbei haben parteipolitische Gründe keine Rolle gespielt.

Während Dolanský, der von den Sozialdemokraten schließlich zu den Kommunisten ging, ein Beispiel dafür ist, daß ein früherer Realist auch ganz links enden konnte, gab es auch Männer, die aus derselben Partei stammten und sich später zu Rechtsradikalen entwickelt haben. Dies geschah mit einem der bedeutendsten Dichter des späten 19. und frühen 20. Jahrhunderts, J. S. Machar. Er gehörte vor dem Krieg zu den profiliertesten Persönlichkeiten der Realisten. Er war so eng mit Masaryk befreundet, daß er zu den wenigen Menschen gehörte, die Masaryk duzen durften. Gleich nach dem Krieg hatte Masaryk den früheren aktiven österreichischen Offizier zum Generalinspekteur der tschechoslowakischen Armee ernannt, doch im Laufe der Zeit entfremdeten sich diese alten und guten Freunde so sehr, daß Machar schließlich bei der rechtsextremistischen Tageszeitung „Polední list" landete.

Politische Parteien

Noch ein paar Worte zu dem Verhältnis anderer politischer Parteien zur „Burg", das heißt zu Masaryk und Beneš. Die ausgesprochenen Oppositionsparteien, die niemals an der Koalitionspolitik teilgenommen haben — oder nur für eine ganz kurze Zeit, wie die Slowakische Christliche Volkspartei Andrej Hlinkas —, seien hier ausgeklammert. Ebenso sei mangels ausreichender Kenntnis der Zusammenhänge auch nichts über die Beziehungen der deutschen Aktivisten zur „Burg" gesagt.

Alle anderen Parteien haben zusammen, wie schon erwähnt wurde, ein gewisses politisches aber loyales Gegengewicht zur „Burg" gebildet. Beide sozialistischen Parteien, die Sozialdemokraten und die National-Sozialistische Partei, waren sogar in gewissem Sinne die politische Machtbasis der „Burg".

Die Christliche Volkspartei unter der Führung von Monsignore Jan Šrámek gehörte bis zum Tode Antonín Švehlas zu den Partnern dieses großen Politikers. Später ist Šrámek Beneš nähergerückt, und zwar dank der positiven Politik des Außenministers gegenüber dem Vatikan und auch aufgrund der Machtgier eines Teils der Wirtschaftsführer, die der Agrarpartei angehörten und durch ihre Tätigkeit die Position der Volkspartei besonders in Mähren bedrohten. Bei seiner Unterstützungspolitik gegenüber der „Burg" fand Šrámek nicht bei allen Funktionären seiner Partei einhellige Zustimmung. Besonders deutlich wurde er von den konservativen Katholiken aus Böhmen kritisiert, an deren Spitze der Kanoniker und Abgeordnete Monsignore Stašek stand.

Unter der Leitung von Antonín Švehla stellte die Agrarpartei eine selbständige und selbstbewußte Kraft dar, eine Kraft, die — wie ich schon geschildert habe — Švehla auch der „Burg" zur Verfügung stellte, wenn er dadurch die Interessen des Staates zu unterstützen glaubte. Nach Švehlas Tod hat sich jedoch gezeigt, daß diese Partei zwei Flügel hatte. Der eine, durch die Ministerpräsidenten Udržal und

Malypetr vertreten, war der „Burg" gegenüber loyal; der andere Flügel, der im wesentlichen den Presse- und Organisationsapparat der Partei beherrschte, stand eindeutig gegen Beneš, was sich besonders vor der Präsidentenwahl Ende des Jahres 1935 zeigte.

Über die Gewerbepartei ist nicht viel zu berichten; sie war mehr oder weniger der verlängerte Arm der Agrarpartei in den Städten und hat sich immer den Entscheidungen dieser Partei angeschlossen.

Die National-Demokratische Partei unter Führung von Karel Kramář gehörte zu den ausgesprochenen Gegnern der „Burg". Diese scharfe Opposition wurde allerdings sehr von Alois Rašín gebremst, bis dieser 1923 einem politischen Attentat zum Opfer fiel, und der Weg frei war für die eindeutige Opposition der National-Demokraten. Die Partei des tschechischen Bürgertums, die Schritt für Schritt von den Intellektuellen verlassen wurde, hielt es aber für ihre vaterländische Pflicht, in jede Regierungskoalition, in die sie eingeladen wurde, einzutreten. Niemals jedoch ging der Vorsitzende Karel Kramář in die Regierung, sondern schickte immer einen Vertreter ihrer Fachleute.

Das Kräftespiel zwischen der „Burg" und den politischen Parteien war vom Pendel der Politik beeinflußt. Das Gleichgewicht war höchstens in der Zeit vorhanden, da die Innenpolitik von Masaryk und Švehla gemacht wurde. Nach Švehlas Tod nahm dank der loyalen Haltung der Ministerpräsidenten Udržal und Malypetr der Einfluß der „Burg" zu. Als aber Masaryks Kräfte durch Krankheit und Alter schwanden, verlagerte sich der Schwerpunkt eindeutig zugunsten der politischen Koalitionen.

Am Anfang der Ära Beneš und Hodža sah es so aus, als hätte die „Burg" wieder an Kraft gewonnen. Als sich aber Beneš und sein Ministerpräsident mehr und mehr entfremdeten und auch die außenpolitische Situation sich verschlechterte, nahm der Einfluß der „Burg" bzw. Beneš wieder ab. Nur noch einmal erstarkte die „Burg" wieder: auf dem Höhepunkt der Münchner Krise, als die politischen Parteien alle Initiative und auch Verantwortung dem Präsidenten überließen. In dieser Zeit hat Beneš bei den dramatischen und entscheidenden Sitzungen der Regierung den Vorsitz geführt und deren Beschlüsse persönlich beeinflußt.

Hier seien noch ein paar Sätze über das Verhältnis zwischen Masaryk bzw. Beneš und den sozialistischen Parteien gesagt. Wie schon erwähnt, verhielten sich die Sozialdemokraten und die National-Sozialisten in den Regierungen wie treue Anhänger der „Burg". Masaryk hatte große persönliche Sympathie für die Sozialdemokratie, die ihm vor dem Krieg zu einem Mandat im österreichischen Parlament verholfen hatte. Wie er in privaten Gesprächen sagte, gehörte auch seine Stimme bei jeder Wahl immer nur dieser Partei. Edvard Beneš, auch ein überzeugter, wenn auch wie Masaryk keinesfalls marxistischer Sozialist, stand dieser Partei ebenfalls nahe, doch ist er nach dem Ersten Weltkrieg als Parteiloser nach Hause zurückgekehrt. Als äußerlichen Ausdruck dieser Tatsache kann man seinen Eintritt (gemeinsam mit Alice Masaryková und J. S. Machar) in die damals bestehende Einheitsfraktion der slowakischen Abgeordneten betrachten.

Der Fünferausschuß bestand später darauf, daß Beneš nicht als Fachmann das Außenministerium leiten dürfe, so daß er in eine der Koalitionsparteien einzutreten gezwungen war. Beneš entschied sich für die National-Sozialistische Partei und wurde sogar später zum stellvertretenden Vorsitzenden gewählt. Beneš hat sich für diese Partei sowohl aus persönlichen als auch aus außenpolitischen Gründen entschieden. Die Sozialdemokraten waren nämlich Mitglieder der Zweiten Internationale, doch Beneš wollte sich in Anbetracht der politischen Konstellation in Frankreich und in anderen westlichen Ländern nicht den eventuellen Beschlüssen der Internationale unterordnen. Es handelte sich also um eine rein rationelle Entscheidung; ideologische Prinzipien haben bei dem Eintritt Benešs in die National-Sozialistische Partei keine Rolle gespielt. Man muß außerdem feststellen, daß sich Beneš in seiner adoptierten Partei sehr wohlgefühlt hat, und mit Ausnahme einiger Politiker wie Jiří Stříbrný wurde er von allen Seiten, von den Führern wie von der Masse der Mitglieder, herzlich empfangen und geachtet, was natürlich gleichzeitig auch als Ausdruck der Ergebenheit dieser Partei gegenüber Masaryk zu deuten ist.

Beneš war auch ein maßgeblicher Mitautor des damals neuen Programms dieser Partei, besonders in den Passagen betreffend humanitäre wie sozialistische Grundsätze und die Notwendigkeit einer engen internationalen Zusammenarbeit zwischen der ČSR und anderen Staaten. Beneš verlangte von seiner Partei auch, daß sie die rein parteipolitischen Interessen den außenpolitischen unterordne. In dieser Hinsicht hat seine Partei manches Opfer gebracht, und auch bei der Verteilung der Ministerien ist sie immer etwas zu kurz gekommen. Die Koalitionspartner rechneten der Partei immer den Posten des Außenministers vor, der fest in den Händen von Beneš war, doch war dies gegenüber seiner Partei nicht immer korrekt. Das Außenministerium war tatsächlich eine starke Position im Staate; es spielte aber in der alltäglichen Partei- und Innenpolitik kaum eine Rolle. Nie war es innenpolitisch so bedeutsam wie das Landwirtschaftsministerium, das Ministerium für Sozialwesen oder selbst das Eisenbahnministerium. Beneš vertrat im Grunde genommen in allen wichtigen Fragen eine überparteiliche Position und Politik. Dies sei an einem markanten Beispiel erläutert, nämlich der Affäre mit dem Nuntius Marmaggi im Jahre 1925. Am 6. Juli jenes Jahres (Gedächtnistag anläßlich des Todes von Jan Hus) zeigte man auf der Prager Burg auf Anregung Švehlas und Masaryks die Fahne der Hussiten. Marmaggi verließ daraufhin demonstrativ Prag. Dies bewog Jiří Stříbrný, den einzigen ernstzunehmenden Gegner Benešs in der National-Sozialistischen Partei, zusammen mit anderen Ministern seiner Fraktion zu demissionieren. Beneš weilte zu dieser Zeit in Genf, und Stříbrný hoffte, daß er sich mit der Entscheidung seiner Parteifreunde solidarisieren und auch aus der Regierung austreten würde. Stříbrný beabsichtigte, anschließend in eine neue Regierung Švehla einzutreten, jedenfalls aber in ein Kabinett ohne Beneš.

Auf diese Demagogie reagierte Beneš klar und eindeutig: er verzichtete auf das Abgeordnetenmandat und blieb als Fachmann in der Regierung. Die Marmaggi-Affäre hat Beneš dann aus der Welt geschafft. Er nahm den Vorfall zum Anlaß, ein Übereinkommen mit dem Vatikan, den späteren Modus vivendi, auszuhandeln. Dies konnte er als „parteiloser" Minister noch besser als vorher.

In der Marmaggi-Krise fand Beneš große Unterstützung durch die Sozialdemokraten. Besonders Rudolf Bechyně unterstützte seine Bemühungen. Er war, wie

Beneš, der Meinung, daß man keinen Kulturkampf vom Zaune brechen sollte, weil eine solche Auseinandersetzung der Republik nur Schaden bringe. Im wesentlichen fand Beneš für seine Politik in beiden sozialistischen Parteien — nach dem Ausscheiden Stříbrnýs aus der National-Sozialistischen Partei auch in dieser — volle Unterstützung.

Zahlreiche meiner Freunde und auch ich haben uns oft mit der Frage beschäftigt, ob sich die Tschechoslowakische Republik den Luxus zweier sozialistischer Parteien leisten könne, zumal beide Parteien in der Praxis in jeder Hinsicht ein und dasselbe machten. Einmal führte ich darüber eine ernste Debatte mit Rudolf Bechyně, mit dem ich durch Ferdinand Peroutka befreundet war. Bechyně führte zwei Argumente gegen eine Fusion dieser Parteien an: erstens, bei dem in der ČSR üblichen Verhältniswahlsystem bedeute, wahlarithmetisch gesehen, eins und eins nicht immer zwei, und bei einer Fusion hätte zweitens die Sozialdemokratie viele Stimmen am linken Flügel verloren, die National-Sozialisten hingegen Wähler am rechten Flügel. Dieses Argument habe ich nicht akzeptiert, denn ich war und bin noch heute der Meinung, daß eine große einheitliche Partei die Wähler sammelt und sie nicht abstößt. Das zweite Argument Bechyněs hatte immerhin einiges für sich: eine fusionierte sozialistische Partei hätte zwar auch bei Verlusten am rechten und linken Flügel in der Wahl die größte Zahl von Mandaten erobert, das heißt mindestens 70 Sitze erhalten. So hätte sie Anspruch auf den Posten des Ministerpräsidenten und andere wichtige Regierungspositionen gehabt. Aber die Agrarpartei hatte sich schon so daran gewöhnt, als stärkste Partei im Staate aufzutreten und immer den Ministerpräsidenten und den Vorsitzenden des Parlaments zu stellen, daß sie den Verlust schwer verkraftet hätte. Durch den Sieg einer vereinten sozialistischen Partei wäre sie in die zweite Position zurückgedrängt worden. Dies hätte, wie Bechyně mit einiger Berechtigung behauptete, eine starke, ja vielleicht sogar katastrophale Radikalisierung unter den Mitgliedern dieser Partei hervorgerufen und eine außerordentliche Stärkung des Anti-„Burg"-Flügels bedeutet. Die von außen so gefährlich bedrohte Republik könne es sich, laut Bechyně — meiner Meinung nach neben Švehla einer der bedeutendsten Politiker der Ersten Republik —, nicht erlauben, einen so radikalen Umbau der politischen Landschaft vorzunehmen.

Lidové Noviny und Přítomnost

Es wäre bestimmt sehr interessant, das Verhältnis von Masaryk und Beneš zur Presse zu analysieren. Auch hier dürfte man einen Unterschied der Charaktere und Temperamente feststellen. Aus Platzgründen seien aber nur ein paar Bemerkungen gestattet:

Masaryk ist auch als Präsident immer ein leidenschaftlicher Journalist geblieben. Bei jeder nur möglichen Gelegenheit ergriff er auf dem Zeitungs- und Zeitschriftensektor Initiativen. Er sah in der Presse nicht nur ein politisches, sondern auch ein kulturelles und erzieherisches Instrument. Jedes Konzept, das seiner Meinung nach das Bewußtsein des Lesers heben und sein Wissen anreichern konnte, hat er nicht nur moralisch, sondern auch finanziell unterstützt.

Edvard Beneš sah in der Presse eher ein politisches Instrument. Für Kenner der Verhältnisse in der Ersten Republik genügt zur Charakterisierung des Unterschiedes zwischen diesen beiden Männern ein einziges Beispiel: Masaryks Zeitungen waren die „Lidové Noviny" und das „Prager Tagblatt", während Benešs Zeitungen das „Národní Osvobození" und die „Prager Presse" waren. Als eine jener Personen, die aus dem Kreis der „Lidové Noviny" hervorgegangen sind, weiß ich, daß Masaryk nicht nur durch sein Lob, sondern noch viel mehr durch seine Kritik diese Tageszeitung beeinflußt hat. Außer dem langjährigen Besitzer der Zeitung, J. Stránský, haben Masaryk von den Mitarbeitern des Blattes vor allem Karel Čapek und Ferdinand Peroutka regelmäßig besucht und manchmal auch konsultiert. Später, als Peroutka durch seine anderen journalistischen und publizistischen Arbeiten schon zu sehr in Anspruch genommen war, wurde Masaryk regelmäßig von Hubert Ripka unterrichtet. Ich muß aber betonen, daß Masaryk keine Anordnungen oder Instruktionen gab. Er sprach lediglich seine Meinung oder seine Vorstellungen zu gewissen Themen aus und überließ es der Redaktion der „Lidové Noviny", ob überhaupt und in welcher Form seine Meinung zu berücksichtigen sei. Man kann nicht behaupten, daß die „Lidové Noviny" ein Presseorgan der „Burg" war. Was die gesamtstaatlichen Interessen betrifft, stand sie zwar bestimmt vollkommen hinter der Politik von Masaryk und Beneš, aber in den Reihen der Mitarbeiter dieser Zeitung, die im wahrsten Sinne des Wortes die Zeitung der tschechischen Intelligenz war, fand man auch zahlreiche konservative Persönlichkeiten, die jede Disziplinierung durch die „Burg" abgelehnt hätten und ganz frei in den Spalten dieser Zeitung ihre Gedanken und Meinungen veröffentlichten. Diese Autoren und Journalisten sind im politischen wie kulturellen Teil der „Lidové Noviny" leicht zu finden.

Die wirtschaftspolitischen Ansichten von Professor Karel Engliš entsprachen bei weitem nicht der Meinung der offiziellen tschechischen Politik und der Redaktion. Dasselbe kann man über die Artikel des führenden tschechischen Literaturkritikers Arne Novák sagen, der sehr oft die unkritische Übernahme literarhistorischer Meinungen der „Burg" in der Presse hart kritisierte. Doch mehr noch: jahrelang hat die „Lidové Noviny" den Komponisten Leoš Janáček gegen die Negation der offiziellen Musikhistoriker und Musikkritiker verteidigt. Auch das hat unter anderem Masaryk beeindruckt. Masaryk pflegte besonders gute Beziehungen zu Ferdinand Peroutka, und dies zeitigte in zwei Richtungen gute Ergebnisse. Ich möchte ganz kurz den Anfang der Bekanntschaft zwischen dem siebzigjährigen Masaryk und dem fünfundzwanzigjährigen Peroutka schildern.

Peroutka war damals Leitartikler für die Prager Tageszeitung „Tribuna", die in den ersten Jahren der Republik hauptsächlich von tschechischen Juden gemacht und gelesen wurde. In mehreren Aufmachern unter dem Titel „Jací jsme" („Wie wir eigentlich sind") polemisierte Peroutka anonym gegen Masaryks These, die der Präsident nach seiner Rückkehr in die Heimat auf dem Bahnhof der südböhmischen Stadt Tabor proklamiert hatte: „Tábor ist unser Programm!" Damit unterstrich Masaryk, daß die tschechische Politik an die hussitische Tradition anknüpfen sollte. Peroutka fand diese These falsch und machte in der „Tribuna" darauf aufmerksam, daß doch die Tschechen nicht nur eine hussitische Tradition, sondern auch die weniger nationale Tradition des heiligen Wenzeslaus besäßen. Auf diese Weise wollte der junge Peroutka, der übrigens Agnostiker war und dies zeitlebens geblieben ist, sagen, daß auch die katholische Tradition im tschechischen Volk weiterlebte.

Bei Gelegenheit fragte Švehla daraufhin einmal Masaryk, ob er die polemischen Artikel in der „Tribuna" verfolge, die von dem „Juden Federer" geschrieben seien. Peroutka war damals völlig unbekannt, und man nahm allgemein an, daß „Peroutka" ein Pseudonym sei und hinter diesem ein tschechisch-jüdischer Journalist namens Federer stehe. Masaryk hatte die Aufsätze natürlich gelesen und sie gefielen ihm sogar, besonders weil endlich jemand den Mut fand, eine andere Meinung als die des Präsidenten der Republik öffentlich zu vertreten. „Peroutka" wurde zu Masaryk gebeten, und der Präsident stellte mit Erstaunen fest, daß es gar keinen „Federer" gab, sondern nur einen Peroutka, der noch dazu mehr wie ein nordisch-germanischer Typ denn wie ein Tscheche oder Jude aussah. Die zwei Männer wurden trotz des großen Altersunterschiedes Freunde, und Masaryk wußte zu schätzen, daß Peroutka auch in der Folgezeit seinen eigenen Weg im Journalismus vertrat und seine publizistische Unabhängigkeit behielt.

Masaryk ermöglichte Peroutka sogar durch ein persönliches Geschenk in Höhe von 500 000 Kč die Gründung einer eigenen Wochenzeitschrift, und diese — „Přítomnost" („Gegenwart") — hat dann im politischen wie kulturellen Leben der Republik eine große Rolle gespielt. Als Verleger der „Přítomnost", und später auch der „Lidové Noviny", kann ich sagen, daß die „Přítomnost" noch mehr als die „Lidové Noviny" eine bunte Palette unterschiedlichster Persönlichkeiten und Meinungen aus dem politischen wie kulturellen Leben der Republik bot. Dies belegen die Autorenverzeichnisse der einzelnen Jahrgänge zur Genüge.

Pátečníci (Die Freitagsmänner)

Ferdinand Peroutka erreichte, daß Masaryk zu einem regelmäßigen Besucher der intellektuellen Nachmittagstreffen im Hause Karel Čapeks wurde. Diese Meetings sind unter dem Namen „Pátečníci" („Die Freitagsmänner") bekannt geworden. Ich wurde einmal gefragt, ob diese Treffen auf der „Burg" stattfanden, wer den Vorsitz führte und ob die Protokolle verlorengegangen seien. Das ist lächerlich. Diese Vorstellungen über die sogenannte „Burg" wie über die Freitagsmänner sind Legenden. Die „Pátečníci" waren keine formal konstituierte Gesellschaft; es gab weder „Mitglieder" noch einen Vorsitzenden und schon gar keine Protokolle. Und auch ein Verein waren die „Pátečníci" nicht.

Die Sache hatte vielmehr folgenden Ursprung: Am Anfang trafen sich jeden Freitag Nachmittag in der kleinen Wohnung von Karel Čapeks Eltern auf der Prager Kleinseite einige Schriftsteller beim Kaffee — František Langer, Fráňa Šrámek, Ferdinand Peroutka, Josef Kodiček und andere. Als dann aus dieser engen Wohnung die Brüder Čapek in ein eigenes Doppelhaus umzogen, kamen noch mehr Besucher hinzu. Alle wurden von Karel Čapek eingeladen. Jetzt waren es nicht nur Dichter, sondern auch Maler und Bildhauer, Journalisten, Universitätsprofessoren, Schauspieler usw. Noch während der Treffen in der Wohnung auf der Kleinseite beschwerte sich Masaryk über sein in mancher Hinsicht isoliertes Leben als Präsident. Vor dem Kriege war er es als Universitätsprofessor gewohnt gewesen, jeden

Nachmittag sein Kaffeehaus zu besuchen, Zeitungen zu lesen und mit den Leuten aus Politik, Kunst und Wissenschaft zu diskutieren und zu sprechen. Als Präsident hatte er dazu keine Möglichkeit mehr. Deshalb kam ihm Peroutkas Freitags-Einladung sehr gelegen.

Masaryk fühlte sich bei Čapek wie zu Hause. Dort traf er Leute, die alle möglichen Ansichten und Meinungen vertraten und sie ganz offen mit ihm diskutierten. Für die Pátečníci war sein Wort kein Evangelium. Überdies erzählten sie ihm Anekdoten und heitere Geschichten aus den Gerichtssälen — es war wie vor dem Krieg in seinem Kaffeehaus. Mit der Zeit kam Masaryk, wenn er gesund war und nur ein bißchen Zeit hatte, jeden Freitag. Er ließ auch Beneš einführen, seinen literarischen Sekretär Škrach und später auch Sektionschef Schieszl. Ohne Veranlassung der „Freitagsmänner" interessierten sich auf einmal viele Menschen für diese Treffen, und es wurde ihnen eine größere Rolle zugeschrieben als angebracht war; obendrein wurden sie auch beneidet.

Auch ich gehörte seit 1932 zu den regelmäßigen Besuchern dieser Treffen, doch damals kam der Präsident nur noch sehr selten. Er war älter und kränker geworden. Immerhin kann ich bezeugen, und ich möchte auch hier nochmals darauf hinweisen, daß es sich um kein „policy making committee" gehandelt hat. Für den Präsidenten waren die Treffen bei Karel Čapek eine Möglichkeit der Entspannung. Dort hat er sich erholt und sich mit intelligenten sowie unabhängigen Leuten ehrlich unterhalten. Politische Ambitionen hatten — von wenigen Ausnahmen abgesehen — die „Pátečníci" keine, und auch für die Diskussion der „Burg" sind sie trotz ihres hohen Niveaus nur von peripherer Bedeutung.

Heinrich Kuhn

DER ANTEIL DER DEUTSCHEN AN DER „BURG"

Wenn wir den Begriff „Burg", der bereits in verschiedenen Beiträgen dieser Tagung erläutert, definiert und konkretisiert worden ist, in Zusammenhang mit den „Deutschen" bringen wollen, wird die Problematik — sowohl die des „Phänomens" der Burg wie auch die des zu analysierenden Anteils der Deutschen an ihr — sichtbar. „Burg" bedeutet im Verhältnis zu den Deutschen des Landes, die T. G. Masaryk und Edvard Beneš seit der Gründung der Tschechoslowakischen Republik wiederholt als „unsere Deutschen" apostrophiert hatten[1], vor allem eine Beziehung zur politischen Macht, die durch den Präsidenten der Republik symbolisiert und repräsentiert wurde. Den Anteil der Deutschen an der „Burg" zu untersuchen, muß methodisch daher zunächst bedeuten, den Begriff „Burg" im Zusammenhang mit dem Thema zu präzisieren; aber auch das Wort „Anteil" könnte zu Mißverständnissen führen. Wenn wir anstelle von „Anteil" den Begriff „Beteiligung" wählen, würde uns dies noch immer nicht weiterhelfen. Es gab keinen quantitativ erkennbaren „Anteil", auch keine qualitativ meßbare „Beteiligung" der Sudetendeutschen an der „Burg", wohl aber eine weitgehende, grundsätzliche Übereinstimmung mit der von der „Burg" vertretenen Politik. Die bisher erschienene Literatur äußert sich zwar wiederholt, aber in divergierender Aussage über die „Burg", ihre Politik und auch ihre Repräsentanten; die vorhandene Quellenlage gestattet jedoch kaum, die abzuhandelnde Thematik allein auf dieser zumeist auf Sekundärquellen fußenden, ungesicherten Grundlage erschöpfend abzuhandeln.

Beziehungen und Kontakte sudetendeutscher Politiker zu den Repräsentanten der „Burg" gab es in den 20 Jahren des Bestehens der Ersten Tschechoslowakischen Republik mancherlei. Protokolle oder Gesprächsnotizen darüber sind bis auf wenige Ausnahmen nicht veröffentlicht worden. Viele Kontakte sind kaum registriert worden oder haben keinen Niederschlag in der Presse und Publizistik gefunden. Nicht wenige davon waren Gespräche höchst vertraulichen Charakters. So wird es notwendig sein, chronologisch das Thema abzuhandeln, auf seine Auswirkungen hin die vielfältigen Beziehungen der Sudetendeutschen zur „Burg" kausal zu beleuchten und zu bewerten und zu versuchen, herauszufinden, welche Rolle die Deutschen im politischen Entscheidungsprozeß der „Burg" spielten.

Nach diesen methodischen Vorbemerkungen soll nun der Begriff „Burg" in Zusammenhang mit der Politik der Deutschen eingeengt werden. Zu dem Kreis der „Burg" gehörten neben Tomáš Garrigue Masaryk und Edvard Beneš verschiedene politische Gruppen und Parteien, aber auch zahlreiche Einzelpersönlichkeiten, deren Standort sich nicht immer zuverlässig in die politische Landschaft der Zwischen-

---

[1] T. G. Masaryk verwendete erstmals die Bezeichnung „unsere Deutschen" in seiner ersten Botschaft auf der Prager Burg am 22. Dezember 1918 anläßlich des Empfangs der Nationalversammlung; vgl. K l e p e t a ř, Harry: Seit 1918 ... Eine Geschichte der Tschechoslowakischen Republik. Mährisch-Ostrau 1937, S. 25.

kriegs-Tschechoslowakei einordnen läßt[2]. Innerhalb der einzelnen politischen Parteien gab es sowohl Anhänger wie auch Gegner der „Burg". Die Basis der „Burg" bildeten einige Mitarbeiter und Anhänger T. G. Masaryks aus der „Realisten-Partei", der späteren „Fortschrittspartei"[3]. Věra Olivová charakterisiert sie z. B. als eine „Gruppe der demokratisch-orientierten bourgeoisen Intelligenz"[4], die kein konkretes politisches Programm, sondern nur eine „kritische und wissenschaftliche Richtung" verfocht[5]. Zur Zeit ihrer Entstehung war die Wirkung dieser Gruppe auf den Kreis der tschechischen Intelligenz begrenzt. Ihre ideologische Grundhaltung, die sich hinter dem Eindruck der Ereignisse und des Verlaufs des Ersten Weltkriegs zu formen begann, ist im wesentlichen mit T. G. Masaryks späteren Erkenntnissen im „Neuen Europa" identisch[6]. Dieses politische Bekenntnis T. G. Masaryks war zugleich auch sein Programm für den neuen Staat. Es ist von einem unversöhnlichen Gegensatz zur österreichisch-ungarischen Monarchie, von der Furcht vor einem nach dem Osten drängenden Deutschen Reich und von der politischen und ideologischen Allianz mit den westlichen Demokratien geprägt. Konkrete Vorstellungen zu einer Verwirklichung dieses Programms fehlen fast gänzlich. Gegen Theokratismus, für eine Lostrennung der Kirche vom Staat ist der laizistische Humanismus T. G. Masaryks als ethische Grundlage, kaum aber als praktische Handhabung für die demokratische Organisation der Gesellschaft konzipiert. Die Demokratie werde, nach Masaryk, von wissenschaftlichen Erkenntnissen geleitet; ihre Hauptaufgabe sei, zu verwalten und nicht zu herrschen. Eine der beiden konkreten Forderungen Masaryks, die er im „Neuen Europa" konzipiert hatte, galt dem Schutz der nationalen Minderheiten und der Lösung der nationalen Frage. Dieser Punkt in Masaryks Schriften und Ansprachen kehrte immer wieder. Das Verhältnis zu den „Deutschen" war für ihn eine der wichtigsten Fragen[7].

Nach der Gründung der Tschechoslowakischen Republik schufen die Mitarbeiter und Freunde T. G. Masaryks keine eigene Partei, sondern gingen im Gegenteil spontan, teilweise auch bewußt, in den einzelnen politischen Parteien auf[8]. Die alten

---

[2] Die Zuordnung eines bestimmten Personenkreises zur engeren „Burggruppe" ist umstritten; insbesondere ordnet die tschechoslowakische kommunistische Historiographie dem „Burgkreis" auch eine Reihe von Industriellen und Bankleuten zu. Vgl.: Dokumenty o protilidové a protinárodní politice T. G. Masaryka [Dokumente über die gegen das Volk und die Nation gerichtete Politik T. G. Masaryks]. Prag 1953. — Ferner K r á l, Václav: O Masarykove a Benešove kontrarevoluční protisovětské politice [Über Masaryks und Benešs konterrevolutionäre, antisowjetische Politik]. Prag 1953.

[3] O l i v o v á, Věra: Hradní buržoazie [Die Burg-Bourgeoisie]. Dějiny a současnost 7 (1965) Nr. 4, S. 39—42. — Ferner: K u n t e, L.: Der Kampf um die Burg. Prag 1926.

[4] O l i v o v á.

[5] O l i v o v á.

[6] M a s a r y k, T. G.: Das neue Europa. Berlin 1922.

[7] Vgl. R y c h n o v s k ý, Ernst: Masaryk. Prag o. J. 2. Auflage. — S i n g u l e, Hans: Der Staat Masaryks. Berlin 1937. — M a s a r y k, T. G.: Cesta Democracie. Bd. 2. Prag 1933, 1934. — C z u c k a, Ernst: T. G. Masaryk und die Deutschen. Troppau 1932.

[8] Vor allem in der Tschechoslowakischen Nationalsozialistischen Partei, zu der später auch Edvard Beneš stieß. Vgl. O l i v o v á — K l e p e t a ř.

Kontakte zum Präsidenten der Republik blieben jedoch erhalten. Die „Burg" wurde zum politischen Zentrum, bei dem die Fäden zusammenliefen und von der aus die Strömungen in die verschiedenen Bereiche des Lebens und der Gesellschaft auseinandergingen. Gerade diese lose und lockere Bindung mit den verschiedensten Gruppierungen und Parteien ist für das Phänomen der Burg-Gruppen charakteristisch, es bestimmte gleichzeitig ihre Variabilität, d. h. die Fähigkeit, mit wechselnden politischen Mehrheiten oder Gruppierungen die politischen Grundvorstellungen der „Burg" durchzusetzen. Von allen politischen Parteien, deren Repräsentanten an der „Burg" teilhatten, war die Tschechoslowakische Nationalsozialistische Partei die einflußreichste; in ihr sammelte sich nach der Gründung der Republik der größere Teil des Mitarbeiterkreises T. G. Masaryks aus der ehemaligen „Fortschrittspartei"[9]. Über die Sokol-Gemeinde, die Legionäre, die Lehrergemeinde und die Tschechoslowakische Arbeitergemeinde hatte die „Burg" auch indirekten Einfluß auf erhebliche Bereiche der Gesellschaft. Auch die Tschechoslowakische Sozialdemokratische Arbeiterpartei stand mit ihrer Führung hinter der Politik und Ideologie T. G. Masaryks, sie bildete die zweite Säule im Konzept der „Burg-Politik". Seit den 20er Jahren gehörte auch die Deutsche Sozialdemokratische Arbeiterpartei zur „Burg-Gruppe"[10]. Über die Sozialdemokratie konnte die „Burg" auch erheblichen Einfluß auf die tschechoslowakische Gewerkschaftszentrale und den Bund der Deutschen Gewerkschaften gewinnen. Enge Beziehungen zur „Burg" hatten auch Gruppen der anderen bürgerlichen Parteien, so einige Repräsentanten der tschechischen und slowakischen Agrarier[11] und des „Bundes der Landwirte", der tschechischen Volkspartei[12], der deutschen Christlich-Sozialen[13], ja sogar der slowakischen Volkspartei[14]. Sympathie mit der „Burg" hatte auch ein allerdings kleinerer Teil der Nationaldemokratischen Partei[15] Karel Kramářs, in der ein zweiter Teil der ehemaligen Mitglieder der „Fortschrittspartei" eine neue politische Heimat gefunden hatte[16]. Die meisten dieser Politiker kannten sich noch aus der gemeinsamen Zeit im österreichischen Reichsrat und der politischen Bühne der Vorkriegszeit.

---

[9] Olivová.
[10] Die „Zugehörigkeit" der Repräsentanten dieser Partei zur „Burg" datiert erst nach Abkehr des ursprünglichen negativistischen Kurses ihrer Führung, d. h. insbesondere nach dem Tode Josef Seligers. Das erste Gespräch von Vertretern dieser Partei mit T. G. Masaryk am 8. 9. 1920 kann allenfalls als eine Hinwendung zum Kurs der „Burg" aufgefaßt werden; vgl. Dokumenty 67 ff. — Ferner B r ü g e l, Johann Wolfgang: Tschechen und Deutsche 1918—1938. München 1967, S. 143 ff.
[11] „Republikánská strana zemědělského a malorolnického lidu", die aus der 1903 gegründeten „Česká strana agrární", 1919 in „Republikánská strana československého venkova" umbenannt und 1922 durch Vereinigung mit den slowakischen Parteien „Slovenská strana rolnická" und „Strana slovenského malorolnického ludu" entstanden war. Ihr Führer Antonín Švehla spielte zwar bei den innenpolitischen Überlegungen der Burgpolitik eine entscheidende Rolle; er selbst kann jedoch nicht als unbedingter Anhänger der Burgpolitik bezeichnet werden.
[12] „Československá strana lidová".
[13] „Deutsche Christlich-Soziale Volkspartei".
[14] „Hlinková slovenská lidová strana".
[15] „Československá národní demokracie".
[16] Vgl. Olivová.

Inwieweit bei der „Burg" und ihrer Gruppierung auch die Zugehörigkeit einzelner Angehöriger des „Burg-Kreises" zu einer Loge Bedeutung hatte, kann hier nicht eingehender untersucht werden. Nach einer Information, die der österreichische Gesandte Dr. Ferdinand Marek 1926 an seine Regierung nach Wien gab, soll Masaryk der irischen Freimaurerloge angehört haben, die mit dem „Grand Orient" verfeindet sei. „Der Grand Orient habe den Präsidenten (A. d. V.: Masaryk) mit einem ganzen Ring von Feinden umstellt, die alle Fäden des gegen Dr. Masaryk gerichteten Kampfes in der Hand haben...[17]." Sicherlich spielten derartige Logen-Verbindungen bei der „Burg-Gruppe" eine Rolle; sie aber in irgendeinem Zusammenhang mit der Haltung der „Burg" zu den Deutschen zu sehen, dafür fehlen alle Quellenvoraussetzungen, obwohl vermutet werden kann, daß auch Repräsentanten der deutschen Parteien über Logen-Verbindungen verfügten.

Schließlich sei aber noch darauf hingewiesen, daß dem Kreis der „Burg" nicht nur Politiker zuzurechnen waren, sondern auch Journalisten, Verleger, Hochschulprofessoren, Industrielle, Literaten und andere Persönlichkeiten des öffentlichen und kulturellen Lebens[18]. Sie alle hatten vor allem in den 20er Jahren, als T. G. Masaryk noch persönlich die politischen Fäden zog, einen maßgeblichen Anteil an dieser Gruppierung[19]. In diesem Kreis waren auch Deutsche. So wissen wir z. B., daß T. G. Masaryk aus seinem persönlichen Fonds das „Brentano-Institut" in Prag gefördert hatte und auch andere deutsche kulturelle Einrichtungen von diesen Beziehungen zur „Burg" profitierten[20].

Bevor wir die Beziehungen und Kontakte der Deutschen zur „Burg" und ihre Auswirkungen auf das politische Geschehen untersuchen, soll die Stellung des Präsidenten der Republik als Repräsentant des Staates erläutert werden. Sie war nach der Verfassung des Jahres 1920 in Anlehnung an das amerikanische, aber vor allem an das französische Vorbild festgelegt worden[21]. Wenn auch der Verfassung zufolge die Regierung „über alle Angelegenheiten politischer Natur" zu entscheiden hatte, so gab auch die geschriebene Verfassung dem Präsidenten der Republik genügend Möglichkeiten, von sich aus aktiv in das politische Geschehen einzugreifen[22]. T. G. Masaryk war jedoch nicht aufgrund seiner verfassungsmäßigen Stellung, sondern kraft seiner Persönlichkeit und als Symbol seiner erfolgreichen Tätigkeit im Auslands-

---

[17] Bericht des österreichischen Gesandten Dr. Ferdinand Marek über eine Information eines Mitglieds der jugoslawischen Gesandtschaft in Prag vom 9. 9. 1926, in: Neues Politisches Archiv Wien, K 833—253. Seite 6.
[18] Zu ihnen gehörten vor allem auch die vom Orbis-Verlag und Melantrich-Verlag geförderten Journalisten und Literaten.
[19] Vgl.: C z u c k a.
[20] T. G. Masaryk war bekanntlich ein Schüler Brentanos; vgl. R y c h n o v s k ý. Unter den deutschen Intellektuellen, die besonders enge Beziehungen zur „Burg" unterhielten, ist vor allem der Ordinarius für Philosophie an der Prager tschechischen Universität Oskar Kraus zu nennen; von den deutschen Publizisten u. a. der Herausgeber der „Prager Presse", Dr. Rudolf Keller, und der Masaryk-Biograph Ernst Rychnovský.
[21] Ausführlich ist die Interpretation der verfassungsrechtlichen Stellung des Präsidenten der Republik in: E p s t e i n, Leo: Studienausgabe der Verfassungsgesetze der Tschechoslowakischen Republik. Reichenberg 1928, dargelegt.
[22] E p s t e i n.

widerstand zur zentralen Figur der tschechoslowakischen Idee und Politik geworden. Ansehen, aber auch der Mythos des Legendären machten Masaryk schon zu Lebzeiten zu einer der Verfassungswirklichkeit entrückten Personifizierung des Staates. Für die oftmals in geschmacklosen Übertreibungen gipfelnde Bewunderung, die dem ersten Präsidenten der Republik manchmal zuteil wurde, ist die verbürgte Lobpreisung „T. G. Masaryk, der jüngere und vollkommenere Bruder Jesus Christi" charakteristisch[23]. Die „Burg" muß daher in erster Linie von der Persönlichkeit u n d Funktion des ersten Präsidenten der Republik gedeutet werden. Ein gleiches „Image" vermochte der zweite Präsident der Republik, Edvard Beneš, nicht zu erreichen. Als er 1935 in das höchste Staatsamt gewählt wurde, war die „Burg" nur mehr Verkörperung der Staatsautorität, nicht mehr aber das integrierende Symbol einer über die politischen Gruppierungen reichenden Ideologie.

Für die Deutschen in der Tschechoslowakei mußte zunächst die „Burg" und ihr Repräsentant T. G. Masaryk der politische Gegner sein; die Sudetendeutschen waren mit dem Ende Österreich-Ungarns und der durch revolutionären Akt am 28. Oktober 1918 erfolgten Ausrufung der Tschechoslowakischen Republik vor vollendete Tatsachen gestellt worden. Sie ignorierten die Existenz dieses neuen, ihre Gebiete in Anspruch nehmenden Staates[24]. Die erste Phase der Beziehungen der Deutschen zur Repräsentanz der Tschechoslowakei war daher die auf das Selbstbestimmungsrecht gegründete Negation, ihr politischer Ausdruck der „Negativismus". Während sich Ende 1918 die politischen Kräfte der tschechoslowakischen Staatsidee um den nach einem Triumphzug in Prag eingezogenen „Befreier-Präsident" T. G. Masaryk sammelten, etablierte sich Zug um Zug die neue tschechoslowakische Staatsgewalt durch militärische Besetzung der sudetendeutschen Gebiete; bis Ende Dezember 1918 waren sämtliche Provinzen und Gebiete Deutsch-Österreichs auf dem Gebiete der Tschechoslowakei in der Hand der neuen Gewalt[25].

Die ersten Fühlungnahmen sudetendeutscher Politiker mit der „Burg" oder ihren prominenten Repräsentanten waren keine politischen Sondierungen über eine Beteiligung an der neuen Staatsgewalt, sondern Kontaktgespräche über die sich aus der Versorgungslage der Bevölkerung ergebenden Probleme. Unter diesem Aspekt muß auch das am 30. Oktober 1918 im Repräsentantenhaus in Prag von seiten Lodgmans

---

[23] W i l l a r s , Christian: Die böhmische Zitadelle. ČSR – Schicksal einer Staatsidee. Wien 1965, S. 262; der Autor zitiert dabei die „Fronta" aus dem Jahre 1927.

[24] Nach dem Verzicht von Kaiser Karl vom 11. November 1918 war durch das Gesetz vom 12. November 1918 über die Rechts- und Regierungsform Deutsch-Österreichs dieses zum Bestandteil der Deutschen Republik erklärt worden; durch das Gesetz vom 22. November 1918 über Umfang und Beziehungen des Staatsgebietes von Deutsch-Österreich wurden die Provinzen „Deutschböhmen" und „Sudetenland" sowie die deutschen Siedlungsgebiete von Brünn, Iglau und Olmütz einschließlich der Kreise Deutsch-Südmähren, einschließlich des Gebietes um Neubistritz und der Kreis Deutsch-Südböhmen Bestandteil der Republik Österreich. Die Deutschen in der Slowakei hatten durch Beschluß der Großversammlung der Deutschen Oberungarns vom 9. Dezember 1918 ihren Willen bekundet, beim ungarischen Staatsverband zu bleiben; vgl. E p s t e i n .

[25] M o l i s c h , Paul: Die sudetendeutsche Freiheitsbewegung in den Jahren 1918/1919. Wien–Leipzig 1932.

von Auen (damals noch nicht Landeshauptmann von Deutsch-Böhmen, sondern Privatperson) mit Antonín Švehla (damals Innenminister in der Regierung Kramář) geführte Gespräch gesehen werden. Gegenstand der Besprechungen bildete der Verkehr auf den Bahnen, der Betrieb von Post, Telegraph und Telephon und auch die Sicherung der Kohlenversorgung. In seinem Werk „Budování státu"[26] behauptet Ferdinand Peroutka, daß Švehla damals Lodgman eine Vertretung der Deutschen im Nationalausschuß und der zu bildenden Nationalversammlung angeboten habe. Lodgman hat dies stets bestritten. Peroutka, dem die Protokolle der Besprechung am 28. Oktober 1918 in Genf zwischen Beneš und den Repräsentanten des Inlandswiderstandes zugänglich waren, stützt seine Behauptung auch auf die Tatsache, daß bei diesen Genfer Besprechungen über die Verteilung der Regierungsressorts beschlossen worden war, in die erste tschechoslowakische Regierung auch einen Deutschen als sogenannten „Landsmann-Minister" aufzunehmen[27]. Sicherlich war es die Politik Masaryks — insbesondere angesichts der noch laufenden Friedensverhandlungen in St. Germain und durchaus möglichen Imponderabilien —, unter allen Umständen zu versuchen, die Deutschen zu einer positiven Haltung gegenüber der Tschechoslowakei zu bewegen. Bekanntlich hatte auch Kramář, der vom 14. November bis 21. November 1918 in seiner Eigenschaft als Vorsitzender der Revolutionären Nationalversammlung auch die Funktion eines Staatsoberhauptes innehatte, bereits am 14. November an die Adresse der Deutschen eine versöhnliche Botschaft gerichtet[28]. In Masaryks erster Botschaft als Staatsoberhaupt, die er am 22. Dezember 1918 abgab, fielen dann allerdings jene harten Worte von den deutschen „Kolonisten und Emigranten"[29], die in die Geschichte eingegangen sind. Diese Worte waren gewiß keine Ermunterung zur Mitarbeit der Deutschen an einem Staat, der sie durch das Wort ihres Staatsoberhauptes zu Bürgern minderen Rechts qualifiziert hatte. Auch wenn tags darauf der Präsident mit der gesamten Regierung das Prager Deutsche Theater besuchte und in einer Antwort auf eine Ansprache Direk-

---

[26] P e r o u t k a , Ferdinand: Budování státu [Der Aufbau des Staates]. 5 Bde. Prag 1933 bis 1936, hier Bd. 1, S. 185 ff. — Ferner K l e p e t a ř 38.

[27] K l e p e t a ř 13.

[28] Karel Kramář sagte: „Im Namen der ersten Regierung der freien Tschechoslowakischen Republik kann ich hier erklären, daß das deutsche Volk, das innerhalb unserer Grenzen wohnt, keine Angst um seine nationale Entwicklung haben muß. Treu unserer Vergangenheit und ihrer demokratischen Traditionen wollen wir unseren deutschen Mitbürgern — wenn sie sich loyal auf den Boden unseres Staates stellen — in keiner Beziehung ihre kulturelle und sprachliche Entwicklung verkürzen. Unser Staat wird nämlich ein tschechischer Staat sein, wie wir ihn uns mit Blut und Leiden erkämpft haben. Aber es wird unser Stolz und unser Bestreben sein, daß kein Nichttscheche sich bei uns bedrückt und unfrei fühlt." Vgl. K l e p e t a ř 21.

[29] Masaryk sagte: „Was die Deutschen auf unserem Gebiet anbelangt, so ist unser Programm längst bekannt, das von den Deutschen bewohnte Gebiet ist unser und wird es immer bleiben. Wir haben unseren Staat geschaffen, wir haben ihn erhalten, wir bauen ihn nun neu. Ich würde mir nur wünschen, daß u n s e r e Deutschen dabei mitarbeiten. Das wäre eine bessere Politik als ihre derzeitigen verfehlten Bestrebungen. Ich wiederhole: Wir haben unseren Staat geschaffen. Dadurch wird die staatsrechtliche Stellung unserer Deutschen bestimmt, die ursprünglich als Emigranten und Kolonisten ins Land kamen." Vgl. K l e p e t a ř 25.

tor Leopold Kramers sagte, „Die Deutschen unseres erneuerten Staates werden vollkommene Gleichberechtigung erhalten... Ich hoffe und wünsche, daß der heutige Abend nur ein Prolog zu einem großen politischen Drama ist, das wir und *unsere* Deutschen gemeinsam spielen", so vermochten diese beruhigenden Worte zunächst nicht einen Dialog mit der „Burg" zu fördern[30].

Der „Negativismus" der Sudetendeutschen blieb für eine Zeit die aus der politischen Lage heraus einzig mögliche Haltung aller deutschen Parteien und Gruppierungen gegenüber dem tschechoslowakischen Staat und seinen Repräsentanten. Die Motive für diese negativistische Haltung waren natürlich bei den einzelnen Parteien der Sudetendeutschen unterschiedlich. Die deutschen Sozialdemokraten, die sich nach der erzwungenen Trennung von der österreichischen Mutterpartei zur „Deutschen Sozialdemokratischen Arbeiterpartei" zusammengefunden hatten, sahen in der politischen und gesellschaftlichen Konstitution der Republik Deutsch-Österreich ihr Vorbild und erhofften von dort Rückhalt für den eigenen Kampf um das Selbstbestimmungsrecht[31]. Die Deutsche Nationalpartei glaubte an den Anspruch des Rechts und daran, daß nur eine permanente Negation gegenüber dem den Deutschen aufgezwungenen Staat eine Änderung herbeiführen könne und schließlich die Siegermächte bewegen müsse, einer Revision der Beschlüsse der Friedenskonferenz zuzustimmen[32]. Auch die anderen Parteien der Sudetendeutschen sahen zunächst gleichfalls keine Möglichkeit, durch eine positive Haltung zum Staat Einfluß auf die aufoktroyierte tschechoslowakische Konzeption nehmen zu können[33]. Für diese Haltung und Einstellung der sudetendeutschen Parteien war nicht zuletzt das Ergebnis der Verhandlungen Josef Seligers mit dem Nationalausschuß in Prag am 4. November 1918 von Einfluß, bei dem Alois Rašín sich über das Selbstbestimmungsrecht der Sudetendeutschen äußerte, es „sei zwar eine schöne Phrase", aber jetzt, da „die Entente gesiegt habe, entscheide die Gewalt"[34]. Auch sein Ausspruch, „Mit Rebellen verhandeln wir nicht"[35], war sicherlich nicht ohne Folgen für die Verständigungsbereitschaft zumindest eines Teiles der Deutschen.

Die politische Konzeption Masaryks, die auch ein Zusammenwirken der Deutschen, allerdings unter Anerkennung der geschaffenen Realitäten, am Aufbau des neuen Staates vorsah, blieb 1918/1919 nur ein Denkansatz; zu einer Verwirklichung

---

[30] Die reservierte Haltung des sudetendeutschen Lagers gegenüber der „Burg" wird verständlich, wenn man sich vergegenwärtigt, daß das Sudetendeutschtum noch unter dem unmittelbaren Eindruck der kurz zuvor erfolgten militärischen Besetzung ihrer Heimat stand; vgl. M o l i s c h. — S i n g u l e.

[31] B r ü g e l, Wolfgang Johann: Ludwig Czech, Arbeiterführer und Staatsmann. Wien 1960, S. 57 ff.

[32] S i m o n, Albert Karl: Rudolf Ritter Lodgman von Auen. In: Ein Leben — drei Epochen. Festschrift für Hans Schütz zum 70. Geburtstag, S. 697—742. — D e r s.: Rudolf Lodgman von Auen und das deutsch-tschechische Verhältnis. In: Beiträge zum deutsch-tschechischen Verhältnis im 19. und 20. Jahrhundert. München 1967, S. 47—76.

[33] M o l i s c h.

[34] J a k s c h, Wenzel: Europas Weg nach Potsdam. Stuttgart 1958. — B r ü g e l: Tschechen und Deutsche; die Auswirkung dieser harten Worte Dr. Rašíns auf die Haltung zumindest des Sudetendeutschtums wird von keiner Seite bestritten.

[35] Vgl. Anmerkung 34.

fehlte der Partner. Sowohl Wenzel Jaksch wie auch Franz Spina haben sich in späteren Jahren rückblickend auf diese Phase einer möglichen „positivistischen" Politik[36] geäußert. Jaksch, indem er meinte, daß Seliger sich an die falsche Adresse gewendet habe (an den Nationalausschuß), statt direkt an Masaryk[37]. Aber Masaryk weilte damals noch in Amerika. Spina, der eine erhebliche Verbesserung der Stellung der Deutschen durch eine aktive Mitwirkung in den Jahren 1918/1919 als Möglichkeit sah, übersah die politischen Realitäten dieser hektischen Phase, die von der Hochstimmung eines wohl begreiflichen, aber dennoch vorhandenen tschechischnationalen Chauvinismus geprägt war[38].

Wolfgang Brügel erwähnt in seinem Buch noch einen weiteren Vermittlungsversuch, der von tschechischer Seite ausging[39]. In seiner Reichenberger Rede am 9. Dezember 1918 habe Lodgman versöhnliche Worte an die tschechische Adresse gerichtet[40]. Aufgrund dieser Rede habe Masaryk Fühler ausgestreckt, um mit Lodgman zu verhandeln. Einem ungenannten Mittelsmann sei von Lodgman am 28. Januar 1919 eine negative Antwort gegeben worden[41]. Auch hier, bei dieser Episode, muß der wertende Historiker diese negative Antwort Lodgmans aus der Zeitsituation heraus deuten. War es Ziel und Konzeption Masaryks (und auch Benešs), den Alliierten einen kompromißbereiten sudetendeutschen Partner zu repräsentieren, so wollte Lodgman in dieser entscheidenden Phase der Friedenskonferenz von St. Germain das Selbstbestimmungsrecht der Sudetendeutschen nicht durch eine Annahme dieser Offerte unglaubwürdig machen[42].

Noch vor der Unterzeichnung des Friedensvertrages ist auch der Versuch Masaryks zu erwähnen, die Deutschen zu einer aktiven Mitarbeit und einem Anteil an der Verantwortung im Staate zu gewinnen. Im Sommer 1919 versuchte T. G. Masaryk seinen Gödinger Landsmann und Parlamentskollegen aus dem Wiener Reichsrat, Josef Redlich, zu überreden, das Amt eines Handelsministers im Kabinett zu übernehmen[43]. Wie aus den Akten des Auswärtigen Amtes bekannt wurde, hatte sich Masaryk dabei der Hilfe des ersten deutschen Geschäftsträgers in Prag, Samuel

---

[36] Vgl. K a f k a , Bruno: Der Positivismus im Jahre 1924. In: Deutsche Zeitung Bohemia. Prag, 27. Januar 1927, Nr. 25. Jubiläumsausgabe, 3. Beilage, S. 1—2.
[37] J a k s c h , Wenzel: Die Parteien im Nationalitätenstaat. In: Sozialdemokrat. London, 11. 8. 1941, S. 375—379.
[38] S p i n a , Franz: Die Politik der deutschen Parteien in der Tschechoslowakei. In: Süddeutsche Monatshefte. München, November 1928.
[39] B r ü g e l : Tschechen und Deutsche 66.
[40] Lodgman sagte: „Hunderttausende unserer Brüder hätten nicht fallen müssen, wenn man drüben im Reich und hüben bei uns rechtzeitig erkannt hätte, daß wir auf verlorenem Posten stehen, daß es vergeblich ist, eine erdrückende Minderheit mündig gewordener Völker gegen ihren eigenen Willen zusammenzuhalten. Heute haben wir diesen Grund erkannt und können frei blickend die Völker Europas warnen, ein neues Gebilde zusammenzufügen, das nicht auf dem Willen seiner Bewohner fußt." Vgl. Deutsche Zeitung Bohemia, 9. 12. 1918. — S i n g u l e 123.
[41] M o l i s c h , Paul: Vom Kampf der Tschechen um ihren Staat. Wien 1929, S. 154—161.
[42] Vgl. M o l i s c h : Vom Kampf der Tschechen 160.
[43] Vgl. R e d l i c h , Josef: Schicksalsjahre Österreichs, 1908—1919. Bd. 2. Graz—Köln 1954, S. 345/346.

Saenger, bedient[44]. Redlich lehnte jedoch dieses Angebot ab, da er sich ohne politischen Rückhalt bei den Deutschen der Tschechoslowakei fühlte und meinte, in dieser Lage kaum zur Lösung der nationalen Frage beitragen zu können[45].

Nach dem Ausscheiden von Karel Kramář als Regierungschef[46] entstand in der tschechoslowakischen Innenpolitik eine neue Gruppierung. Die „Burg" setzte auf die tschechoslowakische Sozialdemokratie als Partner zur Verwirklichung ihrer politischen Konzeption. Vlastimil Tusar wurde neuer Ministerpräsident[47]. Nach der Unterzeichnung des Friedensvertrages von St. Germain und der damit verbundenen internationalen Anerkennung der Grenzen der Tschechoslowakei versuchte die „Burg" im Zuge ihres Konzeptes einer Absicherung ihrer Politik durch die „Linke" auch die sudetendeutschen Sozialdemokraten für sich zu gewinnen. Auf Anregung Masaryks kam es am 20. Dezember 1919 zu einer ersten Fühlungnahme der Repräsentanten der deutschen Sozialdemokraten Josef Seliger, Ludwig Czech, Emil Strauss und Karl Czermak mit dem sozialdemokratischen Regierungsvorsitzenden Vlastimil Tusar. Sie verlief ergebnislos, da Tusar die von den deutschen Sozialdemokraten verlangte Berufung von Vertretern aller Nationalitäten in die Verfassunggebende Nationalversammlung ablehnte[48].

Die Deutsche Sozialdemokratische Arbeiterpartei war bereits Juni 1919 bei den Gemeindewahlen zur stärksten politischen Gruppierung der Sudetendeutschen geworden[49]. Ihre Repräsentanten hatten zu den Vertretern der tschechischen Sozialdemokratie gute Kontakte, aber auch diese Verbindungen vermochten nicht die

---

[44] Akten des Auswärtigen Amtes (Saenger an A.A., 6. 4. 1921, A.A. Film 1917, S. 438698/99); cit. n.: B r ü g e l : Tschechen und Deutsche.

[45] B r ü g e l : Tschechen und Deutsche erwähnt auch (S. 147), daß T. G. Masaryk dem Herausgeber des „Prager Tagblatts" Dr. Rudolf Keller die Übernahme des Unterrichtsministeriums angeboten habe. Die Richtigkeit dieser Angabe kann mangels anderer Erwähnung nicht verbürgt werden. Es wäre jedoch durchaus möglich, daß bei den engen Beziehungen der „Prager Presse" zur „Burg" dieser Vorschlag tatsächlich unterbreitet worden ist.

[46] Karel Kramář hatte aufgrund der Ereignisse der Gemeindewahlen vom 15. Juni 1919, die seiner Partei nicht die erhoffte Bestätigung gebracht, dafür den Sozialdemokraten zur eindeutig stärksten Partei verholfen hatten, am 8. Juli 1919 von Paris aus (wo er mit der tschechoslowakischen Delegation an den Friedensverhandlungen teilnahm) telegraphisch seinen Rücktritt angeboten. Mit dem Ausscheiden dieses Politikers als Regierungschef und dem enttäuschenden Abschneiden seiner Partei veränderte sich nicht nur das innenpolitische Kräfteverhältnis, sondern auch die Position der „Burg", für die einer der prominentesten Konkurrenten um die Führung der Macht im Staate zunächst ausgeschieden war.

[47] Vlastimil Tusar muß von „Anbeginn" an als ein Mann der „Burg" gesehen werden; er gehörte zu den Reichsratskollegen T. G. Masaryks; dem Reichsrat gehörte er von 1911—1918 an.

[48] Vgl. K l e p e t a ř 100 ff. Die deutschen Sozialdemokraten legten dabei Tusar ein „Memorandum" vor; zwei Tage darauf empfing Tusar auch die Vertreter der deutschen bürgerlichen Parteien, die unter Führung von Lodgman erschienen waren. Auch diese Vorsprache brachte für die Deutschen kein Ergebnis; damit waren die Bemühungen endgültig gescheitert, sich noch in die Verfassungsgesetzgebung einschalten zu können. Vgl. K l e p e t a ř 101/102.

[49] In den böhmischen Ländern erhielt die „Deutsche Sozialdemokratische Arbeiterpartei" bei den Gemeindewahlen am 15. und 16. Juni 1919 618 817 Stimmen und 42,1 % der für die deutschen Parteien abgegebenen Stimmen; im Vergleich dazu: „Deutsche

Aufoktroyierung der tschechoslowakischen Verfassung zu verhindern, die die Deutschen von der angestrebten Rolle als „zweites Staatsvolk" ausschloß. Als bei den Aprilwahlen 1920 die deutschen Sozialdemokraten mit Abstand zur stärksten deutschen Partei, und die Tschechoslowakische Sozialdemokratische Arbeiterpartei zur stärksten Partei des Staates wurde[50], tauchte bei den tschechischen Sozialdemokraten der Gedanke einer Koalition von Sozialisten und Agrariern aller Nationalitäten auf. Insbesondere Rudolf Bechyně setzte sich für eine derartige Koalition ein[51]. Erneut verhandelte Tusar mit den deutschen Sozialdemokraten[52]. Es kam jedoch wiederum zu keiner Einigung, weil die tschechische sozialdemokratische Seite befürchten mußte, sich durch einen Alleingang für eine mögliche Koalition mit der deutschen Partei gegenüber dem nationalen bürgerlichen Lager zu kompromittieren; aus innenpolitischer Taktik scheiterte eine deutsche Regierungsbeteiligung.

Eine Annäherung an die politische Konzeption der „Burg" zeigte sich damals lediglich bei einer Gruppe des „Bundes der Landwirte" unter Führung von Franz Křepek. Křepek hatte sich schon im Mai 1919 auf einer Parteiversammlung in Leitmeritz für ein Zusammengehen mit den tschechischen Agrariern ausgesprochen[53]. Daß Křepek 1919 eine Konkretisierung dieses Schritts noch nicht wagte, muß gleichfalls im Zusammenhang der innenpolitischen Frontstellung der deutschen Parteien und Gruppierungen gesehen werden. Ein solcher Schritt einer Kooperation mit einer tschechischen Partei wäre sicherlich in breiteren Kreisen der sudetendeutschen Bevölkerung als Affront gegenüber dem Postulat des Rechtes auf Selbstbestimmung aufgefaßt worden, das damals alle sudetendeutschen Parteien als ihr Programmziel erklärt hatten.

Nach den Parlamentswahlen 1920 vollzog sich die Spaltung des sudetendeutschen politischen Lagers in „Negativisten" und „Positivisten" schrittweise, aber dennoch unverkennbar[54]. Wohl gaben sowohl Lodgman wie auch Seliger beim Zu-

---

Nationalpartei" 7,1 %, „Deutsche Nationalsozialistische Arbeiterpartei" 2,5 %, „Bund der Landwirte" 13,5 %, „Deutsche Christlich-Soziale Volkspartei" 5,0 % und die übrigen Parteien, darunter zahlreiche regionale Wahlgruppen, 29,8 %; Příruční slovník dějinám KSČ. 2 Bde. Prag 1964, hier Bd. 2, S. 967.

[50] Bei diesen Wahlen am 18. April 1920 erhielten die deutschen Sozialdemokraten 11,1 % aller abgegebenen Stimmen, die deutschen Christlich-Sozialen dagegen nur 2,5 %, der Bund der Landwirte 3,9 %; auch die nationalen Parteien konnten sich gegenüber den deutschen Sozialdemokraten nicht behaupten; vgl. Příruční slovník II, 964/965.
Insgesamt erhielten die deutschen Sozialdemokraten 31 Sitze im Abgeordnetenhaus, alle übrigen deutschen Parteien zusammen 41.

[51] B r ü g e l : Ludwig Czech 69 ff.

[52] Tusar hatte dabei von seiner Partei die Richtlinie erhalten, keine „allnationale" (d. h. nur von Tschechen und Slowaken gebildete) Regierung zu bilden und zu versuchen, mit den sozialistischen Parteien eine Regierungsmehrheit zu finden. Vgl. K l e p e t a ř 119.

[53] Prager Tagblatt, 1. 6. 1919.

[54] Diese Spaltung dokumentierte sich auch bei der Wahl des Präsidenten der Republik. Für den deutschen Parlamentarischen Verband war der Kandidat der Deutschen Nationalpartei, Prof. Naegele, nominiert worden, der 61 Stimmen erhielt; 40 Abgeordnete der Deutschen Sozialdemokratischen Arbeiterpartei gaben „weiße" Stimmzettel ab. Nach der Wahl T. G. Masaryks verließen die deutschen bürgerlichen Abgeordneten den Parlamentssaal, wobei Lodgman dem Parlamentspräsidenten zurief: „Die deutschen Kolonisten und Emigranten verlassen den Saal"; vgl. K l e p e t a ř 123/124.

sammentritt des Parlaments getrennte Erklärungen der deutschen politischen Gruppierungen ab[55], aber der Tenor beider Erklärungen war im Grundsatz jedoch „negativistisch"[56].

Negativismus in der sudetendeutschen Politik bedeutete damals jedoch nicht kompromißlose Ablehnung einer konkreten Zusammenarbeit mit den Repräsentanten des tschechischen Staatsvolkes; er war — vor allem bei Lodgman — von der Überzeugung geprägt, daß das Schicksal der Deutschen 1919 durch Entscheid der Großmächte entschieden worden war und jede grundlegende Änderung der Lage der Sudetendeutschen gleichfalls nur durch Entscheid der Großmächte möglich sein könne[57]. Die „Positivisten" hingegen waren der Auffassung, daß auf dem Wege der Kooperation mit einem kompromißbereiten tschechischen Partner die Situation der Sudetendeutschen verbessert werden könne.

Die Politik der „Burg", vor allem aber T. G. Masaryks, war auf eine Beteiligung der Deutschen an der Regierungsverantwortung abgestimmt. Obwohl bereits Vlastimil Tusars Versuch gescheitert war, versuchte sein Nachfolger Jan Černý als Vorsitzender der 1. Beamtenregierung auf ausdrücklichen Wunsch T. G. Masaryks September 1920 zwei deutsche Beamte als Minister zu gewinnen[58]. Vorgesehen war je ein Vertreter der deutschen Sozialdemokratie und der deutschen Agrarier. So kam es am 8. September 1920 auf Schloß Hluboš bei Příbram (dem Sommersitz des Präsidenten) zu einer Aussprache mit den Repräsentanten der deutschen Sozialdemokraten Josef Seliger, Ludwig Czech, Carl Heller, Adolf Pohl und Karl Czermak und den Vertretern der Tschechoslowakischen Sozialdemokratischen Arbeiterpartei Vlastimil Tusar, Gustav Habrman, Rudolf Bechyně, František Tomášek und Jaroslav Aster[59]. Daß dieses Gespräch vor dem aktuellen Hintergrund der Spaltung des sozialistischen Lagers und der Herausbildung einer kommunistischen Bewegung zustande kam, vermindert nicht die Bedeutung des Zusammentreffens. Es war ein erster, wenn auch noch vergeblicher Versuch der „Burg" gewesen, eine

---

[55] Wortlaut der beiden Erklärungen siehe: Těsnopisecké zprávy o schuzích Národního Shromáždění Republiky československé [Stenographische Protokolle der Sitzungen der Nationalversammlung der Tschechoslowakischen Republik]. 14. 11. 1918—31.12. 1938. — Vgl. auch S i m o n , Albert Karl (Herausgeber): Reden und Aufsätze. Festausgabe zum 77. Geburtstag des Sprechers der SL. München 1954. — Ferner K l e p e t a ř 124ff.

[56] Ähnlich im Inhalt, wenn auch in der Tonart milder, waren die Erklärungen dazu in der Aussprache von Franz Křepek, Bruno Kafka und auch von Rudolf Jung, der für die Nationalsozialisten sprach.

[57] S i m o n : Rudolf Lodgman von Auen und das deutsch-tschechische Verhältnis.

[58] Bei der Ernennung der Regierung Černý am 15. 9. 1920 zeigte sich vor allem der Einfluß der „Burg" auf die Politik der Regierung; Masaryk gab in seinem Ernennungsschreiben so dezidierte Anweisungen über die zu erwartende Regierungsarbeit und betrachtete sie damit nur als „provisorische", so daß es kaum ein besseres Beispiel für die indirekte Leitung der tschechoslowakischen Regierung durch die „Burg" geben kann; vgl. hierzu K l e p e t a ř 136/137. Über die Bemühungen T. G. Masaryks, die Deutschen zur Regierungsmitarbeit zu gewinnen, vgl. S i n g u l e 226. — Ferner B r ü g e l : Tschechen und Deutsche 147 ff. Während Brügel von zwei deutschen Ministern spricht, erwähnt Singule, daß nur ein Deutscher als „Landsmannminister" aufgenommen werden sollte.

[59] Dokumenty 67/68.

stärkere politische Gruppe der Sudetendeutschen für eine aktive Unterstützung der Regierungspolitik zu gewinnen. Die Vertreter der deutschen Sozialdemokratie forderten jedoch sichtbare Beweise eines Entgegenkommens der tschechischen Regierungspolitik, vor allem eine Verbesserung der Lage der Sudetendeutschen in der Sprachen- und Schulfrage[60].

Die effektive Spaltung des sudetendeutschen Lagers war allerdings zu diesem Zeitpunkt schon vollzogen; die bürgerlichen Parteien hatten sich unter Lodgman zum „Deutschen Parlamentarischen Verband" zusammengefunden, die Sozialdemokraten und zunächst auch die Deutsche Nationalsozialistische Arbeiterpartei blieben außerhalb des „Verbandes"[61]. Die beiden Gruppierungen gingen von nun an getrennte Wege, auch wenn sie der gemeinsame Wille zu einer einheitlichen Haltung in den wesentlichen nationalpolitischen Fragen noch zusammenhielt.

Schon Křepek hatte bereits 1920 in seiner ersten Vorsprache bei T. G. Masaryk den „Anspruch der Deutschen an der Regierungsmacht" betont[62]. Křepek wurde am 21. April 1921 erneut von T. G. Masaryk empfangen. Diese Aussprache markierte einen Wendepunkt in den Beziehungen der Deutschen zur Regierungspolitik, auch wenn sie noch zu keiner deutschen Regierungsbeteiligung geführt hatte. Aber es war deutlich geworden, daß sich nunmehr, nach den deutschen Sozialdemokraten, auch der „Bund der Landwirte" zu einer „positivistischen" Politik hingezogen fühlte. Der Bericht Křepeks im „Deutschen Parlamentarischen Verband" über diese Aussprache offenbarte die divergierenden Anschauungen der deutschen bürgerlichen Parteien in dieser Kardinalfrage. Bund der Landwirte, Christlich-Soziale und Deutschdemokraten waren für eine Fortsetzung der Gespräche mit der „Burg", die Nationalpartei und Nationalsozialisten dagegen. Noch konnte sich die Haltung Lodgmans durchsetzen[63], aber nur um den Preis des Zerfalls des parlamentarischen Verbands. Trotzdem nach dem Ausscheiden der drei „positivistischen" deutschen bürgerlichen Parteien aus dem Parlamentarischen Verband im Juni 1922 — Bund der Landwirte, Christlich-Soziale und Deutschdemokraten schlossen sich daraufhin zu einer „Parlamentarischen Arbeitsgemeinschaft" zusammen — die einheitliche Haltung des deutschen bürgerlichen Lagers erschüttert worden war, wollte noch keine

---

[60] B r ü g e l : Ludwig Czech 73.
[61] Der Deutsche Parlamentarische Verband hatte sich nach den Wahlen in die Verfassunggebende Nationalversammlung 1920 als Vertretung der deutschen bürgerlichen Parteien konstituiert und bestand aus den Vertretern des Bundes der Landwirte, der Deutschen Nationalpartei, der Deutschen Christlich-Sozialen Volkspartei und der Deutschen Demokratischen Freiheitspartei. Die Deutsche Nationalsozialistische Arbeiterpartei trat dem „Verband" später jedoch bei. Ende 1922 trat der Bund der Landwirte jedoch aus dem „Verband" wieder aus.
Man kann den 17. Dezember 1920 als das Datum ansehen, an dem sich die Wege der deutschen Parteien trennten. Anläßlich der Beratung einer Gesetzesvorlage über die Verstaatlichung der Privatbahnen obstruierten die Nationalpartei und Nationalsozialisten gegen die Regierungspolitik, während die deutschen Sozialdemokraten versuchten, im Verhandlungswege Vorteile für ihre Anhänger zu gewinnen. Vgl. K l e p e t a ř 150/151.
[62] Deutsche Zeitung Bohemia, 30. 1. 1927, Nr. 25 (Historische Audienz bei Masaryk).
[63] Vgl. K l e p e t a ř 151 f.

Partei den ersten Schritt zur Regierungsverantwortung wagen[64]. Selbst Masaryks Weihnachtsbotschaft von 1922[65], die eine indirekte Aufforderung an die Deutschen enthielt, ihre „Negation" aufzugeben, vermochte diese einheitliche Haltung der deutschen Parteien nicht zu verändern. Man muß aber die Intentionen der „Burg", einige der deutschen politischen Parteien zu einer aktiveren Haltung zu bewegen, auch unter dem Gesichtspunkt sehen, durch das Prinzip eines „divide et impera" diese einheitliche Haltung zu sprengen.

Da die Außenpolitik der „Burg" von dem Primat einer Allianz mit Frankreich und von der Vorstellung befangen war, daß das Deutsche Reich für lange Jahre aus der europäischen Politik ferngehalten werden könne, mußte Locarno (Oktober 1925) und sein Ergebnis auch die Haltung der „Burg" zu den Deutschen im eigenen Lande entscheidend verändern.

Bereits 1924 hatte die „Burg" die Weichen für eine Entwicklung gestellt, die allerdings erst 1926 verwirklicht werden konnte. Charakteristisch für die veränderte Einschätzung der innenpolitischen Lage durch den Wiedereintritt des Deutschen Reiches als politischer Faktor scheint die Schilderung eines Gespräches zu sein, das Bruno Kafka am 1. April 1924 mit T. G. Masaryk geführt hatte[66]. Der Präsident hatte damals unmißverständlich erklärt, daß das „beste Einvernehmen mit Deutschland" einen wesentlichen Programmpunkt der tschechoslowakischen Politik bilde, und daß er im Zusammenhang mit der außenpolitischen Entwicklung an einen „unmittelbaren Eintritt der Deutschen", vor allem der „Arbeitsgemeinschaft", in die Regierung denke[67]. Er deutete Kafka gegenüber an, daß er dabei zunächst an eine Unterstützung durch deutsche Stimmen für die Regierungspolitik denke und später an eine Regierungsmitverantwortung. Kafka ließ damals T. G. Masaryk allerdings wissen, daß dazu eine „Reihe nationalpolitischer Zugeständnisse" erforderlich wären, und daß das Ziel einer aktiven Beteiligung an der Regierungsverantwortung die „friedliche Bereinigung des nationalen Streites unter voller Wahrung der deutschen Interessen" sein müsse[68].

Kafka hatte bereits auf dem Karlsbader Parteitag der Deutschdemokraten am 19. Oktober 1924 das „Programm" des deutschen Aktivismus konkretisiert. Es sollten einige deutsche Parteien, wenn sich dazu Gelegenheit böte, in die Regierung eintreten, die übrigen Parteien in Opposition bleiben, in nationalen Fragen aber Regierungsdeutsche und Oppositionelle gemeinsam vorgehen. Dieses Konzept ent-

---

[64] Auf der Sitzung des parlamentarischen Verbands am 8. Oktober 1921 setzten sich die bürgerlichen Parteien erstmals gegen die Haltung Lodgmans durch und verwarfen dessen Auffassung, daß „keine ausschlaggebenden Gründe vorlägen, die bisherige Taktik" zu überprüfen; vgl. K l e p e t a ř 164.
[65] In seiner Neujahrsbotschaft 1922 hatte Masaryk u. a. ausgeführt: „Nach meiner Meinung ist die tschechisch-deutsche Frage die wichtigste, ja wir haben eigentlich nur diese Frage ... Unseren deutschen Landsleuten gebührt Anteil in der Administrative und in der Regierung; das versteht sich in einer Demokratie von selbst. Diese Mitwirkung setzt allerdings eine loyale Anerkennung des Staates ohne jede Zweideutigkeit voraus..."; vgl. Prager Tagblatt, 3. 1. 1922.
[66] Deutsche Zeitung Bohemia, 30. 1. 1927, Nr. 25, Jubiläumsfolge. 3. Beilage, S. 1 und 2.
[67] S. Anm. 66.
[68] S. Anm. 66.

sprach der von den Tschechen im alten Österreich gehandhabten Taktik, als ein Teil wiederholt in Regierungsverantwortung war, der andere in Opposition, in wichtigen Fragen aber sowohl Regierungskräfte wie auch Opposition im Tschechischen Nationalrat zusammenarbeiteten[69]. Bereits vor dieser Aussprache mit Křepek hatte Masaryk auch die anderen Obmänner in der „Deutschen Parlamentarischen Arbeitsgemeinschaft", Mayr-Harting von den Christlich-Sozialen, Franz Spina und auch den Vorsitzenden des „Bundes der Landwirte" Franz Křepek zu getrennten Unterredungen empfangen, um mit ihnen die politische Situation, vor allem aber die Möglichkeiten einer deutschen Regierungsbeteiligung zu erörtern[70].

Im Anschluß an diese Sondierungsverhandlungen des Präsidenten kam es 1924 unter Ministerpräsident Švehla zu Verhandlungen mit den Christlich-Sozialen und den deutschen Landbündlern über eine Regierungsbeteiligung. Sie scheiterte daran, daß die deutschen Gesprächspartner nicht bereit waren, das geforderte „Loyalitätsbekenntnis" abzulegen[71]. Masaryk selbst hatte sich damals allerdings für einen Verzicht auf dieses Treuebekenntnis ausgesprochen[72].

Die Parlamentswahlen von 1925 führten zu einer neuen Verteilung der politischen Kräfte unter den deutschen Parteien, die eine Hinwendung zu einer „positivistischen" Politik erkennen ließ[73]. Unter dem Eindruck der Veränderungen in der europäischen Politik blickten nun auch die sudetendeutschen Politiker mehr nach Berlin, um dort Rückhalt für ihre Politik innerhalb der Tschechoslowakei zu suchen[74]. Dies war nicht zuletzt eine Folge von Locarno, das u. a. auch einen Schiedsvertrag zwischen der Tschechoslowakei und dem Deutschen Reich brachte und auch zur ersten persönlichen Begegnung von Beneš und Stresemann geführt hat[75]. Februar 1926 kontaktierten Franz Spina und Robert Mayr-Harting den deutschen Gesandten Walter Koch; aber auch die „Negativisten" Heinrich Brunar, Hans Knirsch und der Agrarier Josef Mayer suchten den deutschen Geschäftsträger auf[76].

---

[69] Vgl. Klepetař 197.
[70] Deutsche Zeitung Bohemia, 30. 1. 1927, Nr. 25, S. 1 und 2.
[71] Vgl. Klepetař 198; eine Einigung scheiterte auch daran, daß die Regierung nicht bereit war, Einblick in die Verhandlungen über den Fortgang der Arbeiten an der vorbereiteten Sprachenverordnung zu geben.
[72] Vgl. Akten des Auswärtigen Amts; Koch i. A.A., 20. 3. 1926. A.A. Film L 437/4, S. 128392—402.
[73] Bei den Parlamentswahlen am 15. November 1925 erhielten die auf einer Gemeinschaftsliste mit der Deutschen Gewerbepartei, den Deutschen der Slowakei und den Ungarischen Nationalen kandidierenden Landbündler 8 %, die Christlich-Sozialen 4,4 % und die deutschen Sozialdemokraten 5,8 % der Stimmen; Příruční slovník II, 964/965.
Insgesamt erzielten die deutschen Aktivisten damals 1 297 568 Stimmen gegenüber den „Negativisten" mit 409 272. Vgl. Brügel: Ludwig Czech 79.
[74] Vgl. u. a. Brügel: Tschechen und Deutsche 169 ff.
[75] Die Unterredung Stresemanns mit Beneš kam während des Aufenthalts der deutschen Delegation in Genf anläßlich der Aufnahme des Deutschen Reichs in den Völkerbund 1926 zustande.
[76] Akten des Auswärtigen Amts, Koch an A.A. 27. 2. 1926, A.A., Film L 437/4, S. 128385; und Koch an A.A. 18. 3. 1926, A.A., Film L 437/4, S. 128386—91.

In seinem Bericht über diese Vorsprachen nach Berlin stellte sich Koch hinter eine „aktivistische" Politik der Sudetendeutschen[77].

Wir wissen heute aus den Akten des Auswärtigen Amts[78], daß Stresemann nicht in den Streit um „Aktivismus" und „Negativismus" eingegriffen hat; er überließ die Verantwortung den Sudetendeutschen selbst. Für eine Hinwendung zu einer „aktivistischen" Politik wurden die sudetendeutschen Politiker durch die „Burg" ermuntert. Insbesondere T. G. Masaryk hatte sich in den Jahren 1925 und 1926 wiederholt um eine Gewinnung der Deutschen für eine Regierungsverantwortung eingesetzt[79]. So schrieb er September 1926 im „Prager Tagblatt": „Die Deutschen haben nicht nur das Recht, sondern auch die Pflicht, an der Regierung teilzunehmen[80]." Unter der oft zitierten Parole Švehlas „Gleiche unter Gleichen" traten Robert Mayr-Harting für die Christlich-Soziale Volkspartei und Franz Spina für den „Bund der Landwirte" dann Anfang Oktober 1926 in die Regierung ein[81]; sie erhielten das Justizministerium und das Ressort des Ministers für öffentliche Arbeiten[82].

Die Bereitschaft der beiden deutschen bürgerlichen Parteien, 1926 ihre bisherige abwartende Position zu verlassen, war an keine konkreten Zugeständnisse des tschechischen Partners gebunden, durch gesetzliche Maßnahmen und Verordnungen das Los der Sudetendeutschen zu verbessern. Der Eintritt in die Regierung aber war durch lange Sondierungen vorbereitet worden. Mitte April 1925 hatte die „Prager Presse", die von der „Burg" indirekt subventioniert wurde, eine Nachricht gebracht, daß Landbund, Christlich-Soziale und Gewerbepartei[83] nach den Parlamentsneuwahlen in die Regierung eintreten würden[84]. Diese Meldung erschien auch im Organ

---

[77] Akten des Auswärtigen Amts. Koch an AA. 20. 3. 1926, A.A., Film L 437/4, S. 128392—402.
[78] Stresemann äußerte sich in einem Telegramm an den deutschen Gesandten in Prag, Koch, daß die Reichsregierung in diesem Parteienstreit nicht Stellung nehmen wolle; vgl. Akten des Auswärtigen Amts. Stresemann an Koch, 4. 5. 1926, A.A., Film 4582, S. 175913—14.
[79] Am 27. Juni 1926 hatte Masaryk in einem in der Prager Presse vom gleichen Tage abgedruckten Interview in der tschechischen Zeitung „Národní osvobození" u. a. erklärt: „Ich wiederhole, was ich bereits gesagt habe: das Problem unserer deutschen Minderheit ist das wichtigste politische Problem. Es ist Pflicht jener, die den Staat leiten, dieses Problem zu lösen. Sobald sich die Deutschen der Negation unseres Staates begeben und zur Mitarbeit an ihm sich anmelden, sobald sie also, kurz gesagt, eine Regierungspartei werden, dann stellen sich automatisch alle Konsequenzen ein wie bei den übrigen Regierungsparteien..."
[80] In einer Unterredung mit Ernst Rychnovský im „Prager Tagblatt", 7. 9. 1926.
[81] Vgl. Klepetař 250 ff.; die Erklärung „Gleiche unter Gleichen" war in der Regierungserklärung des Ministerpräsidenten Antonín Švehla verwendet worden, die dieser zwei Tage nach der Bildung der neuen und ersten mit deutscher Beteiligung am 14. Oktober 1926 vor dem Parlament abgegeben hatte.
[82] Vgl. Klepetař 248 ff.
[83] Mitte April 1925 war in der „Prager Presse" zu lesen, daß nach den Parlamentswahlen 1925 ein Arbeitsblock des Bundes der Landwirte, der deutschen Christlich-Sozialen und der Gewerbepartei gebildet werden solle; die Gewerbepartei war durch Absplitterung von der Deutschen Nationalpartei entstanden.
[84] Vgl. Prager Presse vom 14. April 1925.

der tschechoslowakischen Nationalsozialisten, dem „České slovo"[85]. Obzwar das Organ des Bunds der Landwirte, die „Deutsche Landpost", dies dementierte[86], trat 1926 ein, was Kafka bereits angedeutet hatte: der Eintritt in die Regierung. „Gleiche unter Gleichen" bedeutete jedoch nicht, daß man den Deutschen Zugeständnisse gemacht hätte; ein tschechischer Agrarier drückte dies mit den Worten aus: „Wir verlangen von den Deutschen keine Treuebekenntnisse und sie verlangen von uns keine feierlichen Versprechungen über irgendwelche nationale Konzessionen[87]." Das Versprechen, das der Minister für Schulwesen im 3. Kabinett Švehlas, Milan Hodža, Minister Spina gegeben hatte, die Schulautonomie zu verwirklichen, war jedoch kein Regierungsversprechen, sondern das Wort eines Politikers[88], das infolge der innenpolitischen Entwicklung nicht eingelöst werden konnte.

Seit 1926 hatten die Deutschen, vertreten durch Repräsentanten ihrer „aktivistischen" Parteien, Anteil an der politischen Verantwortung in der Tschechoslowakei. Ob sie auch „Anteil" an der Politik der „Burg" hatten, an der Leitung des grundsätzlichen politischen Geschehens im Staate, muß in Frage gestellt werden. Obzwar die deutschen Aktivisten ohne konkrete Vorbedingungen in die Regierung eingetreten waren, ging es ihnen nicht nur um eine schrittweise Verbesserung der nationalen, sozialen und kulturellen Situation des Sudetendeutschtums, sondern vor allem auch um grundsätzliche Fragen der Selbstverwaltung. Masaryk hatte sich in einem Interview in der Prager „Deutschen Presse" 1926[89] im Prinzip für eine Autonomie „neben der natürlichen Zentralisierung, die das moderne Staatswesen bedeutet" ausgesprochen und auch eine „Schulautonomie" bejaht[90]. Auch in seiner Botschaft zum 28. Oktober 1928 hatte er diese Gedanken aufgegriffen[91]. Daß bereits Ende der zwanziger Jahre die „Burg" keine einheitliche Ansicht über eine Lösung des sudetendeutschen Problems hatte, zeigte die Rede, die Beneš 1929 auf einer Wahlversammlung hielt, in der er zwar den Deutschen „Gleichheit und Gerechtigkeit" zusicherte, wenn sie sich „mit unserem Staate identifizieren", aber zugleich andeutete, daß er sich die Lösung der deutschen Frage nur als „technisch-administratives Problem" vorstellen könne[92].

Daß sich der „Anteil" der Deutschen an der Politik der „Burg" auch nach Eintritt in die Regierung nur optisch widerspiegelte, zeigten deutlich die Ereignisse um die

---

[85] Das Parteiorgan der Tschechoslowakischen Nationalsozialistischen Partei „Ceské slovo" war das Sprachrohr von Außenminister Beneš; vgl. České slovo, 14. April 1925.

[86] Die „Deutsche Landpost" schrieb: „Wir wissen nicht, ob dies einem Wunsch der Regierung entspricht. Es mutet aber eher wie ein verspäteter Aprilscherz an. Ohne Wiedergutmachung und Garantierung der deutschen Rechte wären die in den beiden Regierungsorganen erwähnten Punkte undiskutierbar"; zitiert nach K l e p e t a ř 201.

[87] Auf einer Versammlung Anfang Oktober 1926 hatte der nachmalige Landwirtschaftsminister Otakar Srdinko, der der Agrarpartei angehörte, dies erklärt; zitiert nach K l e p e t a ř 247.

[88] Vgl. K l e p e t a ř 248.

[89] Deutsche Presse, Prag, 1. 12. 1926.

[90] Masaryk betonte dabei allerdings, daß er „die Autonomiebestrebungen nicht als politischen Gegensatz zum Staate auffasse"; Deutsche Presse, Prag, 1. 12. 1926.

[91] Prager Tagblatt, 30. 10. 1928.

[92] Diese Formulierung wählte Beneš auf einer Wahlversammlung; sie ist in der „Vossischen Zeitung", Berlin, 21. 10. 1929, zitiert.

Regierungsbildung 1929, als nach dem 1928 erfolgten Ausscheiden Antonín Švehlas aus der aktiven Politik das immer stärker wirkende Gewicht der tschechischen Agrarier am politischen Entscheidungsprozeß sichtbar wurde. Die Mehrheit dieser stärksten tschechischen Partei war nicht bereit, die Konzeption der „Burg", auch gegenüber den Deutschen, ohne Gegenleistungen zu akzeptieren[93]. Unter der Regierung des Agrariers František Udržal scheiterte 1929 der Versuch einer Ausbootung der deutschen „Aktivisten" aus der Regierung letztlich nur an dem massiven Druck der „Burg"[94]. Aber die deutschen Christlich-Sozialen blieben bei diesem innenpolitischen Tauziehen auf der Strecke; an ihrer Stelle trat der Vertreter der deutschen Sozialdemokraten Ludwig Czech in die Regierung ein, der das Ressort für soziale Fürsorge übernahm[95]. Er vermochte zwar als Minister in diesem wichtigen Ressort viel zur Linderung der großen sozialen Not beizusteuern[96]; ihm wie auch Franz Spina blieb jedoch das Erreichen der grundsätzlichen Ziele der sudetendeutschen aktivistischen Politik versagt. Das Gesetz über die Schulautonomie scheiterte z. B. schon 1932 und mit ihm auch eines der wesentlichen Ziele der sudetendeutschen aktivistischen Politik[97].

Seit dem Eintritt in die Regierung war die Stellung der Repräsentanten der sudetendeutschen aktivistischen Parteien gegenüber der „Burg" nicht mehr auf Sondierungsgespräche beschränkt. Politiker wie Spina, Mayr-Harting aber auch der

---

[93] Die Parlamentswahlen 1929 hatten den drei sozialistischen Parteien einen Mandatsgewinn von 18 Sitzen gebracht, die Mehrheit des „Bürgerblocks" war verschwunden, dennoch ging die tschechische Agrarpartei mit 46 Mandaten und einem Gewinn von 1 Mandat erneut als stärkste Partei in die Auseinandersetzungen um die Regierungsbildung und versuchte zunächst wieder eine „bürgerliche" Regierung zu bilden. Der Wahlkampf selbst war von einigen tschechischen Parteien mit dem Konzept einer „allnationalen" Regierung und gegen eine deutsche Regierungsbeteiligung geführt worden. Dagegen war die „Burg" daran interessiert, in einer neuen Regierung alle regierungswilligen deutschen Parteien zu beteiligen. Vgl. u. a. K l e p e t a ř 286 ff.

[94] Nachdem sich abzeichnete, daß die tschechischen Sozialdemokraten, wenn auch widerstrebend, bereit waren, die deutschen Sozialdemokraten zugunsten einer „allnationalen" Regierung zu opfern, griff Masaryk am 24. November 1929 persönlich ein. Bereits am 21. November hatte Masaryk Bedenken gegen den Plan Udržals geäußert, die Deutschen aus der neuen Regierung auszubooten. Klepetař meint, daß es Masaryk am 24. November auf Schloß Lana gelungen sei, in Anwesenheit von Beneš den designierten Ministerpräsidenten zu überzeugen, daß ohne Deutsche nicht regiert werden könne. Vgl. K l e p e t a ř 287 ff.

[95] Vgl. K l e p e t a ř 287 ff.

[96] Vgl. B r ü g e l : Ludwig Czech.

[97] Unter den konkreten Forderungen der deutschen Aktivisten hatte Franz Spina bereits 1925 ein Gesetz über die kulturelle Selbstverwaltung, das den Minderheiten ermöglichen sollte, ihr Schulwesen in allen Instanzen selbst zu verwalten, als „höchstes Ziel" bezeichnet. Vgl. Antrag der Abgeordneten Hillebrand, Hoffmann, Deutsch und Genossen auf Einführung der nationalen Schulautonomie, 2. 10. 1925, Parlamentarischer Druck Nr. 5379.
Der slowakische Sozialdemokrat Ivan Dérer, der 1929 das Ressort des Unterrichtsministers übernommen hatte, legte Ende 1932 einen Gesetzentwurf vor, der in vielen Punkten zur Schulselbstverwaltung den Wünschen der Deutschen entsprochen hätte. Er wurde nicht zur Verabschiedung gebracht. Vgl. B r ü g e l : Tschechen und Deutsche 197 ff.

deutschen Sozialdemokraten gehörten von nun an zu den regelmäßigen Gesprächspartnern der „Burg". Wenn auch darüber kaum Aufzeichnungen vorhanden sind, so wissen wir aus einigen Berichten[98], daß vor allem Beneš den regelmäßigen Kontakt mit den aktivistischen sudetendeutschen Politikern, zunächst in der Form eines Tischgespräches, zu einem Meinungsaustausch nutzte. Mit zunehmendem Alter und der Gebrechlichkeit von T. G. Masaryk rückte vor allem der Leiter der Präsidialkanzlei des Präsidenten Šámal in die Rolle des Gesprächsvermittlers, aber noch zu Lebzeiten Masaryks wurde Beneš zum eigentlichen „spiritus rektor" der Burg-Politik[99].

Die Konzeption der „Burg" gegenüber den Deutschen blieb auch in der „Ära" Beneš unverändert. War dabei die Arbeit des sudetendeutschen Aktivismus auch noch nach 1933 von der Sympathie der „Burg" getragen, ohne daß diese sudetendeutsche Politik dabei eine echte Möglichkeit aktiver Gestaltung an der politischen Mitentscheidung hatte, so war seit 1933 der Aktivismus selbst auch mit einer veränderten politischen Lage in Europa konfrontiert, die nicht ohne Folgen für die Tschechoslowakei und die Sudetendeutschen bleiben konnte. Die Entwicklung, die innerhalb des Sudetendeutschtums zum Erfolg der Sudetendeutschen Partei Konrad Henleins führte, war nur indirekt eine Folge eines mutigen, aber vergeblichen Ringens des „Aktivismus" um Verständnis bei der tschechischen Regierungsmehrheit.

Spätestens seit 1935 hatte der „Aktivismus" keine Mehrheit in der sudetendeutschen Bevölkerung, auch wenn 1935 die deutsche Regierungsbeteiligung noch weiter aufrechterhalten wurde. Im neuen Kabinett, das nach den Wahlen 1935 gebildet wurde, übernahm Franz Spina das Ressort eines Ministers ohne Geschäftsbereich, Ludwig Czech wurde Minister für Gesundheitswesen[100]. Die Politik einer Regierungsmitverantwortung der Deutschen hatte in den 30er Jahren viel von ihrer Glaubwürdigkeit verloren, auch wenn die „Burg" noch immer einen Ausgleich mit den Deutschen im Lande als dringende Notwendigkeit sah[101]. Seit den 30er Jahren war aber die tschechische Regierungspolitik auch noch zusätzlich mit dem Kampf gegen eine Wirtschaftskrise belastet, von der vor allem die sudetendeutschen Gebiete mit ihrer vom Export abhängigen Industrie betroffen waren[102]. Angesichts der sozialen Notlage der dreißiger Jahre wurde die nationale Frage der Sudetendeutschen immer stärker auch zur sozialen.

In jener Phase der sozialen Not der Sudetendeutschen wurde der sogenannte

---

[98] Nach einer Mitteilung von Hans Schütz an den Verfasser.
[99] Auch diesen Hinweis erhielt der Verfasser von Hans Schütz.
[100] Nach den Parlamentswahlen 1935 hatte die Sudetendeutsche Partei 1 249 530 Stimmen, die „aktivistischen" Parteien zusammen um 605 122. Dennoch hielt auch die neue Regierung unter Malypetr, der im November 1935 durch Milan Hodža ersetzt wurde, an der deutschen Regierungsbeteiligung fest, wenn auch die Zuteilung der Ressorts erkennen ließ, daß der deutsche Aktivismus nur mehr aus „optischen" Gründen gestützt wurde. Vgl. B r ü g e l : Tschechen und Deutsche.
[101] In seiner Abschiedsbotschaft bei der Niederlegung seines Amtes hatte T. G. Masaryk ausdrücklich betont: „Wir bedürfen ... zu Hause der Gerechtigkeit gegenüber allen Bürgern, gleich welcher Nationalität auch immer." Vgl. K l e p e t a ř 406.
[102] Über die Auswirkung der Wirtschaftskrise in den sudetendeutschen Gebieten auf die Zuspitzung der nationalen Lage sind sich die Autoren in Ost und West einig.

„Jungaktivismus" geboren. Seine Zielsetzung war, zunächst durch Besserung der wirtschaftlichen Situation bessere Voraussetzungen für eine Lösung der noch immer ungelösten national-politischen Probleme zu schaffen[103]. Wenzel Jaksch, Hans Schütz und Gustav Hacker als Exponenten dieses „Jungaktivismus" fanden zwar für ihre Anliegen ein offenes Ohr bei der „Burg" und besonders in den Kreisen einiger tschechischer Intellektueller um die Zeitschrift „Přítomnost", die „Burg" war aber zu dieser Zeit nicht mehr die mächtige Schaltstelle; ihre Konzeption starb mit ihrem Symbol T. G. Masaryk[104].

Regelmäßig ließ sich Beneš von Wenzel Jaksch wie auch Hans Schütz über die innerparteiliche Situation der Sudetendeutschen berichten. Hans Schütz z. B. erinnert sich an die Gespräche, die er mit dem Präsidenten regelmäßig führte, und bei denen sich Beneš stets genau über jede Einzelheit des Auftretens der aktivistischen Politiker informiert zeigte[105]. Wir wissen auch aus den zur Verfügung stehenden Quellen, daß Wenzel Jaksch bei Beneš vielfach Unterstützung für die Politik der regierungstreuen Sudetendeutschen gefunden hatte[106]. Gerade aber für den Zeitraum von 1935 bis 1938, in dem die Kontakte der sudetendeutschen „Jungaktivisten" zur „Burg", d. h. insbesondere zu Beneš, besonders eng waren, fehlen nahezu alle Quellenunterlagen über diese Beziehungen. Die historische Forschung, auch in der Tschechoslowakei, stand bisher zu einseitig unter dem Bann der Entwicklung der Henlein-Bewegung. In fast allen Forschungsberichten über diese Jahre findet dieser wichtige Aspekt der sudetendeutschen aktivistischen Entwicklung nicht die ihm gebührende Berücksichtigung. So muß sich auch der vorliegende Bericht über diesen Zeitraum mangels konkreter Quellen damit begnügen, die Problematik nur aufzureißen. Da aber auch die Verstrickung der sudetendeutschen Frage mit der Politik der Großmächte die Bemühungen des „Aktivismus" zunichte gemacht hatte, bevor sie ihre Früchte hätten ernten können, kann auch nicht die Fragestellung beantwortet werden, ob diese Politik Erfolg gehabt hätte. Ansätze dafür waren vorhanden. Hier muß vor allem das nach langer und mühsamer, zugleich geduldiger Vorarbeit am 28. Januar 1937 vorgelegte „Memorandum" genannt werden, das die aktivistischen Parteien Ministerpräsident Milan Hodža mit den nationalpolitischen Forderungen der Sudetendeutschen überreichten. In Anwesenheit von Spina für den Bund der Landwirte und Felix Luschka für die Christlich-Sozialen betonte Ludwig Czech bei der Übergabe dieser Forderungen: „Wir gehen mit dem Bewußtsein in die Verhandlungen, daß die Deutschen ein Staatsvolk sind. Daraus ergibt sich dann ihre

---

[103] Vgl. B a c h s t e i n, Martin Karl: Wenzel Jaksch und die Sudetendeutsche Sozialdemokratie. Phil. Diss. Masch. München 1971, S. 109 ff.
Der Begriff „Jungaktivismus" wurde am 26. April geprägt, als Wenzel Jaksch und Gustav Hacker am gleichen Tag, in getrennten Kundgebungen, den Versuch unternahmen, die tschechoslowakische Regierung auf den Ernst der Lage in den Siedlungsgebieten aufmerksam zu machen, und forderten, die Sudetendeutschen als zweites Staatsvolk anzuerkennen. Vgl. W a n k a, Willi: Überparteiliche Zusammenarbeit in den dreißiger Jahren. In: Sudeten-Jahrbuch 1973 (München 1972) 78 ff.
[104] Masaryk starb am 14. September 1937; er war bereits am 14. Dezember 1935 von seinem Amt als Präsident zurückgetreten.
[105] Nach Mitteilungen von Hans Schütz an den Verfasser.
[106] Vgl. B a c h s t e i n 170 ff.

gleiche Rechtsstellung im Staate[107]." Der Erfolg blieb diesem Memorandum verwehrt, auch wenn die Regierung am darauffolgenden 18. Februar eine Reihe von konkreten Maßnahmen zur Verbesserung der Lage der Sudetendeutschen beschlossen hatte[108]. Hitler stand bereits vor den Toren und nach der Besetzung Österreichs brachen die „aktivistischen" Bemühungen endgültig zusammen. Die Minister Spina und Erwin Zajicek — der 1936 als Vertreter der deutschen Christlich-Sozialen Volkspartei in die Regierung eingetreten war — verließen das Regierungslager; nur die sudetendeutschen Sozialdemokraten verblieben noch als Stütze der „Burg".

Wenn wir abschließend den „Anteil" der Deutschen an der „Burg" werten wollen, muß zunächst festgestellt werden, daß er im wesentlichen passiv war. Die einzelnen aktivistischen Parteien der Sudetendeutschen hatten zu keiner Zeit aktiven Einfluß auf die Politik der „Burg" gehabt. Sie waren Mittel in einer Konzeption, die den Sudetendeutschen eine wichtige Rolle im Konzept der tschechoslowakischen Staatsidee zuwies. Insoweit kann auch von einem „Anteil" der Deutschen an der „Burg" gesprochen werden. Eine abschließende Bewertung ist zur Zeit allerdings kaum möglich. Hierfür wäre ein Einblick in jene Quellenbestände erforderlich, die der Forschung noch verschlossen sind. So kann dieser Beitrag nur Grundlage für eine Diskussion sein und zugleich Anregung geben, die Wechselwirkung der Beziehungen von der „Burg" zu den Sudetendeutschen weiter zu erforschen.

---

[107] B r ü g e l : Ludwig Czech 145.
[108] J a k s c h : Europas Weg.

Horst Glassl

DIE SLOWAKEN UND DIE „BURG"

In einer Dokumentensammlung, die 1953 im Orbis Verlag zu Prag von František Nečásek, Jan Pachta und Eva Raisová herausgegeben wurde, befindet sich ein wichtiges Protokoll vom 10. November 1921 aus der Kanzlei des tschechoslowakischen Staatspräsidenten, das einigen Aufschluß über den Personenkreis gibt, der als „Gruppe" die 1918 gegründete Tschechoslowakei zu beherrschen versuchte und in der Öffentlichkeit und später in der Geschichtsschreibung als „Burg," („hrad") bezeichnet wurde[1]. Es handelt sich dabei um das Protokoll einer Besprechung am Abend des 4. Oktober 1921 in der Wohnung von Jaroslav Preiss, dem Generaldirektor der tschechischen Gewerbebank (Živnostenská banka), bei der neben dem Staatspräsidenten Masaryk die Minister Beneš und Rašín sowie der Kanzleichef des Präsidenten Přemysl Šámal und der Sokol-Obmann Josef Scheiner zugegen waren. Neben tagespolitischen Fragen brachte Masaryk einen schon von ihm entworfenen Plan zur Sprache, der vorsah, eine „neue Maffia" zu gründen, welche die Funktion eines „inoffiziellen Staatsrates" übernehmen sollte. Wahrscheinlich waren die bei Preiss Versammelten, denen dieser Plan zuerst mitgeteilt wurde, als Führungsspitze für dieses Gremium vorgesehen. Doch Masaryk nannte dazu noch eine Reihe von Namen, die er als Mitglieder in diesen Kreis berufen wollte.

Unter den 17 Namen, die für dieses inoffizielle staatliche Lenkungsorgan der Tschechoslowakischen Republik vorgeschlagen wurden, befand sich nur ein einziger Slowake, nämlich Vavro Šrobár. Er ist einer der Repräsentanten jener Gruppe von Slowaken, zu denen Masaryk schon lange vor dem Ersten Weltkrieg enge Beziehungen unterhielt und die von Masaryk schon vor der Jahrhundertwende im Sinne eines einheitlichen Staates von Tschechen und Slowaken beeinflußt wurden.

Am Ende des 19. Jahrhunderts besaß Masaryk zunächst persönliche, fast freundschaftliche Beziehungen zu den offiziellen Vertretern der slowakischen Politik. Er verschaffte den Führern der slowakischen Nationalpartei in Turčianský Svätý Martin durch seine Freunde aus dem tschechischen Großbürgertum erhebliche Geldmittel[2]. Dennoch war Masaryk mit der slowakischen Politik nicht einverstanden. Er übte immer heftigere Kritik an der politischen Ideologie der slowakischen Nationalpartei[3]. Vor allem versuchte Masaryk die romantischen Vorstellungen über die nationale Entwicklung des slowakischen Volkes, die bei den Führern der slowaki-

---

[1] N e č á s e k , František / P a c h t a , Jan / R a i s o v á , Eva: Dokumenty o protilidové a protinárodní politice T. G. Masaryka [Dokumente über die gegen das Volk und gegen die Nation gerichtete Politik T. G. Masaryks]. Prag 1953 (Knihovna dokumentů o předmnichovské kapitalistické republice 1). (Zitiert: Dokumenty)

[2] K r a m á ř , Karel: Paměti [Erinnerungen]. Prag o. J., S. 111–175. — L i p t á k , Ľubomír: Slovensko v 20. storočí [Die Slowakei im 20. Jahrhundert]. Preßburg 1968, S. 40–41.

[3] G o g o l á k , Ludwig von: T. G. Masaryks slowakische und ungarische Politik. Ein Beitrag zur Vorgeschichte des Zerfalls Ungarns. BohJb 4 (1963) 174–277.

schen Nationalpartei tief verwurzelt waren, mit beißenden Bemerkungen zu zerstören und durch realistischere Anschauungen zu ersetzen. Die Absichten Masaryks und seiner Geldgeber gegenüber den Slowaken sind heute nicht mehr klar durchschaubar. Waren diese Geldzuwendungen nur als selbstlose Hilfe für das in seinem nationalen Bestand hart bedrängte Slowakentum in Ungarn gedacht oder war hinter dieser Subventionierung bereits der Expansionsdrang einer finanzkräftigen Bürgerschicht zu sehen, die auf slowakischem Gebiet neue Märkte erobern wollte? Eine Reihe von neueren Untersuchungen findet zu dieser Behauptung zahlreiche Beweise[4].

Masaryk wurde wegen seiner politischen Ideen von Hurban-Vajanský, seinem langjährigen Freund und Führer der slowakischen Nationalpartei, als Verführer der slowakischen Jugend gebrandmarkt und beschimpft.

Aber die konservative Führung bekämpfte Masaryk[5] nicht wegen seines Eintretens für die staatliche und kulturelle Zusammengehörigkeit von Tschechen und Slowaken, sondern wegen seines kompromißlosen Westlertums. Sie beschuldigte ihn der Gottlosigkeit, der Zerstörung, der Entwurzelung und der Lästerung der gemeinsamen Ideale.

Die Kritik der konservativen Slowakenführer von Turčianský Svätý Martin an Masaryk trug dazu bei, daß sein Bild und seine politischen Absichten[6] verzeichnet wurden. Masaryk stellte nie das Recht der Slowaken auf eigene Sprache und Dichtung in Abrede. Er kritisierte nur den altertümlichen Panslawismus aus Štúrs Erbe.

Masaryk und seine kleine Gruppe von jungen Slowaken, die meist in Prag, Wien, Berlin und Budapest Jura, Soziologie oder Medizin studiert hatten und zum Teil der Studentenverbindung Detvan angehörten[7], bekannten sich zu einer modernen liberalen Philosophie und Politik.

Unter diesem Freundeskreis Masaryks[8] findet man Milan Hodža sowie Vavro Šrobár, Pavol Blaho, Milan Rastislav Štefánik und Stefan Osuský. Mit Ausnahme von Šrobár stammten sie meist aus der evangelischen slowakischen Elite. Die gleiche Bevölkerungsgruppe, wenn auch eine Generation älter, stellte den harten Kern von Turčianský Svätý Martin. So gab es auch ein Generationsproblem zwischen den beiden Gruppen[9]: auf der einen Seite die Zwanzigjährigen, welche die tschechoslowakische Einheit und das Westlertum förderten, auf der anderen Seite die Fünfzigjährigen mit ihrer panslawistischen Gedankenwelt.

Dieser Tschecho-Slowakismus der Masaryk-Gruppe war in erster Linie nicht sprachlich, sondern sozial[10] ausgerichtet. Das Hauptziel ihres Kampfes richtete sich

---

[4] Gogolák, Ludwig von: Beiträge zur Geschichte des slowakischen Volkes. Band 3: Zwischen zwei Revolutionen (1848–1919). München 1972 S. 115, 159–160 (Buchreihe der südostdeutschen Historischen Kommission 26).
[5] Pražák, Vojtěch: Masaryk a Slováci [Masaryk und die Slowaken]. Vůdce generací. Bd. 1. Prag 1930, S. 198–201.
[6] Gogolák: Beiträge 114.
[7] Gogolák: Masaryk 207–208.
[8] Gogolák: Beiträge 114.
[9] Lipták 40.
[10] Pražák 224–228.

gegen die magyarische Unterdrückungspolitik. Durch das Studium der magyarischen Gesellschaftskritiker (Széchenyi, Kossuth, Eötvös) gaben sie zumindest vor, die Herrschaftsform des magyarischen Adels zu durchleuchten[11] und das slowakische Volk aufzuklären. Ihr Kampforgan wurde die seit 1898 in Skalitz (Skalica) herausgegebene Zeitschrift „Hlas".

Diese Zeitschrift beeinflußte bis zum Ersten Weltkrieg die slowakische Politik erheblich. Zu den Spitzen der Redaktion gehörten die zwei jungen Ärzte, Vavro Šrobár aus Rosenberg (Ružomberok) und Pavol Blaho aus Skalitz, sowie der später nach Frankreich auswandernde Milan Rastislav Štefánik. Auch Andrej Hlinka, der spätere Führer der Autonomisten, stand dieser Gruppe nahe. Die wichtigste und dynamischste Persönlichkeit von „Hlas" aber war Milan Hodža.

Die Rolle Hodžas bei der Errichtung der ČSR

Zunächst ist man verwundert, daß der Name Hodžas nach 1918 nicht in Zusammenhang mit dem oben erwähnten Kreis um die „Burg" auftaucht. Doch die Biographie dieses ideenreichen und dynamischen Politikers klärt auf, warum Hodža nicht zur Führungsgruppe der „Burg" gehören konnte. Er war eine viel zu eigenständige Persönlichkeit, der seine eigenen Pläne und Vorstellungen entwickelte. Schon als 15jähriger Gymnasiast organisierte er 1893 den Nationalitäten-Kongreß in Ungarn[12] und versuchte die nichtmagyarischen Nationalitäten Ungarns in einer „Nationalitätenpartei" zusammenzufassen. Doch die konservative slowakische Parteiführung von Turčiansky Svätý Martin war nach anfänglicher Unterstützung des jungen Hodža bitter enttäuscht, als er im Bunde mit dem slowakischen Freundeskreis Masaryks begann, ohne Respekt die panslawistische Ideologie der geistigen Führer des Slowakentums zu kritisieren.

Mit den Ideen Masaryks beschwor Hodža eine Krisensituation in der geistigen Entwicklung des Slowakentums herauf. Er wurde zu einem der wichtigsten Vertreter der Jungslowaken, welche die tschechoslowakische Einheit in der Öffentlichkeit[13] rücksichtslos vertraten. Die politisch konservativ bestimmte Landschaft der Slowakei geriet in Bewegung. Am Ende dieser jungslowakischen Aktion unter Führung Hodžas stand die Gründung der tschechoslowakischen Republik. Allerdings war dieses Ziel dem jungen Politiker Hodža bis in die letzte Phase des Ersten Weltkrieges hinein[14] nicht bekannt. Seine politischen Ziele waren oft pragmatisch und nicht ideologisch bestimmt. Wie sein großer Gegenspieler, Andrej Hlinka, wirkte er als Volksaufklärer in der Slowakei. Beide wurden zu Anwälten des slowakischen Bauernvolkes, die es verstanden, Massen zu mobilisieren. Hodža fand in Vavro Šrobár und Pavol Blaho tatkräftige Bundesgenossen.

Hodža, der tüchtigste unter ihnen, beherrschte neben dem Slowakischen auch das

---

[11] Šrobár, Vavro: Československá otázka a „hlasisti" [Die tschechoslowakische Frage und die Hlasisten]. Prúdy 11 (1927) 205—212, 267—276.
[12] Gogolák: Beiträge 110.
[13] Gogolák: Masaryk 208.
[14] Gogolák: Beiträge 125—126.

Deutsche und Magyarische ausgezeichnet. Seine vielseitigen Sprachkenntnisse begünstigten sein umfassendes Studium[15] der europäischen Literatur. Er fand Zugang zum klassischen, deutschen, magyarischen und zum westeuropäischen Bildungsgut. Er kannte die revisionistischen deutschen sozialdemokratischen Theorien und die Gedankenwelt der englischen Fabianisten ebenso gut wie die Ideen der magyarischen Radikalen[16] um Michael Károlyi und Oszkár Jászi. Hodža verkehrte in den Salons der magyarischen Intelligenz Budapests[17] und wurde von hübschen Frauen verwöhnt. Von dort aus versuchte er eine Bauern- und Arbeiterpolitik[18] in Gang zu bringen. Sein Hauptziel war die Begründung einer tschechoslowakischen Agrardemokratie. Von Anfang an war er bereit, für dieses Ziel die Tschechisierung der Slowaken rasch voranzutreiben. Daher kam es zum offenen Bruch Hodžas mit der konservativen slowakischen Führung von Turčiansky Svätý Martin. Volksaufklärung, Massenpartei und „Tschechisierung" der Slowakei waren gemeinsame Ziele[19] zwischen Masaryk und seinen Mitarbeitern, die man später als „Burg" bezeichnet hat. Agrardemokratie war hingegen nur für Švehla und seine Parteifreunde, soweit sie später zur „neuen Maffia" gehörten, ein politisch erstrebenswertes Ziel.

Im Wirtschaftsleben erprobte sich Hodža als tüchtiger Geschäftsmann. Geschickte Transaktionen und Spekulationen an der Budapester und Wiener Börse[20] verschafften ihm wirtschaftliche Unabhängigkeit. Dadurch besaß er die Möglichkeit, sogar eine politische Doppelrolle zu spielen. Er unterhielt zur gleichen Zeit rege Beziehungen zum Belvedere-Kreis des Thronfolgers Franz Ferdinand[21], der das dualistische System in Österreich-Ungarn durch eine Volksföderation ablösen wollte. Seine geheimen Berichte[22] an das Wiener Belvedere lassen Hodža keineswegs als den geborenen Volksführer der kleinen Nationen erscheinen, sondern vielmehr als geschickten Intriganten, der nach einer Vermittlerrolle zwischen Thronfolger und dem Führer der kleinen Nationalitäten strebt. Dabei täuschte er dem Thronfolger eine treue, dynastische, konservative und antiliberale Gesinnung vor. Aus diesen Berichten kann man den Haß eines slowakischen Plebejers und Intelligenzlers gegen die politisch herrschende Schicht in Ungarn herauslesen, die auch Franz Ferdinand als Inbegriff des Magyarentums verabscheute.

Im Wiener Belvedere waren Hodžas Beziehungen zu den Wiener und Budapester Sozialdemokraten, zu der magyarisch fortschrittlichen jüdischen Hochfinanz

---

[15] Ebenda.
[16] Süle, Tibor: Die Sozialdemokratie in Ungarn. Zur Rolle der Intelligenz in der Arbeiterbewegung. Köln—Graz 1967, S. 65—69, 112, 121.
[17] Gogolák: Beiträge 142.
[18] Hodža, Milan: Začiatky rolnickej demokracie na Slovensku 1903—1914 [Die Anfänge der Bauerndemokratie in der Slowakei 1903—1914]. Prag 1937, S. 584.
[19] Peroutka, Ferdinand: Budování státu [Die Errichtung des Staates]. Bd. 1. Prag 1934, S. 381—390.
[20] Gogolák: Beiträge 125.
[21] Bruckner, Győző: Ferenc Ferdinánd trónörökös magyarországi politikai tervei [Die politischen Pläne des Erzherzog-Thronfolgers Franz Ferdinand bezüglich Ungarns]. Miskolc 1921, S. 39—43.
[22] Gogolák: Beiträge 126.

und zu Masaryk völlig unbekannt. Mit einer beispiellosen Naivität wurde Hodža vom Belvedere und von den der Dynastie treu ergebenen Wiener Christlich-Sozialen als Verbündeter[23] gegen die offizielle magyarische Staats- und auch gegen die 48er Oppositionspartei in Dienst genommen. Man hielt ihn für einen unversöhnlichen Widersacher der Magyaren. Man hatte in Wien keine Ahnung, daß Hodža gleichzeitig als Erzfeind des österreichischen Deutschtums und als slawischer Demokrat auftrat, der alles versuchte, um die Donaumonarchie zu zerstören. Nach Kriegsausbruch bot er sich sofort an, für die Geheimdienste der Entente[24] zu arbeiten.

Während seiner Tätigkeit im Budapester Abgeordnetenhaus[25] argumentierte Hodža mit den Parolen des tschechischen und magyarischen bürgerlichen Linksradikalismus gegen die herrschende magyarische Schicht. Milan Hodža wurde dadurch wirkungsvoller Zerstörer der ungarischen Herrschaft in der Slowakei und kann als einer der glänzendsten Stilisten der slowakischen Literatur und Journalistik angesehen werden.

Das Zerstören lag Hodža mehr als das Aufbauen. Seine Glanzzeit waren die Jahre unmittelbar vor dem Ersten Weltkrieg. In der neuen Tschechoslowakei spielte er nicht mehr die Rolle eines freiheitlichen Oppositionspolitikers. Die neue Tschechoslowakei mußte mit als sein Werk[26] betrachtet werden, und er hatte die undankbare Aufgabe, seiner Nation die neue machtpolitische tschechische Überschichtung mundgerecht zu machen. Da er die tschechoslowakische Gemeinschaft als Volksführer stets gefordert hatte, mußte er für die Tschechoslowakische Republik eintreten, obwohl er von Masaryk und Beneš von der „Neuen Maffia", vom „inoffiziellen Staatsrat"[27], ferngehalten wurde. Er war ein Gefangener seiner eigenen Ideen.

Vor und während des Ersten Weltkrieges suchten Milan Hodža, Anton Štefánek und Pavol Blaho in Wien und Prag[28] die Unterstützung tschechischer Finanzleute. Ihre Vorträge in Prag und Brünn wurden von der tschechischen Öffentlichkeit[29] als Bekenntnis zur unbedingten tschechoslowakischen Einheit gewertet. Einen äußeren kleinbürgerlichen Rahmen für die tschechisch-slowakischen Begegnungen bot vor allem das Kurbad Luhačovice. Dort wurde der Gedanke der tschechoslowakischen Einheit mit Begeisterung aufgenommen. Doch diese Treffen wurden von der Öffentlichkeit der österreichisch-ungarischen Monarchie[30] wenig beachtet. Schon damals einigte sich der Masaryk-Kreis darauf, die gemeinsame Politik mit den Führern der Serben, Kroaten und Rumänen[31] abzustimmen. Während des Ersten Weltkrieges war es der spätere Autonomist Ferdyš Juriga, der im ungarischen Reichstag[32]

---

[23] Ebenda 127.
[24] Šrobár, Vavro: Osvobodené Slovensko. Pamäti z rokov 1918—1920 [Die befreite Slowakei. Erinnerungen aus den Jahren 1918—1920]. Prag 1920, S. 69, 97.
[25] Pavlů, Bohdan: Štvrťstoročie slovenskej politiky [Ein Vierteljahrhundert slowakischer Politik]. Prúdy 13 (1929) 557—577.
[26] Gogolák: Beiträge 142.
[27] Dokumenty 85—86.
[28] Gogolák: Beiträge 140.
[29] Ebenda.
[30] Ebenda.
[31] Ebenda.
[32] Ebenda 143.

für die tschechoslowakische Einheit eintrat. Masaryks Freund Pavol Blaho verhielt sich bei seiner Agitation wesentlich vorsichtiger. Er trat selbst im Mai 1918 noch für die Durchführung des ungarischen Nationalitätengesetzes von 1868 ein. Hodža und sein Freund Stodola hatten in Wien ihr politisches Betätigungsfeld. Hodža war dort als Mitarbeiter eines Armee-Pressebüros tätig. Blaho behielt das slowakische Vereinswesen[33] im Griff.

Sowohl der Großindustrielle Stodola als auch Hodža verkehrten damals mit dem Belvedere-Kreis und betonten ihre großösterreichische Gesinnung. Während sie aber mit diesen Hofkreisen guten Umgang pflegten, standen sie in steter Verbindung mit Masaryks Auslandskomitee[34], das eine klare Aussage von den vorsichtig abwartenden Slowaken für die tschechoslowakische Einheit forderte.

In Analogie zur sogenannten tschechischen „Maffia" wurde 1915 in Wien eine „slowakische Maffia"[35] begründet, die eng mit den Führern der tschechischen Politik in der Heimat und im Ausland zusammenarbeitete. Neben Hodža gehörten zu diesem Kreis der Vorsitzende der slowakischen Nationalpartei Matúš Dula, Anton Štefánek, Emil Stodola, Viera Markovičká, Milan Ivánka, Ivan Bazovský, Kanonikus Alojs Kolísek, der auch Andrej Hlinka in diesen Kreis einführte.

Die slowakischen Verbindungsleute dieses Masaryk-Kreises zu Prag waren Vavro Šrobár und Anton Štefánek. Hodža hingegen mit seiner vorgetäuschten großösterreichischen Gesinnung überreichte dem Kabinettschef Kaiser Karls, der das absolute Vertrauen des Herrschers genoß, im Mai 1918 ein Geheimmemorandum über die dringend notwendige Föderalisierung Österreich-Ungarns[36].

Da weder die Wiener Hofkreise noch die magyarisch radikale Gruppe um Károlyi und Jászi die zielsichere tschechoslowakische Einheitspolitik Hodžas durchschauten, so war es für diesen gewandten Mann ein Leichtes, seine Verhandlungspartner im Jahre 1918/19 zu übertölpeln. Während der Wiener Hof und ihm nahestehende Persönlichkeiten, wie z. B. der katholische Publizist Friedrich Funder[37], Hodža vor und während des Krieges für einen gutgesinnten Verbündeten hielten, sprach dieser in seinen von Masaryk beeinflußten tschechischen Veröffentlichungen, die schon vor Kriegsausbruch erschienen waren, bereits vom Zerfall der österreichisch-ungarischen Monarchie.

Verblüffend dabei ist, daß die damals von Hodža aufgestellten Thesen zu Leitbildern der Prager Außenpolitik nach dem Kriege geworden sind. Dazu gehörte vor allem der Grundsatz, Tschechen und Slowaken seien bei einer Neuordnung Mitteleuropas unbedingt in einem gemeinsamen Staat zu vereinigen[38], wie es bereits Palacký in seinen politischen Thesen gefordert hatte. Diese „Tschechoslowakische Einheit" sollte nach den Plänen Hodžas durch eine allgemeine demokratische Fö-

---

[33] Ebenda 140.
[34] Šrobár: Osvobodené Slovensko 159—160.
[35] Gogolák: Beiträge 143.
[36] Polzer-Hodik, Arthur: Aus der Geheimmappe seines Kabinettschefs. Zürich—Leipzig—Wien 1928, S. 146—150.
[37] Šrobár: Osvobodené Slovensko 69.
[38] Hodža, Milan: Československá súčinnost 1898—1919 [Tschechoslowakische Zusammenarbeit]. Prag 1937, S. 209.

deration der Balkanstaaten mit Ausnahme Ungarns ergänzt werden. Großes Gewicht legte Hodža auf die Schlußfolgerung, daß sich durch die staatliche Vereinigung von Tschechen und Slowaken für die tschechische Wirtschaft der Donauraum mit seinem aufnahmebereiten Markt öffne. Der tschechischen Wirtschaft werde es daher nicht schwer fallen, von der Slowakei aus Ungarn und den Balkan wirtschaftlich und damit auch politisch zu beherrschen.

Nur eine These Hodžas wurde später von Masaryk und Beneš nicht akzeptiert: Hodža wollte nach der Befreiung der Slowakei von der magyarischen Herrschaft die Slowaken in eine enge Zusammenarbeit mit dem ungarischen Nationalstaat führen[39].

Mit seinen anderen Thesen hatte aber Hodža im wesentlichen die künftige tschechoslowakische Außenpolitik in Südosteuropa, die Bildung der „Kleinen Entente" bereits vorauskonzipiert. Diese Außenpolitik, die u. a. eine wirtschaftliche Expansion nach Südosteuropa vorsah, wurde von Beneš und den der „Burg" nahestehenden Finanzkreisen mitgetragen. Hodža hat auch des öfteren nach dem Ersten Weltkrieg darauf hingewiesen, daß die Politik der „Kleinen Entente", die sein erfolgreicher Nebenbuhler Edvard Beneš in die Tat umzusetzen versuchte, seiner Gedankenwelt entsprungen sei. Die politische Aktivität Hodžas in der Monarchie, besonders vor dem Zusammenbruch, ließ diesen Politiker nicht für geeignet erscheinen, in die Führungsspitze des neuen „inoffiziellen Staatsrats", die „Burg", aufgenommen zu werden. Vor allem dürften Hodžas politische Vorstellungen von der Agrardemokratie, welche die politische Herrschaft der breiten bäuerlichen Massen vorsah, in deren Homogenität er eine sichere Gewähr für eine wirkliche Gleichheit erblickte, auf den Widerstand des Industriellen Unternehmertums in der „Burg" gestoßen sein[40].

Die Machtübernahme in der Slowakei

Im Mai 1918 kam es in Liptovský Svätý Mikuláš zu einer Kundgebung, die offen den tschechoslowakischen Staat forderte. Sie wurde von einer Reihe slowakischer Gesinnungsgenossen Masaryks vorbereitet. Dazu gehörten neben Vavro Šrobár, Olga Houdeková und Ján Burian[41].

Selbst die konservative slowakische Nationalpartei, die nur Intellektuelle, keine Bauern, keine Handwerker und keine Arbeiter, zu ihren Mitgliedern zählte, sprach sich am 24. Mai 1918 für den bedingungslosen Zusammenschluß mit den

---

[39] E b e n d a.
[40] Für diese Annahme spricht, daß bei dem Gespräch bei Dr. Preiss über die Errichtung einer „neuen Maffia" kein Agrarier zugegen war. D o k u m e n t y 85—86.
[41] Š r o b á r: Osvobodené Slovensko 108—109. — G o s i o r o v s k ý, Miloš: Dejiny slovenského robotníckeho hnutia 1848—1918 [Geschichte der slowakischen Arbeiterbewegung 1848—1918]. Preßburg 1956, S. 284—288. — H r o n s k ý, Marián: K slovenskej politike v období prvej svetovej vojny (1914—1918 [Zur slowakischen Politik in der Zeit des Ersten Weltkrieges]. HČ 17 (1969) 473—514.

Tschechen aus[42]. Im Namen des Selbstbestimmungsrechtes wurde auf die slowakische Staatlichkeit oder kantonale Selbstverwaltung verzichtet[43]. Bei den Befürwortern der Deklaration handelte es sich um die bekannten Namen von Andrej Hlinka, Matúš Dula, Ján Ružiak, Vavro Šrobár, Matéj Bella, Ján Vojtašák, sowie die Großindustriellen Miloš Lacko und Vladimír Makovický und andere evangelische Honoratioren. Dieser Personenkreis betrachtete sich 1918 als der alleinige Vertreter des slowakischen Volkes, obwohl sich die meisten Mitglieder zur evangelischen Kirche Augsburger Konfession bekannten. Selbst nach der amtlichen Statistik, die von den slowakischen Katholiken angezweifelt wurde, bekannten sich in der Slowakei 1930 71,06 % zur katholischen Kirche, 16,5 % zu einer protestantischen Kirche[44].

An dem hohen Anteil der Evangelischen im politischen Leben der Slowaken hatte bis zum Zusammenbruch der Donaumonarchie niemand Anstoß genommen. Besaßen doch die slowakischen Lutheraner eine viel breitere Bildungsschicht als die Katholiken. Als aber nach 1918 die neue tschechoslowakische Regierung, besonders der Präsident[45], eine bewußt antikatholische Kulturpolitik betrieb, verlangten die slowakischen Katholiken eine stärkere Repräsentation im politischen Leben der Slowaken[46]. Dazu kam noch, daß aufgrund der historischen Entwicklung die evangelischen Lutheraner in der Slowakei enge kirchliche und kulturelle Kontakte mit den Tschechen unterhielten. Am deutlichsten kam das in der jahrhundertlangen Benutzung des Tschechischen als Kultsprache zum Ausdruck.

Diese historisch gegebenen Gegensätze zwischen der katholischen und evangelischen Bevölkerung in der Slowakei, die wegen der in Ungarn herrschenden konfessionellen Toleranz politisch nicht wirksam wurden, konnten von der „Burg", vor allem von Masaryk und Beneš, geschickt ausgenutzt werden, um ihre Herrschaft in der Slowakei zu errichten und zu festigen. Dabei hat es aber den Anschein, daß die slowakischen Protestanten und Freisinnigen nur als Werkzeuge der Prager Politik benutzt wurden, ohne daß einer ihrer Repräsentanten in die Führungsspitze der „Burg" aufgenommen wurde[47].

Ohne den Druck der Westmächte, besonders Frankreichs, auf Österreich-Ungarn, ohne die magyarische Anarchie Ende 1918 wäre die Errichtung des tschechoslowakischen Einheitsstaates unter Einschluß der slowakischen Komitate gar nicht mög-

---

[42] H r o n s k ý 496—498.
[43] E b e n d a 496.
[44] G o g o l á k : Beiträge 143—146. — O p o č e n s k ý, Jan: Zrození našehu státu [Die Entstehung unseres Staates]. Prag 1928.
Statistik vgl. H o e n s c h, Jörg K.: Die Slowakei und Hitlers Ostpolitik. Hlinkas Slowakische Volkspartei zwischen Autonomie und Separation 1938—1939. Köln—Graz 1965, S. 2 (Beiträge zur Geschichte Osteuropas 4).
[45] M a c a r t n e y, C. A.: Hungary and Her Successors. The Treaty of Trianon and the Consequences 1919—1937. London—New York—Toronto 1937, S. 87.
[46] M i k u s, Jozef / K i r s c h b a u m, Jozef: Slovakia. Historical Cultural Background. Toronto 1971, S. 48—49. — Ď u r č a n s k ý, Ferdinand: Die Slowakei und der Panslawismus. In: Die Slowakei als mitteleuropäisches Problem in Geschichte und Gegenwart. München 1965, S. 151—152.
[47] M i k u s / K i r s c h b a u m 49. — Vgl. D o k u m e n t y 85—86.

lich gewesen. Obwohl die Masse des slowakischen Volkes in seiner Passivität verharrte, konnte eine kleine Gruppe von 750–1000 Intelligenzlern systematisch den staatlichen Zusammenschluß zwischen Tschechen und Slowaken betreiben (die Zahlen des ungarischen Innenministeriums sind noch niedriger)[48]. Unter ihnen befanden sich größtenteils Akademiker, wie Pfarrer, Rechtsanwälte oder Ärzte. Dieser Gruppe gehörten auch namhafte Katholiken an. Doch der Anteil der Protestanten war so überwiegend, daß die Katholiken überhaupt nicht ins Gewicht fielen.

Diese kleine Gruppe von Slowaken, die von den Tschechen die Befreiung erhoffte, war auf ihre eigenständige Rolle, die sie dabei spielen sollte, nicht vorbereitet. So wurde die Befreiung eine kolonisatorische Bewegung des tschechischen Groß- und Kleinbürgertums sowie der tschechischen Beamtenschaft[49]. Die eigentliche slowakische Mittelschicht war größtenteils magyarisiert und war einer staatlichen Gemeinschaft mit den Tschechen abgeneigt. Hunderttausende von Beamten, Fachleuten und Lehrern flüchteten aus ihrer Heimat, der Slowakei, nach Ungarn und bildeten dort eine ungarische Irredenta[50].

Die Vorbereitungen zur Errichtung des neuen tschechoslowakischen Staates wurden von dem im September 1918 gegründeten slowakischen Nationalrat getroffen. Seine 25 bis 50 Mitglieder waren Fabrikanten, Rechtsanwälte, Redakteure sowie evangelische und katholische Geistliche, die glaubten, daß sie in einer staatlichen Gemeinschaft mit den Tschechen die staatliche Macht in der Slowakei ausüben könnten[51].

Doch bereits ein Jahr später entdeckte zunächst die katholische Führungsschicht, daß sie beim Aufbau des neuen Staatsapparates völlig übergangen wurde[52].

Im slowakischen Nationalrat wurde Vavro Šrobár zur mächtigsten Figur. Er fuhr im Auftrag des slowakischen Nationalratsvorsitzenden Dula am 26. Oktober 1918 nach Prag. Am 29. Oktober 1918 verhandelte er dort mit dem tschechischen Nationalrat und der provisorischen tschechoslowakischen Regierung. Kramář nahm ihn daraufhin als Minister für die Slowakei und Unifikationsminister in seine provisorische tschechoslowakische Regierung auf[53]. Dadurch wurde Šrobár zum Vollzugsorgan der *Prager* Regierung in der Slowakei. Diese Position behielt er auch, als Kramář von der Gruppe um Masaryk und Beneš aus der Regierungsverantwortung gedrängt wurde. Er blieb aber nur Vollzugsorgan der Prager Regierung, ohne eine eigenständige slowakische Politik gegenüber der tschechischen Führungsgruppe entwickeln zu können. Nachdem sich die Macht des neuen Staates in der Slowakei gefestigt hatte, schied Vavro Šrobár aus der Regierung aus, nachdem er 1920–1922 das Schulministerium und das Gesundheitsministerium verwaltet hatte[54].

---

[48] Seton-Watson, Robert William: Slovakia Then and Now. A Political Survey. London 1931, S. 30–31.
[49] Macartney 111–125.
[50] Ebenda 111.
[51] Gogolák: Beiträge 146.
[52] Macartney: 98.
[53] Šrobár: Osvobozené Slovensko 188–193.
[54] Klepetař, Harry: Seit 1918 ... Eine Geschichte der Tschechoslowakischen Republik. Mährisch-Ostrau 1937, S. 183.

Der slowakische Nationalrat wurde am 30. Oktober 1918 über die Gründung des tschechoslowakischen Staates durch Ivan Dérer unterrichtet[55]. Ivan Dérer gehörte vor dem Ersten Weltkrieg zum Freundeskreis Masaryks. Als Führer der slowakischen Sozialdemokraten war er als entschiedener Zentralist eine wichtige Schlüsselfigur für die Herrschaft Masaryks und Benešs in der Slowakei[56].

In der Provisorischen Tschechoslowakischen Nationalversammlung wurde er Abgeordneter des slowakischen Klubs und leitete in der Slowakei unter Šrobár im Jahre 1919 das Referat für Heer und Gendarmerie[57]. Dadurch hatte er wesentlichen Anteil an der Errichtung der tschechoslowakischen Staatsmacht in der Slowakei.

Im zweiten Kabinett Tusar wurde er 1920 Minister ohne Portefeuille und später Minister für die Slowakei. Im September 1920 schied er aus dem Kabinett aus.

Seine zentralistische Haltung und seine Ergebenheit gegenüber der Politik Benešs und Masaryks führten dazu, daß am 18. September 1921 auf dem slowakischen sozialdemokratischen Parteitag in Turčiansky Svätý Martin fast alle sozialdemokratischen Organisationen in der Slowakei zur kommunistischen Linken übergingen[58]. Im September 1921 wurde Dérer wiederum Unifikationsminister im Kabinett Beneš. Im Oktober 1922 wurde er aber nicht mehr in die Ministerliste des Kabinetts Švehla aufgenommen[59]. Vom Januar bis März 1926 erhielt er im zweiten Kabinett Švehla das Amt des Unifikationsministers und im zweiten Kabinett Udržal wurde er mit dem Posten des Schulministers betraut. Dieses Amt verwaltete er bis zum Februar 1934, bis er im zweiten Kabinett Malypetr das Justizministerium übernahm. Diesen bedeutenden Ministerposten bekleidete er bis zum September 1938. Die Ministertätigkeit Dérers läßt vermuten, daß er von der „Burg" unterstützt wurde. In seiner politischen Einstellung fügte er sich geradezu nahtlos in das politische Konzept der „Burg" ein. Als Sozialdemokrat, der auf dem rechten Flügel der Partei stand und den bürgerlichen Staat bejahte, kämpfte er zäh für eine vollkommene kulturelle und nationale Assimilation des slowakischen Volkes bis zum Jahre 1938[60]. Dennoch hatte er im „inoffiziellen Staatsrat" keinen entscheidenden Einfluß. Seine Politik fand auch in der Slowakei kaum Resonanz[61].

Doch in der Versammlung von Turčiansky Svätý Martin am 30. Oktober 1918, die man mit ihren zufällig erschienenen 100 Teilnehmern als Nationalversammlung des slowakischen Volkes bezeichnete, führte Dérer als Mittler zwischen Prag und den Slowaken das große Wort[62]. Dérer hatte dort auch ein leichtes Spiel. Denn nach den Aussagen des Beneš wohlgesonnenen Peroutka, der sich später mit dieser Versammlung befaßte, wußten die meisten der Teilnehmer kaum, welche Ziele die Versammlungsleitung anstrebte[63].

---

[55] Gogolák: Beiträge 150.
[56] Klepetař 19, 120, 382.
[57] Ebenda 27.
[58] Ebenda 140—141.
[59] Ebenda 182.
[60] Hoensch 106.
[61] Macartney 118.
[62] Gogolák: Beiträge 150.
[63] Peroutka 166—172.

Die von Dula der Versammlung zur Annahme unterbreitete Deklaration hatte vor allem die These zum Inhalt, daß das slowakische Volk sich als Stamm des einheitlichen tschechoslowakischen Volkes fühle[64]. Einzig und allein der slowakische Nationalrat war bisher berechtigt, die Slowaken innen- und außenpolitisch zu vertreten. Die Selbstbestimmung der Slowaken sei aber nicht nur durch den Nationalrat, sondern auch durch die sich konstituierende tschechoslowakische Nationalversammlung rechtmäßig vertreten. Die Modalitäten des staatlichen Zusammenschlusses zwischen Tschechen und Slowaken wurden mit keinem Wort erwähnt.

Später in der Tschechoslowakei wurde gegenüber dem Prager Zentralismus von der autonomistischen Bewegung Hlinkas immer als von einer Geheimklausel in der Deklaration von Turčiansky Svätý Martin gesprochen, die der Slowakei ähnlich wie Kroatien innerhalb Ungarns eine Autonomie einräumte. Samuel Zoch hingegen vertrat die Auffassung, die Versammlung von Turčiansky Svätý Martin wäre der Ansicht gewesen, daß die Slowakei zunächst zum Zwecke der „Entmagyarisierung" zentralistisch verwaltet werden müsse[65]. Schließlich wurden die Wortführer der Autonomie am 31. Oktober 1918 von der Versammlung überstimmt. Nach Zoch habe man beschlossen, die Verwaltung der Slowakei auf zehn Jahre der tschechoslowakischen Zentralverwaltung zu übertragen. Als Hodža am 30. Oktober in Turčiansky Svätý Martin eintraf, war er darüber beunruhigt, daß im ursprünglichen Text zu wenig tschechoslowakische Erklärungen enthalten waren. Hodža soll in die Druckerei gegangen sein und den bereits gesetzten Text der Deklaration korrigiert haben[66]. Dabei soll die Überbetonung des slowakischen Selbstbestimmungsrechtes abgeschwächt worden sein. Diese Vorgänge in Turčiansky Svätý Martin konnten nie vollkommen geklärt werden. Erst 1922 tauchten auf seiten der slowakischen Opposition Behauptungen auf, daß Hodža und seine Gesinnungsgenossen den Text einfach geändert und gefälscht hätten[67]. Der Župan von Novohrad, Ludwig Bazovský, der zunächst zentralistisch eingestellt war, aber 1922 mit Prag brach, und sich als Magyarone betätigte, soll diese Behauptung zum erstenmal aufgestellt haben.

In der Diskussion über die Geheimklausel wurden auch Gesprächsprotokolle der Versammlung von St. Martin erwähnt, die darauf schließen ließen, daß eine derartige Geheimklausel vorhanden gewesen sei; Milan Ivánka aber hatte es veranlaßt, daß diese Klausel gestrichen wurde. Obwohl sich Einzelheiten über die Vorgänge bei der Versammlung von Turčiansky Svätý Martin heute schwer beweisen lassen, kann festgestellt werden, daß trotz der Begeisterung für den tschechoslowakischen Staat bei verschiedenen slowakischen Vertretern bereits die Sorge um die Respektierung der slowakischen Autonomie auftaucht. Hodža beruhigte die um die Eigenständigkeit besorgten Slowaken mit dem Hinweis, daß innerhalb der Tschechoslowakei eine gewisse Autonomie auf der Grundlage des von den Tschechen Pantůček und Rašín ausgearbeiteten Plans möglich sei. Bemerkenswert ist, daß Rašín,

---

[64] M a c a r t n e y 100—101.
[65] E b e n d a 102.
[66] G o g o l á k : Beiträge 152.
[67] Spišiak, Ján: Martinská deklarácia státoprávnom svetle [Die Martiner Deklaration im Lichte des Staatsrechtlers]. Prúdy 12 (1928) 3—9.

der zur Führungsspitze der „Burg" zu rechnen ist, als Mitarbeiter des Mitte Mai 1918 konzipierten slowakischen Autonomieplans erwähnt wird[68]. Dieser Plan sah eine Autonomie in der Slowakei an Hand der altungarischen Komitats- und Gemeindeverfassung vor. Nicht dem Territorium der Slowaken insgesamt sollte Autonomie eingeräumt werden, sondern nur einzelnen Komitaten und Gemeinden. Dabei liegt die Vermutung nahe, daß Rašín als Vertreter der von Masaryk und Beneš geführten Gruppe die Frage der den Auslandsslowaken zugestandenen Autonomie in der Slowakei geschickt umgehen wollte. Doch die Begeisterung für den neuen Staat war so groß, daß die Teilnehmer der Versammlung in Turčiansky Svätý Martin schließlich einer zentralistischen Lösung unter dem Vorwand zustimmten, daß die Slowakei zunächst entmagyarisiert werden müsse. Selbst Hodža, der sich in St. Martin so sehr für die tschechoslowakische Einheit eingesetzt hatte, erregte aber bald den Unwillen Masaryks und Benešs, als er als Gesandter der neuen Tschechoslowakei in Budapest über die Demarkationslinie zwischen Ungarn und der ČSR noch am 30. November 1918 verhandelte[69].

Ferdinand Peroutka warf dabei Hodža vor, daß er auf Teile der Slowakei verzichtet hätte. Diese Eigenmächtigkeiten Hodžas haben ihm später den Zugang zur „Burg" verwehrt. Im Streit um die Deklaration wurde von der „Burg" nicht nur die Vertragstheorie vertreten[70]. Von Ján Spišiak wurde an Stelle der Vertragstheorie, wie es früher die Ungarn taten, die Unterwerfungstheorie wieder eingeführt. Das bedeutete, die Slowakei war ein von Tschechen erobertes Land und die Prager Regierung könne darüber staatsrechtlich verfügen. Diese Theorie entsprach weitgehend der Praxis, wie früher die Slowakei von Ungarn behandelt wurde[71]. Jetzt war es die Prager Regierung, die nach diesem Grundsatz die neuen Staatsorgane in der Slowakei einrichtete.

Die innenpolitische Entwicklung nach 1918

Die Vorgänge bei der Befreiung der Slowakei 1918 und 1919, die ersten Maßnahmen der neuen revolutionären Regierung bei der Besetzung der Slowakei und die Diktatur Šrobárs, der am 23. Januar 1919 den slowakischen Nationalrat auflöste und sich selbst mit seinen Mitarbeitern als Vertreter des slowakischen Volkes zu Mitgliedern der revolutionären Nationalversammlung ernannte[72], stempeln Šrobár zu einem Werkzeug Masaryks. Von einem Selbstbestimmungsrecht der Slowaken war nicht mehr die Rede. Selbst Peroutka, der ein wohlwollender Kritiker der neuen Staatsideologie war, hielt die zweifelhafte Frage, ob es wirklich schon einige

---

[68] Macartney 100—101.
[69] Ebenda 103—108.
[70] Spišiak 3—7.
[71] Vgl. Kučera, Matúš: Die Struktur der Bevölkerung in der Slowakei im 10. bis 12. Jahrhundert. Studia Historica Slovaca 4 (1966) 26—28.
[72] Macartney 112—116. — Lipscher, Ladislav: Die Tätigkeit der slowakischen Abgeordneten in der Tschechoslowakischen Nationalversammlung (1918—1920). BohJb 12 (1971) 282. — Bianchi, Leonard: Die Tschechoslowakische Republik als bürgerlich-demokratischer Staat. Ein Rückblick auf die Jahre 1918—1938. Frankfurt—Berlin 1969, S. 11 (Arbeiten zur Rechtsvergleichung 44).

Tschecho-Slowaken gäbe, in vieler Hinsicht für berechtigt. Es scheint, daß selbst dem getreuesten Anhänger der Prager „Maffia" in der Slowakei, dem alten „Hlasisten" Šrobár, den Peroutka als den ersten wirklichen Tschecho-Slowaken bezeichnete, der Prager Zentralismus zuviel wurde. Er beklagte sich, daß schon 1918 über slowakische Angelegenheiten nicht im Club der Slowaken entschieden wurde, sondern im tschechischen Club der Nationalversammlung, wo die Slowaken in der Minderheit waren, und wo sehr oft für die besonderen, von den tschechischen ganz verschiedenen Verhältnisse überhaupt kein Verständnis herrschte[73].

Am 10. Dezember 1918 war Šrobár zum bevollmächtigten Minister für die Slowakei ernannt worden und richtete seine neue Verwaltungsbehörde zunächst in Sillein ein[74]. Erst nach der Besetzung der Slowakei zog er nach Preßburg um.

Nicht der Slowakische Nationalrat bestimmte die 40 und später 69 slowakischen Mitglieder der Provisorischen Tschechoslowakischen Nationalversammlung, sondern Šrobár selbst ernannte die Mitglieder. In diesen Klub wurden nicht nur Slowaken, sondern auch 12 Tschechen berufen, wie Beneš und Masaryks Tochter Alice[75].

Im Einklang mit Masaryk und Beneš, die noch im Ausland weilten, begann Šrobár am 2. November 1918 die Slowakei zu besetzen. Damit wollte Masaryk bis zur Friedenskonferenz vollendete Tatsachen schaffen. Hodžas Rat, mit Ungarn über die Besetzung der Slowakei zu verhandeln, wurde übergangen[76].

Auf der Friedenskonferenz konnte Beneš im Einvernehmen mit Masaryk eine Grenze gegenüber Ungarn durchsetzen, welche selbst die Schüttinsel, die nur von Magyaren und Deutschen bewohnt wurde, zur ČSR brachte[77]. Innenpolitisch führten die kirchenfeindlichen Maßnahmen der Prager-Regierung, gemäß der Anweisung des Präsidenten Masaryk, zur harten Opposition Hlinkas gegen den neuen Staat[78]. Es waren hauptsächlich religiöse, wirtschaftliche und schließlich auch persönliche Motive, die Hlinka in eine aggressive Opposition zu der von Masaryk und Beneš beherrschten Regierung in Prag trieben. Gegen ihn standen die sogenannten tschechophilen Slowaken, die in enger Zusammenarbeit mit der tschechoslowakischen Regierung die soziale und wirtschaftliche Lage in der Slowakei verbessern wollten[79]. Deswegen befürworteten sie eine weitgehende Angleichung der Tschechen und Slowaken. Diese tschechoslowakisch orientierten Slowaken waren weitgehend bei der Agrarpartei und bei den Sozialdemokraten zu finden[80]. In ihrer Mehrheit waren es protestantische Politiker, so daß sich hieraus ein stärkerer Gegensatz zu den katholisch geführten Autonomisten von der Volkspartei herausbildete. Zu den schwerwiegendsten Vorwürfen der Volkspartei gegen die Zentralisten gehörte die

---

[73] Peroutka I, 165—172.
[74] Klepetař 30.
[75] Ebenda. — Bianchi 11—12.
[76] Jaksch, Wenzel: Europas Weg nach Potsdam. Schuld und Schicksal im Donauraum. Stuttgart 1958, S. 198—203.
[77] Macartney 85, 107—109, 198.
[78] Klepetař 91—92. — Hoensch 2—3.
[79] Macartney 116, 135—146.
[80] Ebenda 116. — Mikus, Jozef: Slovakia — A Political History 1918—1950. Milwaukee 1963, S. 6—43.

Feststellung, daß sie von Masaryk und Beneš bewußt benutzt wurden, um das slowakische Volk in Tschechoslowaken umzufunktionieren[81].

Großes Mißtrauen löste unter den Slowaken der plötzliche Tod des slowakischen Generals Milan Rastislav Štefánik aus[82]. Štefánik war protestantischer Slowake. Er war von Beruf Astronom, hatte in Prag und Paris studiert, in Frankreich ließ er sich naturalisieren und bei Kriegsausbruch leitete er die Sternwarte in Meudon. Er trat als Kampfflieger zu Beginn des Ersten Weltkrieges in die französische Armee ein, brachte es während des Krieges zum General, wobei seine Beziehungen zum französischen Geheimdienst seiner Karriere förderlich gewesen sein sollen. Als Mitarbeiter dieses Nachrichtendienstes arbeitete er eng mit der tschechischen Emigration um Masaryk und Beneš zusammen, um sie für die französische Politik gegen die Mittelmächte zu gewinnen. In der revolutionären Regierung erhielt er das Amt des Kriegsministers. Diese Tatsache wurde besonders von Hodža in der Slowakei als Garantie für die Berücksichtigung der slowakischen Wünsche dargelegt.

Es war aber bekannt, daß zwischen Masaryk und Beneš einerseits und Štefánik andererseits nicht immer das beste Einvernehmen über die Gestaltung der neuen Tschechoslowakei herrschte. Štefánik war einmal sogar nahe daran, als Minister zurückzutreten, wie Beneš im „Aufstand der Nationen" berichtet. Schon im Januar 1919 äußerte sich Štefánik gegenüber der amerikanischen Delegation auf der Pariser Friedenskonferenz dahingehend, daß bereits seine schlimmsten Befürchtungen Wirklichkeit geworden seien, da die Leute in Prag die Slowaken nicht wie eine in der Föderation gleichberechtigte Nation behandeln würden, sondern wie eine afrikanische Kolonie oder einen primitiven Stamm, den man hart verwalten und erziehen muß[83]. Štefánik, der am 4. Mai 1919 in einem italienischen Flugzeug aus Italien in die Slowakei zurückkehren wollte, stürzte über Preßburg ab. Über seinen Tod wurde viel gerätselt. War es ein Unglück, war es eine Verwechslung der ungarischen Nationalfarben mit den italienischen am Flugzeug, wie die offiziellen Berichte es wissen wollten; war es ein Auftrag von Masaryk und Beneš bzw. des französischen Geheimdienstes? Es ist fraglich, ob sich sein Tod noch völlig aufklären läßt. Nach einer Aussage des tschechischen Offiziers Vladimír Vladyka soll vom italienischen General Piccioni, der die tschechoslowakischen Truppen 1919 in Preßburg befehligte, mit Sicherheit festgestellt worden sein, daß das Flugzeug Štefániks auf Befehl des tschechoslowakischen Außen- und Innenministers Beneš abgeschossen wurde, weil dieser befürchtete, daß Štefánik nach Masaryk als sein Konkurrent zum Präsidenten der Republik gewählt werden könnte[84]. Auch der italienische König Viktor Emanuel III. soll sich am 8. September 1940 gegenüber dem slowakischen Gesandten in Rom dahingehend geäußert haben, daß bei der Untersuchung des Flugzeugunglücks über Preßburg im Mai 1919 der Verdacht nicht ausgeräumt werden konnte, daß es

---

[81] Kulišek, Vladimír: Úlohha československakismu v vztazích Čechů a Slováků (1918 bis 1938) [Die Rolle des Tschechoslowakismus in den Beziehungen der Tschechen und Slowaken]. HČ 12 (1964) 50—74.
[82] Karner, Kristof G.: Unbegreifliche Voreingenommenheit. Slowakei 2(1964) 27—39.
[83] Ebenda 37.
[84] Ebenda.

sich dabei um keinen zufälligen Unglücksfall handelte, sondern um das Ergebnis eines Eingriffs verbrecherischer Hände[85].

Gleichgütig, ob man den Tod Štefániks als einen Mordanschlag oder einen Unglücksfall wertet, fest steht die Tatsache, daß Beneš nach dem Tode Štefániks leichte Arbeit hatte, seine Vorstellungen über die Slowakei durchzusetzen. So konnte er die beiden slowakischen Politiker Hlinka und Jehlička, welche die slowakischen Interessen eigenständig auf der Pariser Friedenskonferenz vertreten wollten, durch die französische Polizei verhaften und außer Landes bringen lassen[86]. Als Vorwand diente dabei die Tatsache, daß die beiden Slowaken mit polnischen Pässen nach Frankreich eingereist waren. Es läßt sich nicht von der Hand weisen, daß tschechische bürgerliche Kreise, die den von der Gruppe um Masaryk und Beneš geleiteten Staat bejahten, die Slowakei als Kolonie betrachteten[87].

Der geringe Fortschritt bei der Industrialisierung schuf in der Slowakei ein schlechtes Klima für den neuen Staat. Die slowakische Opposition war der Überzeugung, daß die Krombachy-Eisenhütte und die Zvolen-Eisenblechwerke durch das Verschulden der Prager Regierung in Konkurs gingen und verschrottet werden mußten. Zur gleichen Zeit mußten über 250 000 Slowaken aus Existenzgründen in fremde Länder auswandern[88].

Da es bis 1918 weder slowakische Gymnasien noch slowakische Hochschulen gab, war es einsichtig, daß von Prag aus mit Hilfe tschechischen Lehrpersonals das slowakische Schulwesen ausgebaut wurde. Die tschechischen Beamten und Lehrer, die in die Slowakei gingen, wirkten aber nicht als zeitweilige Berater, sondern wurden dort ständig seßhaft.

Von diesen Leuten, die in der Slowakei wirkten und der „Burg" nahe standen, wie der Historiker Chaloupecký, der an der Preßburger Universität als Geschichtsprofessor wirkte, wurde die These vom einheitlichen tschechoslowakischen Volk geschichtlich gestützt und untermauert[89]. Er wies in seinen historischen Abhandlungen nach, daß die Slowaken, weil sie das schmerzliche Erlebnis der sogenannten nationalen Katastrophe vom Weißen Berg nie gehabt hätten, nur sehr langsam und mit Schwierigkeiten von dem modernen Demokratismus geformt worden wären. Er bezeichnete die ersten Widererwecker des Slowakentums Kollár und Štúr als romantische Träumer, ganz wie es der Vorstellungswelt Masaryks entsprach. Dieser slowakische Romantismus sei nach der Staatsgründung auf den sich rasch in der Slowakei verbreitenden tschechischen Positivismus gestoßen. Aus diesem Zu-

---

[85] E b e n d a 38.
[86] K l e p e t a ř 93—95.
[87] Ottův Slovník obchodní [Ottos Handelslexikon]. Bd. 2. Prag 1928, S. 1217.
[88] M a c a r t n e y 128. — K a r n e r 38—39. — B i a n c h i 30—34. Über den Einfluß des tschechischen Kapitals auf die slowakische Wirtschaft vgl. S t r h a n, Milan: Živnostenská banka na Slovensku v rokoch 1918—1938 [Die Gewerbebank in der Slowakei in den Jahren 1918—1938]. HČ 15 (1967) 177—218.
[89] C h a l o u p e c k ý veröffentlichte eine ganze Reihe von Arbeiten, die meist die sprachliche und kulturelle Einheit zwischen Tschechen und Slowaken betonen. — C h a l o u p e c k ý, Václav: Staré Slovensko [Die alte Slowakei]. Preßburg 1923. — D e r s.: Kniha žilinská [Das Silleiner Buch]. Preßburg 1934. — D e r s.: Středověke listy ze Slovenska [Mittelalterliche Urkunden aus der Slowakei]. Preßburg 1937.

sammenstoß erklärte er zum Großteil die schweren Zerwürfnisse zwischen Slowaken und Tschechen, die er aber von unbedeutender Tragweite hielt, weil beide Völker vom gleichen Nationalcharakter geformt wären.

Die Unterschiede zwischen den beiden Zweigen eines Volkes wären nur durch eine spätere Entwicklung verursacht worden.

Nach den Feststellungen Chaloupeckýs wirkte die Zweiteilung des einen tschechoslowakischen Volkes in Tschechen und Slowaken nicht störend auf die Einheit des Volkes. Es handelte sich demnach nur um zwei untergeordnete regionale Typen. Allerdings nahm er an, daß durch die jahrhundertelange Herrschaft der Ungarn in der Slowakei der slowakische Volkscharakter verformt worden wäre. Die ungarische Herrschaft hielt er für brutaler als die österreichische in den böhmischen Ländern. Wegen ihres weichen Gemüts und ihres weniger selbstbewußten Charakters konnte die ungarische Großmannssucht auf die slowakische Veranlagung aufgepfropft werden. Angesichts dieser historischen Tatsachen wäre es nach 1918 schwieriger gewesen, die Slowaken zu „entmagyarisieren" als die Tschechen zu „entösterreichern"[90]. Bis in das Jahr 1938 hinein hielt der Leiter der alten „Burg"-Politik Edvard Beneš an dieser grundsätzlichen Auffassung gegenüber der Slowakei fest[91]. Als er dann eine Wendung aufgrund der außenpolitischen Lage vollzog, schien es wenig glaubhaft. Mit Beneš gingen die anderen tschechoslowakisch-orientierten Parteien in der Slowakei.

Im Gegensatz dazu waren Milan Hodža die politischen Ansichten Beneš zur slowakischen Frage viel zu starr. Er verfocht wie die tschechischen Agrarier eine elastischere Politik. Er hielt zwar an der Einheit der politischen tschechoslowakischen Nation fest, doch sah er den Sinn der tschechoslowakischen Einheit besonders darin, in der Slowakei Produktionsvoraussetzungen für den persönlichen und kollektiven Fortschritt zu schaffen[92].

Hodža versuchte im Gegensatz zur „Burg", welche die Slowakei mehr als unterentwickelte Provinz nicht in besonderem Maße wirtschaftlich fördern wollte, ein Wirtschafts- und Sozialprogramm für die Slowakei zu erarbeiten, das die slowakischen Gebiete dem Lebensstandard der westlichen Staatsgebiete anpassen sollte. In diesem Zusammenhang setzte sich Hodža gegen Beneš entschieden für eine administrative Selbstverwaltung der Slowakei ein. Sein Prinzip für diese Neuorganisation des Staates waren die geographischen Gegebenheiten in den einzelnen Ländern des Staates. Hodža war auch bestrebt, diese administrative Autonomie auf zahlreiche Gebiete des staatlichen Lebens weiter auszudehnen und zu dezentralisieren, ohne dabei die Einheit der Tschechoslowakei zu gefährden. Seine Gedankengänge liefen auf eine Föderalisierung der Tschechoslowakei hinaus. Neben den slowakischen Agrariern, die ihre politischen Anschauungen unter dem Einfluß Hodžas hinsichtlich des Tschechoslowakismus wandelten[93], traten die slowakischen Sozialdemokraten

---

[90] Chaloupecký: Staré Slovensko 284.
[91] Čulen, Konštantin: Po Svätoplukovi druhá naša hlava [Nach Swatopluk unser zweiter Führer]. Middletown 1947, S. 193–194.
[92] Braunias, Karl: Die Slowaken. Wien 1940, S. 38.
[93] Hoensch 27–40, 70–76.

bis zum Versuch Beneš im Jahre 1938, die Slowakische Volkspartei durch Autonomie-Angebot zu gewinnen, für eine straff zentralistisch regierte Tschechoslowakei ein. Die Partei unter ihrem Führer Ivan Dérer erhielt aber nur etwa 10 % der slowakischen Wählerstimmen[94]. Da Dérer teilweise noch entschiedener und starrer als Beneš die zentralistische Linie in der tschechoslowakischen Politik verfolgte, wurde er zwar meist als Minister in die jeweiligen Regierungen aufgenommen, hatte aber dort keine entscheidende Bedeutung.

Die Agrarier Švehla und Hodža, um einen Ausgleich mit den Slowaken bemüht, versuchten ständig die slowakischen Autonomisten zur Regierungsbeteiligung zu bewegen. In den Jahren 1924—1929 war die Slowakische Volkspartei auch in der gesamtnationalen Regierungskoalition und trug mit zwei Ministern Regierungsverantwortung[95]. Auch in dieser Zeit kam es nicht zur durchgreifenden Lösung der slowakischen Frage. Auf der einen Seite standen die unnachgiebigen Forderungen des streng autonomistischen Flügels der Volkspartei, auf der anderen die entschiedenen Verfechter des Tschechoslowakismus, die von Masaryk und seinen Freunden geprägt waren. Dennoch gab es zwischen 1924 und 1929 Anzeichen, die zur Hoffnung Anlaß gaben, daß sich die slowakische Frage im Rahmen der Tschechoslowakei lösen ließe. Doch diese Ansätze wurden durch den Hochverratsprozeß gegen das führende slowakische Volksparteimitglied Tuka wieder zerstört[96].

Als nach den Wahlen von 1935 die Slowakische Volkspartei zwar als Sieger hervorging, aber bei weitem nicht, wie die Sudetendeutsche Partei, alle slowakischen Stimmen auf sich vereinen konnte, versuchte Hodža noch einmal die slowakischen Autonomisten durch ein großzügiges Angebot zu gewinnen[97]. Aber seine Ministerialbürokratie und seine Ministerkollegen verhinderten diese Offerte. Die Volkspartei war aber auch ihrerseits zu keinen großen Zugeständnissen bereit[98].

Bei dem heutigen Erkenntnisstand verurteilen sogar tschechische Historiker die Politik der Regierungskreise der Ersten Tschechoslowakischen Republik, die von der Geisteshaltung der Masarykschüler, der sogenannten „Burg", getragen wurde. Obwohl diese Gruppe von Politikern, in allen tschechoslowakisch orientierten Parteien vertreten, die Möglichkeit hatte, die Autonomie-Vorstellungen der Slowakischen Volkspartei zu prüfen und einige Forderungen zu realisieren, wurde das anscheinend bewußt unterlassen. Dabei wird die starre Haltung der Regierungskreise in der slowakischen Frage angeprangert, selbst von tschechischen Historikern. Zusammenfassend meint die tschechische Historikerin Zdeňka Holotíková 1967, daß die auf dem Zentralismus basierende tschechische Politik den Regierungskreisen der Ersten ČSR Vorteile bot, von denen sie sich nicht trennen wollten[99]. Der slowakische Historiker Milan Gosiorovský sieht heute als Hauptproblem in den Beziehungen zwischen Tschechen und Slowaken in den Jahren 1918—1938 die Frage der Gleich-

---

[94] Macartney 118. — Hoensch 69, 74.
[95] Klepetař 216, 245—276.
[96] Ebenda 276—282.
[97] Hoensch 69—77.
[98] Ebenda 72.
[99] K česko-slovenským vzťahom [Zu den tschechisch-slowakischen Beziehungen]. HČ 15 (1967) 559—572.

berechtigung als politisches Problem, und zwar in der „Frage der Anerkennung der Eigenständigkeit des slowakischen Volkes und die daraus sich ergebende Frage der staatsrechtlichen Regelung der Beziehungen dieser beiden Hauptvölker der ČSR auf dem Prinzip Gleicher unter Gleichen, d. h. die Frage der nationalstaatlichen Organisation des slowakischen Volkes auf seinem ethnischen Gebiet, welches zusammen mit dem ethnischen Gebiet des tschechischen Volkes und mit dem ethnischen Gebiet der Karpato-Ukrainer das Staatsgebiet der Vormünchner Tschechoslowakei gebildet hatte"[100].

---

[100] Ebenda.

Ladislav Lipscher

ZUR ALLGEMEINEN ANALYSE DES POLITISCHEN MECHANISMUS IN DER ERSTEN TSCHECHOSLOWAKISCHEN REPUBLIK

Zur Ergänzung der vielseitigen Analyse des diesjährigen Generalthemas ist es angebracht, das Augenmerk auf die wichtigsten Aspekte des Mechanismus zu wenden, auf dem das politische System der Ersten Tschechoslowakischen Republik beruhte und in dessen Rahmen das Phänomen „Die Burg" seinen Wirkungskreis hatte.

Der Begriff „politischer Mechanismus" wird in verschiedenen Zusammenhängen angewendet, ohne daß dessen Bedeutung näher angedeutet, bzw. seine Grundprinzipien hervorgehoben wurden. Dieser Umstand führte zwangsläufig zum Entschluß, den Versuch zu unternehmen, diesen Begriff im Hinblick auf das zu behandelnde Thema zu erläutern. Damit ist zugleich in sachlicher Hinsicht der Weg gewiesen, in welcher Richtung der Schwerpunkt der Darlegung zu suchen sein wird.

Kurz gefaßt kann gesagt werden, daß unter dem Begriff politischer Mechanismus das Zusammenwirken verschiedener Institutionen zu verstehen ist, die zunächst in ihrer Gesamtheit ein bestimmtes politisches System darstellen. Die rechtliche Grundlage, der festgesetzte Wirkungskreis sowie die sich daraus ergebenden Befugnisse und zu erfüllenden Aufgaben sind ausschlaggebend für die Einstufung der einzelnen Gruppen von Institutionen. Außer denjenigen, die nach der Verfassung zur Ausübung staatsrechtlicher Funktionen berufen sind, gibt es noch weitere, die eine relevante Position in Gesellschaft und Wirtschaft einnehmen. Der Wirkungskreis der überwiegenden Mehrzahl der den politischen Mechanismus bildenden Institutionen ist in der Verwirklichung der angestrebten Zielsetzungen des in Frage kommenden politischen Systems zu suchen. Jedenfalls kann eine Entwicklung eintreten, in der die festgesetzten Wechselbeziehungen zwischen den maßgebenden Institutionen innerhalb des politischen Mechanismus eine bestimmte, aber nicht grundsätzliche Änderung erfahren, die zu einer Modifizierung der zu verwirklichenden Zielsetzungen führen kann. Im Rahmen — man könnte sagen — eines jeden politischen Mechanismus sind Kräfte vorhanden, die sich den dem System eigenen Bemühungen widersetzen und anstatt derer entgegengesetzte Vorstellungen in die Tat umsetzen wollen. Das Ergebnis eines so verlaufenden Prozesses kann dann nach dem vorhandenen Kräfteverhältnis gegebenenfalls zu einer Veränderung des politischen Systems verschiedener Intensität schlechthin und der Position einzelner Institutionen im besonderen führen. Aus den sich dargebotenen Entwicklungen, die in verschiedenen europäischen Staaten zwischen den zwei Weltkriegen, die Erste Tschechoslowakische Republik inbegriffen, ihren Niederschlag fanden, ergibt sich, daß der politische Mechanismus nicht nur eine rein vollziehende Funktion ausübte, sondern auch rückwirkende Folgen auf das System, das ihm zugrunde lag, hatte.

Die Voraussetzungen für den Aufbau des politischen Systems im neugegründeten tschechoslowakischen Staat wurden schon in mehreren Arbeiten besprochen[1]. Des-

---

[1] Adler, F.: Grundriß des tschechoslowakischen Verfassungsrechtes. Prag 1930. —

halb möchte ich unmittelbar zur Darlegung der konkreten Frage übergehen. Es ist natürlich nicht möglich, in einem kurzen Bericht das Problem voll und erschöpfend aufzufangen und in allen Einzelheiten darzustellen. Ich werde mich aber bemühen, den Sachverhalt in seinen Grundzügen zu zeichnen und die Eigenart der Problematik anschaulich zu machen. Selbstverständlich können nur diejenigen Bestandteile des politischen Mechanismus der Tschechoslowakei aufgegriffen werden, die in entscheidendem Maße das politische System prägten und seine Entwicklung bedeutend beeinflußten. Aus dieser Sicht sind vorerst der Wirkungskreis und die Befugnisse der höchsten Staatsorgane sowie deren Wechselbeziehungen hervorzuheben.

Es erübrigt sich, zum Amt und zur Funktion des Staatspräsidenten auf nähere Einzelheiten einzugehen, da diese Frage im Generalthema inbegriffen ist. Dies ist der Grund, warum ich mich nur auf einige zusätzliche Erläuterungen, überwiegend staatsrechtlicher Natur, beschränke.

Masaryk bemühte sich als Vorsitzender der Provisorischen Tschechoslowakischen Exilregierung und in seiner späteren Funktion als Staatspräsident mehrmals, das durch ihn bekleidete Amt aufzuwerten, um seine eigene und des von ihm prädestinierten Nachfolgers Beneš Position auch verfassungsrechtlich gesichert zu wissen. In der Unabhängigkeitserklärung vom 18. Oktober 1918[2], die Masaryk entwarf und die die Richtlinien über die staatsrechtliche Gestaltung des zukünftigen selbständigen Staates beinhaltete, wurde das Amt eines „starken" Präsidenten nach amerikanischem Vorbild vorgesehen. Die Ereignisse in der Heimat zeigten eine andere Entwicklung an. Der inzwischen ernannten tschechoslowakischen Regierung gelang es in der vom Nationalausschuß erlassenen provisorischen Verfassung vom 13. November 1918, das Amt des Staatspräsidenten nur mit Repräsentationsfunktionen zu versehen. Dem Staatspräsidenten wurde beispielsweise die Möglichkeit genommen, mit der Nationalversammlung, die ihn wählte, unmittelbar in Verbindung zu treten, die Regierung zu ernennen und an deren Sitzungen teilzunehmen[3]. Diese Regelung stieß auf den entschiedenen Widerstand der Mehrzahl der in der Nationalversammlung vertretenen Parteien und erfuhr sehr bald eine weitgehende Änderung zugunsten der erweiterten Machtbefugnisse des Staatspräsidenten[4]. Einer der entscheidenden Beweggründe dafür ist in der Tradition des tschechischen politischen Lebens zu suchen. Diese ging aus der Erkenntnis hervor, daß die Krone in der Monarchie einen bedeutenden Stabilisationsfaktor darstellte, die immer mit Erfolg in die Auseinandersetzungen zwischen Parteien und Blöcken eingriff, welche sonst mit herkömmlichen Mitteln nicht zu meistern waren. Ein ähnlicher Faktor der Kontinuität und Stabilität sollte unter veränderten Umständen in der Funktion des

---

W e y r , F.: Československé ústavní právo [Tschechoslowakisches Verfassungsrecht]. Prag 1937. — S l a p n i c k a , H.: Die böhmischen Länder und die Slowakei 1919—1945. In: Handbuch der Geschichte der böhmischen Länder. Hrsg. von K. B o s l. Bd. 4. Stuttgart 1969.

[2] Prohlášení nezávislosti československého národa zatímní vládou československou [Unabhängigkeitserklärung des tschechoslowakischen Volkes durch die Provisorische Tschechoslowakische Regierung]. Hrsg. von J. V o r e l. Prag 1933.

[3] Rede des Abgeordneten Dr. M e i s s n e r. Stenographischer Bericht von der 54. Sitzung der Nationalversammlung, 23. 5. 1919.

[4] Novelle zur provisorischen Verfassung Z.271 v. 23. 5. 1919 SdGuV.

Staatspräsidenten gefunden werden[5]. Bei diesen Überlegungen spielte selbstverständlich auch die Persönlichkeit Masaryks eine nicht zu unterschätzende Rolle.

Masaryk ergriff während der Beratungen über die Verfassungsurkunde einige Male die Initiative, um seine Ansichten über die Machtbefugnisse des Staatspräsidenten bekanntzugeben. Hier einige Beispiele: Der damalige Abgeordnete und bekannte Staatsrechtler Prof. Weyr überbrachte im Verfassungsausschuß den Wunsch Masaryks nach einer direkten Wahl des Staatspräsidenten durch das Volk, um so die Unabhängigkeit gegenüber der Nationalversammlung zu bewahren und gewährleistet zu haben[6]. Im Verlaufe der Erwägungen über die Zusammensetzung und die Form der Bestellung der Mitglieder des Senats als zweiter Kammer der Nationalversammlung erhob Masaryk die Forderung, dem Staatspräsidenten verfassungsgemäß das Recht, eine Anzahl von Senatoren zu ernennen, einzuräumen[7]. Diesen Anliegen wurde nicht stattgegeben. Dennoch wurden mehrere Anregungen, die die Antwort der Präsidentenkanzlei auf das Rundschreiben des Innenministeriums vom 18. Juni 1919[8] beinhaltete und zweifellos die persönlichen Ansichten Masaryks wiedergaben, in den endgültigen Verfassungsentwurf übernommen.

Auf ausdrücklichen Wunsch Masaryks wurde in der Verfassungsurkunde die minimale Altersgrenze der Wählbarkeit des Anwärters auf das Amt des Staatspräsidenten mit dem vollendeten 35. Lebensjahr festgesetzt und damit der Antrag der Nationaldemokraten, die als Voraussetzung das erreichte 45. Lebensjahr beantragten, verworfen[9]. Die Annahme von Masaryks Antrag hatte, im Hinblick auf seine ernste Erkrankung, eine außerordentliche politische Relevanz. Durch die Herabsetzung der erforderlichen Altersgrenze wurde ein schwer überbrückbares Hindernis für die mögliche Wahl Beneš zum Staatspräsidenten, der damals das 35. Lebensjahr vollendete, aus dem Wege geschafft.

Masaryk betrachtete die dem Staatspräsidenten in der Verfassungsurkunde verliehenen Rechte niemals als eine Formalität und machte von diesen ausgiebig Gebrauch. In seinen Befugnisbereich gehörte auch die Ernennung der Minister. Mit dem designierten Regierungschef besprach er nicht nur die Programme der einzelnen Ressorts, sondern bemühte sich eine Zeitlang, diese in den Ernennungsdekreten festzusetzen[10]. Er stieß später dabei auf entschiedenen Widerstand Švehlas und mußte von diesem sich anbahnenden Gebrauch Abstand nehmen. Keinesfalls ließ er sich aber den direkten Einfluß auf die persönliche Besetzung der einzelnen Ressorts nehmen und verlangte vom Regierungschef, bzw. beim nachträglichen Eintritt der Partei in

---

[5] Mencl, V. / Menclová, J.: Náčrt podstaty a vývoje vrcholné sféry předmnichovské československé mocensko-politické struktury [Abriß der Wesenszüge und der Entwicklung der machtpolitischen Struktur der Vormünchner Republik]. ČČH 16 (1968) 343.
[6] Stenographisches Protokoll von der Sitzung des Verfassungsausschusses, 9. 4. 1919.
[7] Rede des Abgeordneten Dr. Weyr, ebenda, 3. 7. 1919.
[8] Státní ústřední archiv [Staatliches Zentralarchiv], Prag. MV 1919–1924, 1/2/2.
[9] Die Nationaldemokraten wollten damit Kramář die Nachfolge im Amt des Staatspräsidenten vorbereiten.
[10] Z. B. Brief an den Vorsitzenden der ersten Beamtenregierung. Stenographischer Bericht von der 14. Sitzung des Abgeordnetenhauses, 26. 10. 1920.

die Regierung von deren Führungsgremium, Anträge mit mehreren Kandidaten auf den zu besetzenden Ministersessel vorzulegen. Ernannt wurde in der Regel derjenige, der politisch für die Burg am annehmbarsten war, obwohl immer die persönlichen Qualitäten des Kandidaten berücksichtigt wurden[11].

Die endgültige verfassungsrechtliche Stellung des Staatspräsidenten stellte letzten Endes einen Kompromiß zwischen dem amerikanischen und dem französischen Vorbild dar.

Trotzdem die Verfassungsurkunde auf der Gewaltenteilungslehre bzw. auf der Theorie der Bremsen und Gegengewichte (checks and balances) aufgebaut wurde[12], erweiterte die Regierung allmählich ihre Machtbefugnisse. Es kam zu einer Gewaltenkonzentration in den Händen eines der höchsten Staatsorgane zuungunsten der beiden anderen. Zwei Gründe waren dafür ausschlaggebend:

Als erstes waren es die ihr zur Verfügung stehenden rechtlichen Mittel. Mit der Rezeption der österreichisch-ungarischen Rechtsordnung[13] wurden auch die Ermächtigungs- und Notstandsgesetze und die damit verbundenen Verordnungen, die den Wirkungs- und Machtbereich der Regierung außergewöhnlich erweiterten, übernommen[14]. Diese wurden teilweise als obsolet oder als verfassungswidrig erklärt, aber nachher durch neue, von der Nationalversammlung verabschiedete Ermächtigungsgesetze ersetzt. Die Verabschiedung von Ermächtigungsgesetzen entwickelte sich in der Ersten Tschechoslowakischen Republik zur Tradition; sie waren für die Wechselbeziehungen zwischen Regierung und Parlament von charakteristischer Bedeutung.

Die zweite Voraussetzung lag in der politischen Struktur. In den böhmischen Ländern herrschte schon lange vor dem Ausbruch des Ersten Weltkrieges ein sehr reges politisches Leben, das die Entstehung und Tätigkeit mehrerer Parteien förderte. Nach der Gründung des tschechoslowakischen Staates hat diese Zersplitterung des politischen Parteiwesens auch auf die Slowakei und Karpatorußland übergegriffen. In der Slowakei waren vordem keine politischen Parteien im modernen Sinne vorhanden. Die Nationale Partei (Národná strana) konnte eher als eine politische Bewegung heterogener Kräfte ohne stärkere Bindung betrachtet werden, an der nationalbewußte Slowaken Anteil nahmen. Die slowakischen Sozialdemokraten betätigten sich in der ganzstaatlich organisierten Partei.

Der Prozeß der Zersplitterung wies im Laufe der weiteren Entwicklung in der Ersten Tschechoslowakischen Republik eine steigende Tendenz auf. Nur ein geringer Teil der Parteien konnte auf ihre Kandidatenlisten etwas mehr als 10 v. H. der gesamten abgegebenen Wählerstimmen vereinigen. So gelang es bei den Wahlen

---

[11] Mencl / Menclová 348.
[12] Rede des Berichterstatters des Verfassungsausschusses Abg. Dr. Bouček. Stenographischer Bericht von der 125. Sitzung der Nationalversammlung, 27. 2. 1920.
[13] Art. 2 des Gesetzes Z.11 v. 28. 10. 1918 SdGuV betreffend die Errichtung des selbständigen tschechoslowakischen Staates.
[14] Es handelte sich namentlich um die Verordnung der österreichischen Regierung betreffend den Ausnahmezustand v. 25. 7. 1914 Z.158 R., das allgemeine Ermächtigungsgesetz vom 24. 6. 1917 Z.307 R., die ungarischen Gesetzesartikel LXIII ex 1912, L ex 1914, IV ex 1916, VII ex 1917.

im Jahre 1920 3, im Jahre 1925 2, im Jahre 1929 4 und 1935 wieder vier Parteien, die 10 %-Grenze zu überschreiten. Demgegenüber beteiligten sich an den Wahlen im Jahre 1920 23, 1925 29, 1929 18 und 1935 11 Parteien[15]. Deshalb konnte die Regierung nur auf der Basis einer Koalition, aus mehreren Parteien bestehend, gebildet werden. Die Koalition wurde zu einer unausweichlichen Notwendigkeit für die Erhaltung einer demokratischen Regierungsform.

Die Zusammenarbeit mehrerer Parteien konnte auf geschichtliche Hintergründe zurückblicken, die ihren Ursprung in der tschechischen Vorkriegspolitik hatten. Das Bewußtsein der nationalen Zusammengehörigkeit setzte sich entgegen der Verschiedenheit der Ansichten einzelner politischer Parteien, vor allem auf dem Boden des tschechischen und mährischen Landtags, durch, denn nur so konnte eine knappe nationale Mehrheit der vereinten tschechischen Parteien, der sich später auch die tschechischen Sozialdemokraten anschlossen, errungen und erhalten werden. Diese Entwicklung vertiefte sich zusehends im Verlauf des Ersten Weltkriegs. In dem im Juli 1918 reorganisierten Nationalausschuß unter der Leitung von Kramář-Švehla-Klofáč-Soukup[16] zeichnete sich das Vorbild der zukünftigen allnationalen Koalition ab, die nur in einer veränderten personellen Zusammensetzung politisch die Ereignisse vom 28. Oktober 1918 leitete.

Der Umstand, daß keiner von den Koalitionspartnern eine dominierende Stellung einnehmen konnte, führte zur gegenseitigen Abhängigkeit und Ausgewogenheit. Das war einer der vorrangigsten Gründe für die verstärkte Tendenz, die einen gemeinsamen allnationalen Vorgang dieser Parteien verfolgte. Die Notwendigkeit der allnationalen Konzentration überschattete anfänglich die unmittelbaren Klassen- und Parteiinteressen der einzelnen Partner. Bis zum Jahre 1926 setzten sich die Regierungen ausschließlich aus Vertretern der tschechoslowakischen Parteien zusammen. Die Ergebnisse der Parlamentswahlen von 1925 brachten den tschechoslowakischen Sozialdemokraten, die zu den stärksten Stützen der Koalition gehörten, eine empfindliche Niederlage, denn sie mußten den Verlust von beinahe einer Million Stimmen gegenüber den Wahlen im Jahre 1920 hinnehmen. Ein bedeutender Umschichtungsprozeß fand auch im Lager der deutschen Parteien statt, wo vor allem die Deutsche christlich-soziale Volkspartei und der Bund der Landwirte ihre Stellung verbessern konnten. Andererseits ging die Kommunistische Partei, die sich das erste Mal an Parlamentswahlen beteiligte, als zweitstärkste Partei hervor[17]. Die Situation mußte zwangsläufig dazu führen, daß nach einer anderen Konstellation der Koalition gesucht werden mußte. Eine rein bürgerliche Regierung, an der erstmals zwei deutsche Parteien beteiligt waren und der später auch die Slowakische Volkspartei beitrat, war das Ergebnis langwieriger Verhandlungen. Die Ausscheidung beider sozialistischer Parteien aus der Koalition — übrigens eine einmalige Erscheinung in der Geschichte der Ersten Tschechoslowakischen Republik — ist zugleich als eine beträchtliche Schwächung der Burg zu betrachten.

---

[15] Statistische Übersicht der Tschechoslowakischen Republik. Prag 1930, S. 203 f. — Statistisches Jahrbuch der Tschechoslowakischen Republik. Prag 1936, S. 269—270.
[16] Repräsentanten der Staatsdemokraten (spätere Nationaldemokraten), Agrarier, tschechischen Sozialisten und der Sozialdemokraten.
[17] Statistische Übersicht 267—268.

Nach den vorzeitig ausgeschriebenen Parlamentswahlen im Jahre 1929 erneuerte sich die Koalition der bürgerlichen und sozialistischen Parteien, die dann bis zum Ende der Ersten Tschechoslowakischen Republik den Kern der Regierungen bildeten.

Außer den Koalitionsregierungen, die nach ihrer Zusammensetzung als allnationale, bürgerliche, oder rot-grüne bekannt waren, wurden in Krisenzeiten als Übergangslösung Beamtenregierungen, bestehend aus parteipolitisch nicht gebundenen Fachleuten, gebildet.

Im Zusammenhang mit der Bildung der ersten Beamtenregierung im September 1920 wurde ein besonderer Ausschuß ins Leben gerufen, in den die fünf größten tschechischen Parteien, auf deren Unterstützung die Regierung angewiesen war, je einen ihrer einflußreichsten Politiker als Vertreter entsandten[18]. Der Ausschuß, der unter dem Namen „Pětka" bekannt ist, entschied grundsätzlich über alle wichtigeren Fragen, die in den Wirkungsbereich der Regierung gehörten. Der Ausschuß konnte jederzeit die offizielle Regierung zu Fall bringen. Er stellte in der Tat die eigentliche Regierung dar, ohne aber ihre politische Verantwortung zu tragen. Obgleich für seine Existenz keine verfassungsrechtliche Grundlage vorhanden war, wurde er zum dauerhaften Bestandteil des damaligen Regierungsmechanismus. Nur seine Mitgliederzahl paßte sich jeweils der Zahl der an der Koalition beteiligten Parteien an, anstatt der „Pětka" war es die „Šestka" (Sechsausschuß) oder sogar die „Osma" (Achterausschuß). Der Ausschuß, der ein typisches Beispiel der Überwucherung des Parteiwesens im öffentlichen Leben darstellte, drängte außer der Regierung auch das Parlament in den Hintergrund. Jedenfalls ist hinzuzufügen, daß die Existenz dieses besonderen Ausschusses zwar der Koalition die Beherrschung des Staates ermöglichte, aber zugleich zur Erhaltung eines bestimmten innenpolitischen Gleichgewichtes und eines demokratischen Systems beitrug.

Eines der Merkmale zur Einhaltung der demokratischen Spielregeln im politischen Leben war die Existenz einer zahlenmäßig genügend starken und tatkräftigen Opposition[19]. In der Verfassungsurkunde wurde zwar weder Standort noch Wirkungskreis der Opposition expressis verbis erwähnt, doch die darin verankerten Bestimmungen und Garantien[20] ermöglichten es ihr, politisch wirksam in Erscheinung zu treten. Trotzdem kam es kein einziges Mal vor, daß die Oppositionsparteien die Regierung gestürzt hätten und eine neue Regierung aus ihrer Mitte hätten bilden können. Der Hauptgrund ist in der Tatsache zu suchen, daß die inneren Gegensätze der Opposition nicht nur auf weltanschaulichen, sondern auch auf nationalpolitischen Divergenzen beruhten. Im Hinblick auf die Zusammensetzung der Opposition war es einfach unvorstellbar, daß die rechtsnationalen tschechischen Parteien mit den weltanschaulich zwar verwandten, aber nationalpolitisch im entgegengesetzten Lager stehenden deutschen Parteien mit gleichzeitiger Teilnahme der Kommunistischen Partei unter Mitwirkung der Slowakischen Volkspartei und der

---

[18] Bechyně (soz.-dem. Partei), Dr. Franke (nat.-soz. Partei), Dr. Rašín (nat.-dem. Partei), Dr. Šrámek (Volkspartei) und Švehla (Agrarpartei).
[19] Nur während der Amtszeit der ersten, im selbständigen Staat gebildeten Regierung war offiziell keine Opposition im Parlament zugegen.
[20] Z. B. Immunität der Parlamentsmitglieder, Interpellations- und Petitionsrecht usw.

ungarischen Parteien sich in einer Regierung hätten zusammenfinden können[21], selbstverständlich unter der Voraussetzung, daß überhaupt eine Mehrheit im Parlament für die Bildung dieser hypothetischen Koalition vorhanden gewesen wäre.

In der bisherigen Darlegung über die Rollen und die Funktion der einzelnen Institutionen traten des öfteren als entscheidender Faktor die politischen Parteien hervor. Es wurde schon darauf hingewiesen, daß die vorrangige Stellung des Parteiwesens traditionsgemäß ins öffentliche Leben des neugegründeten tschechoslowakischen Staates überging. Als Beispiel kann hier die Art und Weise der Konstituierung des tschechischen Nationalausschusses, der höchsten politischen Instanz vor und unmittelbar nach der Gründung der Tschechoslowakei, angeführt werden. Nach dem bekannten „Švehla-Schlüssel", der von den Wahlergebnissen zum Reichsrat vom Jahre 1911 ausging, wurden nicht nur der Nationalausschuß, sondern auch die erste Nationalversammlung sowie die — vor den durchgeführten Wahlen — eingesetzten Kommunalselbstverwaltungsorgane zusammengesetzt.

Zum Parteiwesen in der Ersten Tschechoslowakischen Republik möchte ich eine nicht uninteressante Bemerkung vorausschicken: So paradox es auch klingen mag, die Stellung der Partei als Institution wurde weder in der Verfassungsurkunde noch durch anderweitige Rechtsnormen geregelt[22]. Der Rechtsordnung nach wurde die politische Partei nur als lose Vereinigung ohne Rechtssubjektivität, also als ein faktisches Gebilde, betrachtet[23]. Diese Anschauungen entsprachen der übernommenen französischen individualistischen Theorie und der auf ihr aufgebauten parlamentarischen Demokratie. Danach sind die Beziehungen zwischen den einzelnen Bürgern und dem Staate ohne Vermittlung anderer Organisationseinheiten, also auch ohne diejenige von politischen Parteien, aufzubauen[24].

Die von der Regierung beschlossenen Entscheidungen wurden von der Ministerial- und Verwaltungsbürokratie verwirklicht. Schon bei Anbeginn der Ersten Tschechoslowakischen Republik wurde ein allmählich zunehmender allgemeiner Trend zur Politisierung sichtbar. Neben den von der Monarchie übernommenen apolitischen österreichischen Bürokraten war das Anwachsen der Zahl derjeniger, die einen oder mehrere Parteiausweise in der Tasche hatten, zu vermerken. Die Koalitionsparteien teilten untereinander die einzelnen Ressorts auf, von denen einige zur fast ausschließlichen Domäne ein und derselben politischen Partei wurden. Das Innen- und Landwirtschaftsministerium waren fortlaufend in den Händen der Agrarpartei;

---

[21] Nur in Ausnahmefällen leisteten sich die Oppositionsparteien gegenseitig Hilfe. So z. B. unterzeichneten den von der Slowakischen Volkspartei eingebrachten Gesetzentwurf betreffend die Autonomie der Slowakei auch die Abgeordneten der Liga gegen die gebundenen Kandidatenlisten. Tisky poslanecké sněmovni NSRČ (Drucke des Abgeordnetenhauses) Nr. 425 v. 8. 5. 1930. — Die Parlamentarier der KPTsch setzten ihre Unterschriften zusammen mit den Vertretern der Deutschen nationalen und nationalsozialistischen Arbeiterpartei unter den Antrag des Abg. Dr. Luschka und Kon. zur herausgegebenen Sprachenverordnung. E b e n d a, Nr. 128 vom Jahre 1926.

[22] Die Gesetze Z.201/1933 und 269/1934 SdGuV hatten nur die Frage der möglichen Einstellung der Tätigkeit bzw. der Auflösung der politischen Partei behandelt.

[23] Entscheidung des Obersten Verwaltungsgerichtes vom 28. 6. 1927. Bohusl.Adm 6684 — Entscheidung des Wahlgerichtes vom 8. 2. 1928 Nr. 47. Koschin 191.

[24] W e y r 92.

demgegenüber wurde das Ministerium für soziale Fürsorge und das Justizministerium von den tschechoslowakischen und eine Zeitlang von den deutschen Sozialdemokraten verwaltet. Dadurch, daß die Agrarpartei, dank Švehlas Umsicht, aus dem Innenministerium ihre eigene Hausmacht aufbaute, beherrschte sie zugleich auch die politische Verwaltung im Staate. Was dies für das Erlangen der späteren Vormachtstellung der Agrarpartei bedeutete, muß nicht besonders hervorgehoben werden. Die in einzelnen Bereichen der Verwaltung geschaffene Situation entsprach teilweise dem in den Vereinigten Staaten von Nordamerika eingeführten „Spoilsystem" (Beutesystem), nur mit dem Unterschied, daß bei der Übergabe des Ressorts von einer an die andere Partei kein allgemeiner Beamtenwechsel stattfand.

Die Bevormundung der Nationalversammlung durch die politischen Parteien bzw. durch ihre führenden Persönlichkeiten, die zugleich Ministerposten bekleideten, war eine selbstverständliche Konsequenz der Wesenszüge des politischen Systems der Ersten Tschechoslowakischen Republik. Diese Erscheinung konnte auch in anderen demokratischen Staaten beobachtet werden. Die Besonderheit lag vielleicht darin, daß die Wechselbeziehungen zwischen bestimmten politischen Parteien sowie der auf diesen aufgebauten Koalitionsregierungen und der Nationalversammlung, gegenüber anderen demokratischen Staaten, ausgeprägter in Erscheinung traten. Die Tschechoslowakei entwickelte sich in dieser Hinsicht zu einem typischen Parteienstaat.

Die Einflußnahme der politischen Parteien erstreckte sich in ganz prägnanter Weise auch auf ihre parlamentarischen Vertreter. Trotz des in der Verfassungsurkunde ausgesprochenen Grundsatzes des freien Mandates, nach dem einzelnen Parlamentariern untersagt wurde, von irgendwelcher Seite Aufträge entgegenzunehmen, haben die darauffolgenden Gesetze[25] sowie die Rechtsprechung eine geradezu entgegengesetzte Praxis eingeführt. Das Wahlgericht entschied, daß die politische Partei als Mandatsinhaber zu betrachten ist. Es bestätigte weiter das Recht der Partei, von ihrem parlamentarischen Vertreter Abdikationsreverse abzuverlangen, durch die ihre ausschließliche Disposition mit dem Mandat anerkannt wird[26]. Diese Vorkehrungen boten den Parteien genügend Raum, um eine straffe Disziplin aufrechterhalten zu können und ihren Willen durchzusetzen. Dieser Zustand stieß vielerorts auf großes Mißbehagen[27].

Die im Jahre 1929 durchgeführten Wahlen waren durch erhebliche Gewinne der beiden sozialistischen Parteien und gleichzeitig durch empfindliche Stimmverluste der tschechoslowakischen Volkspartei gekennzeichnet[28]. Die Slowakische Volkspartei verließ noch vor den Wahlen die Koalition. Im deutschen Lager rückten die Sozialdemokraten zur stärksten Partei auf[29].

[25] Gesetz Z.125/1920 SdGuV üb. d. Wahlgericht, Novelle z. Gemeindewahlordnung u. a.
[26] K l i m e n t , J.: Demokracie a stát stran [Demokratie und der Parteienstaat]. In: Mertl/Peška/Kliment/Krouský: Volební reformy [Wahlreformen]. Bd. 1. Prag 1933, S. 88 f.
[27] K r e j č i , J.: Presidentský režim, parlamentní režim a právo soudu zkoumati účinnost zákonu [Präsidentenregime, das parlamentarische Regime und das Recht der Gerichte zur Überprüfung der Verfassungsmäßigkeit der Gesetze]. Moderní stát 1935, S. 194 f.
[28] Statistische Übersicht, S. 263, 267.
[29] E b e n d a 263, 268.

Dem designierten Ministerpräsidenten, dem Agrarier F. Udržal, fiel die Aufgabe zu, unter den veränderten Verhältnissen eine neue Regierungskoalition zu suchen. Durch persönlichen Einsatz Masaryks konnte am 7. Dezember 1929 die neue Regierung ernannt werden, die sich wieder aus Vertretern der bürgerlichen und sozialistischen Parteien zusammensetzte. Zahlenmäßig konnten die sozialistischen Parteien nach dem Eintritt der deutschen Sozialdemokraten, die den Platz der ausgeschiedenen deutschen Christlichsozialen in der Regierungskoalition einnahmen, ihre Stellung ausbauen. Doch die Wechselbeziehungen zwischen den Partnern haben sich grundsätzlich geändert. Die relative Gleichheit, die vorher als Prinzip der Zusammenarbeit allgemein anerkannt wurde, mußte der stets wachsenden Überlegenheit der Agrarpartei weichen. Mehrere Gründe können für die dominierende Position der Agrarpartei angeführt werden:

Die Bodenreform festigte ihre Position bei den Bauern. Die Agrarpartei nützte den Verfall der ehemals renommierten Nationaldemokratischen Partei aus, der ihr den Weg zu wichtigen Ministerposten und damit die Einflußnahme auf die Verwaltungsbürokratie ebnete. Die Spaltung der Sozialdemokratie verhalf ihr zur stärksten politischen Partei emporzurücken. Dank einer erfolgreichen Taktik errangen die Agrarier als einzige Koalitionspartei eine beachtliche politische Basis in der Slowakei und in Karpatorußland. Nach dem Tod Rašíns, der als einziger möglicher und fähigster Konkurrent Švehlas galt, wurde der Vorsitzende der Agrarpartei nach Masaryk zur einflußreichsten Persönlichkeit im politischen Leben. Die von den tschechischen Sozialisten, Sozialdemokraten und der Burg unvorsichtig betriebene Kirchenpolitik trug dazu bei, daß die tschechische und slowakische Volkspartei die Annäherung an die Agrarpartei suchte. Die Verfolgung gemeinsamer Standesinteressen brachte eine engere Zusammenarbeit der tschechoslowakischen, deutschen und ungarischen Agrarier mit sich.

Die Anzeichen der sich anbahnenden Wirtschaftskrise, die sich auch in der Tschechoslowakei bemerkbar machte, konnten in der Regierungserklärung Udržals nicht unerwähnt bleiben. Infolge der sich stets verschlechternden wirtschaftlichen Situation kam es bald zu einer Regierungskrise, die hauptsächlich durch Auseinandersetzungen innerhalb der Agrarpartei ausgelöst wurde. In dieser standen zwei Richtungen gegeneinander, die verschiedene Ansichten in wichtigen wirtschaftspolitischen Fragen vertraten. Die eine, zu der auch Ministerpräsident Udržal zählte, unterstützte die Politik der unbeschränkten Ausfuhr, für die sich namentlich die Živnostenská banka (Gewerbebank) einsetzte. Die andere, der führende Persönlichkeiten wie Beran, Staněk, Stoupal u. a., also Vertreter des rechten Flügels, angehörten, verfocht wieder die Forderung des totalen Einfuhrverbotes von landwirtschaftlichen Erzeugnissen. Mit dieser Einstellung befürwortete diese Gruppe im Grunde die von der Agrarbank verfochtenen Interessen, die wirtschaftlich mit denjenigen Zweigen der Industrie, die für den Binnenmarkt produzierten, verbunden war.

Letzten Endes, und das ist das Bemerkenswerte, mußte Udržal unter dem Druck der eigenen Partei, in welcher der rechte Flügel allmählich zu Worte kam, sein Amt niederlegen. Die am 29. Oktober 1932 neugebildete Regierung wurde vom Agrarier J. Malypetr präsidiert. Von der vorherigen unterschied sie sich im wesentlichen in den personellen Veränderungen der von der Agrarpartei nominierten Minister.

Die Folgen der langandauernden Wirtschaftskrise sowie die Übernahme der Macht durch die Nationalsozialisten im benachbarten Deutschland äußerten sich in der Verschärfung der sozialen und vor allem der nationalen Spannungen innerhalb der Ersten Tschechoslowakischen Republik, deren außenpolitische Lage sehr bedenklich wurde. Die veränderte innen- und außenpolitische Situation des Staates machte sich zwangsläufig im Bereich des damaligen politischen Systems und dessen Mechanismus bemerkbar.

Unter dem Regime der „Demokratie der starken Hand", einer Bezeichnung, der sich die zeitgenössische politische Umgangssprache bediente, verstand man die zwecks Konsolidierung der inneren Politik und Stärkung der militärischen Verteidigung getroffenen Maßnahmen, die in Kürze folgendermaßen zusammengefaßt werden könnten:

Erstens: durch die Verabschiedung des Ermächtigungsgesetzes vom 9. Juni 1933 wurde die gesetzgebende Gewalt, die nach der Verfassungsurkunde ausschließlich von der Nationalversammlung vollzogen werden sollte[30], in viel umfangreicherem Maße als vorher auf die Regierung übertragen.

Zweitens kam es zur Einschränkung der verfassungsrechtlich verbürgten Grundrechte, namentlich im Bereich der Pressefreiheit[31]. Das Gesetz über die Einstellung der Tätigkeit und die Auflösung der politischen Parteien gab der jeweiligen Koalitionsregierung ein Instrument in die Hand, das die mögliche Ausschaltung der Opposition beachtlich erleichtern konnte.

Drittens wurde im Zusammenhang mit der Verteidigung der Republik ein Gesetz angenommen, das die Gründung neuer, in der Verfassungsurkunde nicht vorgesehener zentraler Behörden, ausgestattet mit außerordentlichen Befugnissen, vorsah[32] und das eine Erweiterung der Befugnisse der Regierung und der Verwaltungsorgane in Aussicht stellte. Die im Staatsverteidigungsgesetz vorgesehenen Maßnahmen, die gegebenenfalls zu Außerkraftsetzung der Grundrechte führen konnten, waren nicht nur in Zeiten der sogenannten Wehrbereitschaft, sondern auch in anderweitigen Notstandssituationen anwendbar.

Ein bemerkenswertes Merkmal des politischen Bildes der Tschechoslowakei der dreißiger Jahre, das übrigens schon teilweise angedeutet wurde, war ein spürbarer allgemeiner Rechtsruck, der sogar manche der Koalitionsparteien erfaßte. Die im Jahre 1935 stattgefundenen Wahlen brachten — außer im deutschen Lager — keine nennenswerten Verschiebungen im Kräfteverhältnis der politischen Parteien. Die der Präsidentenwahl im Dezember 1935 vorangegangenen Ereignisse bestätigten schon ganz klar diesen Rechtsruck, der hauptsächlich in der Agrarpartei zum Vorschein kam und deshalb eine weitgehende Resonanz hatte. In der Agrarpartei zeigte sich schon seit der Mitte der zwanziger Jahre ein steigender Hang zur Opposition

---

[30] Dies wurde ausdrücklich durch das Verfassungsgericht in seiner Entscheidung vom 7. 11. 1922 bestätigt. Úřední list republiky Československé [Amtsblatt der Tschechoslowakischen Republik] 1922, Nr. 284.

[31] Z. B. die Gesetze Z.125/1933, 126/1933, 140/1934 SdGuV u. w.

[32] Der Oberste Rat der Verteidigung, an dessen Spitze der Regierungschef stand, gehörte in den Zeiten der sogenannten Wehrbereitschaft zu den höchsten Staatsorganen, der auch gesetzgebende Funktionen ausüben konnte.

gegen die Burg. Diese Entwicklung stärkte die Hoffnung des rechten Flügels der Nationaldemokraten, die Machtposition der Burg erfolgreich anzugreifen und zugleich die demokratischen Grundsätze des tschechoslowakischen Staates in bedeutsamer Weise einzuschränken. Die allmähliche Vertiefung der antidemokratischen Einstellung der Nationaldemokraten führte diese zum Zusammenschluß mit der stark nationalistisch eingestellten Liga gegen die gebundenen Kandidatenlisten. Die neue Partei, bekannt unter dem Namen „Národní sjednocení" (Nationale Vereinigung), betrat mit einem von rechtsradikalen Gedanken durchsetzten Programm die politische Bühne. Das einheimische deutsche Lager war durch eine außergewöhnlich starke Konzentration, die ihren Ausdruck im durchschlagenden Wahlsieg der Sudetendeutschen Partei fand, gekennzeichnet. Die Slowakische Volkspartei sowie die ungarischen Parteien, die sich übrigens auch in eine Bewegung zusammenschlossen, konnten zwar den Erfolg der Sudetendeutschen Partei nicht aufweisen, doch waren verstärkte separatistisch gefärbte Töne von dieser Seite hörbar.

Der erfolgte Rechtsruck äußerte sich unter anderem in der Veröffentlichung mehrerer Entwürfe für eine durchgreifende Reform des derzeitigen in der Tschechoslowakei etablierten politischen Systems. Das größte Interesse erweckte der Entwurf einer Gruppe jüngerer, der tschechischen Nationaldemokratischen Partei nahestehender Politiker, die sich um die Zeitschrift „Demokratický Střed" (Demokratische Mitte) versammelten[33]. Unter dem Schlagwort der Verteidigung der Demokratie legten sie eine umfassende Reform der Verfassungsurkunde vor, die in ihrer Verwirklichung zu einer ständestaatlichen Ordnung geführt hätte, wie dies aus den zahlreichen veröffentlichten Beiträgen zu ersehen ist[34]. Ähnliche Anschauungen waren aus Kreisen anderer tschechischer Parteien zu vernehmen.

In dieser Darlegung konnte keinesfalls der ganze Inhalt der von mir behandelten Frage erschöpft werden. Es blieben viele für die nähere Beurteilung des politischen Systems der Ersten Tschechoslowakischen Republik sicherlich interessante Institutionen unbesprochen. So z. B., welche Rolle die organisierten Interessen der Industrie, der Bauern, des Handels, der Arbeitnehmer, verschiedener anderer Verbände, der Kirche usw. spielten.

Zuletzt noch einige Bemerkungen zu den Grundzügen der Organisation der Verwaltung des Staates. Laut den in der Verfassungsurkunde festgesetzten Rechtssätzen war die Organisation des Staates von einer strengen Zentralisation gekennzeichnet. Die weitere Entwicklung brachte keine nennenswerten Änderungen. Der demokratischen Staatsform, die der Tschechoslowakei zu eigen war, hätte eine weitgehende Demokratisierung der Verwaltung entsprochen. Diese Richtlinie bezog sich nur auf die obersten Verwaltungsorgane. In den unteren Stufen war eine Her-

---

[33] Der Entwurf erschien am 23. 3. 1934 unter dem Titel: Do boje za demokracii řádu a činu [In den Kampf für die Demokratie der Ordnung und Tat].

[34] K a f k a , A.: S hlediska zákonodárne praxe (K návrhum Demokratického Středu) [Aus der Sicht der gesetzgebenden Praxis (Zu den Entwürfen des Demokratický Střed)]. Sobota (1934) S. 336—338, 355—357. — Z. S. Ústavní reforma — ale pro koho [Verfassungsreform — aber für wen]. Přítomnost (1934) 227. — Z. N. Návrhy na změnu ústavy [Entwürfe auf Verfassungsänderung]. Všehrd 1934, S. 337—338. — S o b o t a , E.: Je to východisko? [Ist das ein Ausweg?]. Naše doba (1933—1934) 385—391 u. w.

anziehung des Laienelementes nur im Rahmen der Selbstverwaltung nachzuweisen. Die Verwirklichung des Selbstverwaltungsprinzips in der Tschechoslowakei wäre im Hinblick auf ihren multinationalen Charakter von besonderer Bedeutung gewesen, doch diese war in den Gemeinden, Bezirken und Ländern wesentlich eingeschränkt[35].

Die Einführung des zentralistischen Prinzips und damit auch der starken Einschränkung der Selbstverwaltung entsprach nicht dem durch das Rezeptionsgesetz übernommenen Zustand. Damit ist nicht gesagt, daß dies ohne grundlegende Korrekturen geschehen konnte. Im Gegenteil, das übernommene Verwaltungssystem hätte auf allen Stufen einer eingehenden Demokratisierung unterzogen werden müssen.

Die Begründung für die entgegengesetzte Entwicklung ist im politischen und nationalen Bereich der Ersten Tschechoslowakischen Republik zu suchen.

Infolge der Einführung des demokratischen Wahlrechts und einer entsprechenden Erweiterung der Befugnisse der kollegialen lokalen Organe hätte eine Situation eintreten können, in der die gewählten Vertreter solche Beschlüsse annehmen konnten, die mit den zentral festgesetzten staatspolitischen Richtlinien nicht mehr in Einklang zu bringen gewesen wären.

Für die Beibehaltung des strengen Zentralismus sprachen nicht nur die Hegemoniebestrebungen der tschechischen Politik, sondern auch ihre Sorge um die Unterbringung der aus den verschiedenen Teilen der gewesenen Monarchie zurückkehrenden tschechischen Beamten in ein territorial und zahlenmäßig bedeutend kleineres Staatsgebilde. Diejenigen tschechischen Beamten, die in die von nichttschechischen Völkern bewohnten Regionen versetzt wurden, gehörten mit kleinen Ausnahmen zu den Stützen der zentralistischen Regierungsform. Von diesen konnte nicht erwartet werden, daß sie als Verfechter des Selbstverwaltungsgedankens auftraten, denn seine Verwirklichung hätte unvermeidlich auch zur Nationalisierung des Beamtentums führen müssen.

Die unmittelbar nach der Gründung der Tschechoslowakei aufgetretenen Erscheinungen brachten die tschechischen aber auch die damaligen führenden slowakischen Politiker zur Überzeugung, in der Festhaltung an der Zentralisation und der Einschränkung der Selbstverwaltung die wirkungsvolle Verteidigung der erlangten Selbständigkeit gefunden zu haben. Die weitere Entwicklung zeigte, daß die Beharrung auf den einmal festgelegten Grundzügen der Staatsorganisation zum Hindernis für eine mögliche Lösung der schwerwiegenden nationalen Frage wurde. Aus dieser sich darbietenden Erkenntnis hatten weder die einflußreichsten tschechischen Staatsmänner noch die Koalitionsparteien trotz der aktiven Mitarbeit mehrerer deutscher Parteien in der Regierung und der dringenden Lösung der slowakischen Frage die erforderlichen Konsequenzen gezogen.

Trotz aller in Kürze aufgezeichneten Erscheinungen, die zwar mit dem klassischen Vorbild der parlamentarischen Demokratie nicht mehr in Einklang zu bringen waren, kam es im Vergleich mit der Entwicklung in den Nachbarstaaten zu keiner durchgreifenden Änderung im politischen System der Tschechoslowakei. Hinsicht-

---

[35] Namentlich das Gesetz Z.125/1927 über die Organisation der politischen Verwaltung.

lich der näheren Analyse der Gründe, die diesen Umschwung verhüteten, möchte ich wegen der zeitlichen Begrenzung meiner Darlegung auf den an der wissenschaftlichen Tagung in Marburg von Prof. Lemberg am 27. April 1966 unter dem Titel „Gefahrenmomente für die demokratische Staatsform der Ersten Tschechoslowakischen Republik" gehaltenen Vortrag hinweisen[36]. In diesem wurde das Problem im wesentlichen behandelt.

Prof. Lemberg sah, den Tatsachen entsprechend, in der gleichbleibenden Konstellation der tschechoslowakischen Regierungsparteien einen der wichtigsten Stabilisationsfaktoren des damaligen politischen Systems. Diesen Gedanken fortführend möchte ich gerne noch eine Bemerkung hinzufügen.

Es handelt sich um Überlegungen, von denen sich Masaryk und Beneš als führende Persönlichkeiten der Burg sowie auch die Koalition — die beiden Eckpfeiler des politischen Mechanismus — leiten ließen. Die beiden Staatspräsidenten fanden ihren zuverlässigsten Rückhalt in den sozialistischen Parteien. Nur mit ihrer tatkräftigen Hilfe konnten sie ihren Einfluß auf den Fortgang der politischen Entwicklung verstärken und ihre Pläne verwirklichen. Die Burg hatte also ein eminentes Interesse an der Teilnahme der sozialistischen Parteien an der Koalition. Umgekehrt sahen beide sozialistischen Parteien in der Unterstützung der Burg die Gewähr für ihr Verbleiben in der Regierung. Daraus ergab sich, daß beiden Partnern daran gelegen war, den Status quo zu erhalten und zu verteidigen.

Das Verhalten der Koalition war wiederum von anderen Motiven beeinflußt. Ihre Tätigkeit war ohne Kompromißwillen und gegenseitiges Bemühen, die widersprüchlichen Interessen ins Gleichgewicht zu bringen, nicht denkbar. Diese Tatsache zeigte sich als ernsthaftes Hindernis für die Koalition, welche im Besitze weitgehender Machtbefugnisse war, die Rolle eines dynamischen Faktors zu übernehmen. Deshalb verharrte sie, wenn auch aus anderen Gründen wie die Burg, auf der Beibehaltung des geschaffenen Status quo.

Der von beiden Seiten verfochtene Konservativismus hatte dabei auch bestimmte positive Auswirkungen, die in der Erhaltung des wenn auch teilweise schon deformierten demokratischen politischen Systems ihren Ausdruck fanden. Andererseits wurde gerade dadurch der Weg, der zur grundsätzlichen Vertiefung der demokratischen Postulate im Sinne der nationalen und sozialen Befriedigung sowie zur notwendigen Beschleunigung dieser Entwicklung führen konnte, verbaut.

---

[36] Veröffentlicht im Sammelband: Die Krise des Parlamentarismus in Ostmitteleuropa zwischen den beiden Weltkriegen. Hrsg. von H. E. Volkmann. Marburg/L 1967, S. 103—121.

Klaus Zeßner

DIE HALTUNG DER DEUTSCHBÖHMISCHEN SOZIALDEMOKRATIE ZUM NEUEN TSCHECHOSLOWAKISCHEN STAAT 1918/1919

Das Thema meines Vortrags soll zunächst in den Rahmen dieser Tagung eingeordnet werden. Es bezieht sich weniger auf die spärlichen direkten Kontakte zwischen der deutschböhmischen Sozialdemokratie und tschechischen Stellen, als vielmehr auf den allgemeinen Prozeß der Integration in den Staat während der Jahre 1918 und 1919. Ich beschränke mich dabei auf die Zeit des Kampfes um das Selbstbestimmungsrecht vom Oktober 1918 bis September 1919. Diese Zeitspanne ist auch insofern als Einheit zu betrachten, als sich in ihr die Entwicklung vollzog, die die Sozialdemokratie von einer totalen Negation zu einer bedingten Anerkennung des tschechischen Staates führte. Das Thema meines Referats ist damit im Vorfeld des allgemeinen Tagungsthemas angesiedelt, aber dennoch, wie ich meine, von Interesse, weil die Voraussetzung für erfolgversprechende Kontakte zwischen Burg und Sozialdemokratie die Akzeptierung des Staates durch die deutsche sozialdemokratische Arbeiterpartei war.

Wenn hier von deutschböhmischer Sozialdemokratie die Rede ist, so ist mehr oder weniger die Gruppe um Josef Seliger gemeint. Das ist bei einer Detailuntersuchung zwar anfechtbar; ich halte es aber bei einem generellen Überblick für zulässig, Josef Seliger in den Mittelpunkt der Betrachtung zu stellen, da Seliger zu dieser Zeit der unumstrittene Führer der deutschböhmischen Sozialdemokratie war. Divergierende Ansichten über die Frage des Selbstbestimmungsrechtes gab es damals in der deutschböhmischen Sozialdemokratie in der Praxis nicht. Auch die sogenannte „Reichenberger Linke" stand mit gewissen Nuancen hinter der von Seliger vertretenen Politik.

Wenn die Nachkriegsliteratur die Haltung der deutschböhmischen Sozialdemokratie zum neuen tschechoslowakischen Staat besonders registrierte, ist die Tendenz zu beobachten, die Verschiedenheit der Ausgangspunkte und Motive zu den deutschbürgerlichen Parteien zu übersehen und im Interesse einer sudetendeutschen Einheitsfront gegen die Tschechen Seliger als nationalbewußten Sozialdemokraten zu deuten, der die gleichen Ziele wie die Deutschbürgerlichen verfolgte.

In umfassenderen Darstellungen ist das auch für die praktische Politik wesentliche Problem gar nicht angesprochen worden. Es ist nicht verwunderlich, daß von östlicher Seite diese Darstellungsweise freudig aufgegriffen wurde und Seliger als Musterbeispiel des Verrats der Sozialdemokratie an den Interessen der Arbeiterschaft und des Sozialismus hingestellt worden ist.

Beide Darstellungsweisen, die mit aktuellen politischen Interessen zusammenhängen, treffen die Wirklichkeit nicht. Man muß sich demgegenüber bemühen, Seligers Haltung aus den Quellen zu erschließen und aus den Bedingungen seiner Zeit zu verstehen.

Was die Haltung der deutschböhmischen Sozialdemokratie zum tschechoslowakischen Staat betrifft, so läßt sich die in Frage kommende Epoche im großen und ganzen in drei Abschnitte gliedern:

1. Vom November bis März war die Politik Seligers konsequent auf eine völlige Abtrennung vom tschechischen Staat gerichtet.

2. In einer zweiten Phase von März bis Juni ist eine gewisse Zweigleisigkeit der Politik Seligers festzustellen. Das Schwergewicht lag zwar immer noch auf dem Kampf um das „volle Selbstbestimmungsrecht" im Sinne einer Loslösung Deutschböhmens von der Tschechoslowakei. Angesichts der sich abzeichnenden, unabänderlichen Eingliederung in die ČSR signalisierte Seliger aber doch schon Verhandlungsbereitschaft hinsichtlich eines Autonomiestatuts.

3. In den beiden Monaten vor dem Parteitag der DSAP im September 1919 hatte sich die Partei mit den Realitäten, die der Friedensvertrag geschaffen hatte, abgefunden. Die sozialdemokratische Presse setzte sich jetzt offen für ein Autonomiestatut und die Beteiligung der Deutschen an der verfassunggebenden Versammlung ein. Dieses Programm wurde dann auf dem Teplitzer Parteitag Anfang September 1919 verbindlich formuliert und zur offiziellen Politik der Partei.

Zu 1: Die intransigente Haltung Seligers zum neuen tschechoslowakischen Staat war zum Zeitpunkt der Auflösung der Donaumonarchie durch mehrere Faktoren vorherbestimmt.

Es ist einmal zu berücksichtigen die Einstellung der deutschösterreichischen Gesamtpartei. Letzten Endes waren Entscheidungen der Gremien der deutschösterreichischen Partei für den Landesverband Deutschböhmen bindend. Anfang November lagen klare Beschlüsse der Gesamtpartei vor:

Die Politik der deutschösterreichischen Sozialdemokratie war bis in das letzte Kriegsjahr aus ökonomischen und ideologischen Gründen auf die Erhaltung des österreichischen Vielvölkerstaates gerichtet. Die nationalen Fragen sollten durch die Demokratisierung Österreichs und seine Umwandlung in einen Bundesstaat autonomer Nationen gelöst werden. Die vorgesehene Autonomie war aber im wesentlichen auf kulturelle Angelegenheiten beschränkt.

Dieses Programm, das 1899 in Brünn beschlossen wurde, ist in der Folge bekanntlich besonders von Karl Renner vertreten und ausgebaut und auf mehreren Parteitagen bis kurz vor Kriegsende bestätigt worden. Angesichts der Unabhängigkeitsbestrebungen der slawischen Nationen erwies sich das Brünner Programm als unrealisierbar, ja es lief sogar Gefahr, als letzte Rückzugsposition der herrschenden Klassen mißbraucht zu werden[1]. So setzten sich angesichts des drohenden Auseinanderfallens der Donaumonarchie im Laufe des Jahres 1918 immer mehr die Vorstellungen der Linken um Otto Bauer durch, die für eine Anerkennung des unbeschränkten Selbstbestimmungsrechts für alle Nationalitäten der Donaumonarchie eintraten. Diese Vorstellungen wurden programmatisch formuliert im Januar 1918 und im „Kampf", der theoretischen Zeitschrift der DSAPÖ, im April des gleichen Jahres veröffentlicht. Im wesentlichen enthielt dieses Programm die Anerkennung der Selbstbestimmungsansprüche aller Völker der Monarchie und eine großdeutsche Zielsetzung für das dann ebenfalls ungebundene deutsche Volk[2].

---

[1] Bauer, Otto: Die österreichische Revolution. Wien 1923, S. 73.
[2] Bauer 67.

Am 3. Oktober 1918 beschloß der Club der sozialdemokratischen Abgeordneten unter dem Vorsitz des Abgeordneten Seliger einstimmig eine von Bauer formulierte Erklärung[3], die zum ersten Mal den gemeinsamen Willen der Gesamtpartei zur Durchsetzung des unbeschränkten Selbstbestimmungsrechts artikulierte. Nach dem allgemeinen Bekenntnis zum Selbstbestimmungsrecht aller Nationen hieß es darin: „Die Vertreter der deutschen Arbeiterschaft lehnen unbedingt und für immer die Unterwerfung deutscher Gebiete unter diesen nationalen Staat (der fremden Nation) ab. Sie verlangen, daß alle deutschen Gebiete Österreichs zu einem deutsch-österreichischen Staate vereinigt werden, der seine Beziehungen zu den anderen Nationen Österreichs und zum Deutschen Reich nach seinen eigenen Bedürfnissen regeln soll[4]." Auf dieser Basis erklärten sich dann auch die deutschbürgerlichen Parteien zur Mitarbeit bei der Gründung des deutsch-österreichischen Staates bereit. Für die Gesamtpartei beschloß der in Wien vom 31. Oktober bis zum 2. November 1918 stattfindende Parteitag ein ähnliches Programm. Die wichtigsten Teile dieser Resolution, die in der Geschichtsschreibung kaum zur Kenntnis genommen wurde, weil das Protokoll des Parteitages nicht veröffentlicht wurde, lauten wie folgt:

„Die deutsche sozialdemokratische Arbeiterpartei erkennt vorbehaltlos das uneingeschränkte Selbstbestimmungsrecht der anderen Nationen an und fordert dasselbe Recht auch für das deutsche Volk.

Der Parteitag begrüßt daher die Bildung freier Volksstaaten auf den Trümmern des österreichischen Zwangsstaates. Jedem der neuen Volksstaaten gebührt die Gebietshoheit über sein geschlossenes Sprachgebiet. Keiner der neuen Staaten darf Gebiete beanspruchen, in denen die Mehrheit der Bevölkerung einer anderen Nation angehört."

Es folgen dann einige Vorschläge zur Regelung der Verhältnisse zwischen den Nachfolgestaaten und es heißt weiter:

„Diesen Grundsätzen entsprechend begrüßt der Parteitag die Bildung des deutsch-österreichischen Staates. Der Parteitag fordert, daß Deutschösterreich eine demokratische Republik werde. Deutschösterreich ist auf sich allein gestellt kein wirtschaftlich lebensfähiges Gebilde. Wollen sich die anderen Nationen von Deutschösterreich vollständig trennen..., dann muß die deutschösterreichische Republik als ein selbständiger Bundesstaat dem Deutschen Reich beitreten[5]."

Es bestand damit in der Partei endgültig Klarheit über den Inhalt des nationalen Selbstbestimmungsrechts und über die daraus folgende Konstituierung Deutschösterreichs auf dem Boden der geschlossenen deutschen Siedlungsgebiete.

Dieses Programm war auch von den Vertretern der deutschböhmischen Sozialdemokratie mitbeschlossen worden und für sie verpflichtend.

Es läßt sich nachweisen, daß Seliger dieses Programm zu diesem Zeitpunkt nicht nur nach außen vertrat, sondern daß er ihm auch persönlich zustimmte.

---

[3] Parteiarchiv der SPÖ, Wien: Protokolle des deutschen Klubs, Karton ohne Signatur, Sitzung vom 3. 10. 1918.
[4] Freiheit, Sozialdemokratisches Tagblatt. Teplitz-Schönau 1898 ff., 5. 10. 1918, S. 2.
[5] Brügel, Ludwig: Geschichte der österreichischen Sozialdemokratie. Bd. 5. Wien 1925, S. 363 f.

Seliger hatte wohl wie die Mehrheit der Partei bis zum Sommer 1918 die Konzeption Renners vertreten. Die Spekulation auf die völlige Zerschlagung des Vielvölkerstaates, auf die das Nationalitätenprogramm der Linken hinzielte, schien dem Praktiker, der Seliger war, zu fernliegend, als daß er sich ihr hätte anschließen wollen. Seliger hatte sich aber immer schon für eine sehr weitgehende Autonomie der Nationalitäten innerhalb der Donaumonarchie eingesetzt, in der er die Voraussetzung für jeden sozialen Fortschritt sah. Es ist zu erinnern an die Beschlüsse des außerordentlichen deutschböhmischen Parteitages von 1913 in Teplitz, wo die Vertreter der deutschböhmischen Sozialdemokraten eine Resolution beschlossen, die weit über das hinaus ging, was das Brünner Programm an Autonomie gewähren wollte. Es wurden hier nicht nur nationalkulturelle, sondern auch wesentliche wirtschaftliche Belange der Kompetenz der Nationalitäten zugeordnet[6].

Diese damals von Seliger und Bauer begründeten Beschlüsse wurden bekräftigt auf der Sudetenkonferenz vom September 1917. Es sind im Institut für Marxismus-Leninismus in Prag die von Seliger signierten Einladungsschreiben zu dieser Konferenz erhalten, in denen es unter anderem hieß: „Es erwachsen uns zwei Aufgaben, und zwar erstens, mit aller Schärfe auszusprechen, daß die Arbeiterschaft unter keinen Umständen zulassen wird, daß die Deutschen in den Sudetenländern in die Lage von der tschechischen Mehrheit ausgelieferten Minoritäten kämen und zweitens durch eine entschiedene Stellungnahme zu bekunden, daß die Lösung des nationalen Problems im Sinne nationalistischer Staatsrechtspolitik nicht möglich ist[7]."

Die völlige Loslösung Deutschböhmens bot schließlich die beste Möglichkeit, weiteren Nationalitätenkonflikten zu entgehen, und Seliger hat diesen Standpunkt in seiner Zeitung, der Teplitzer „Freiheit", und in öffentlichen Reden im September und Oktober nachdrücklich vertreten.

Auf einer Versammlung am 14. Oktober führte er zum Beispiel aus: „In dem Augenblick, da das Prinzip des Selbstbestimmungsrechts, besiegelt mit dem Tod von Millionen Menschen, zum Ergebnis dieses blutigen Weltkrieges geworden ist, ist dieses Recht unantastbar und unverweigerlich. Wir deutschen Sozialdemokraten billigen dieses Recht allen Völkern restlos zu, wir nehmen es aber auch für unsere Nation voll in Anspruch. Wir wollen auch die anderen Nationen nicht zwingen, auf dem früheren österreichischen Gebiet eine neue Gemeinschaft mit uns zu errichten. Dann gibt es für uns zwei Möglichkeiten: entweder den selbständigen österreichischen Staat oder den Anschluß an unser Mutterland, das neue, demokratische Deutschland[8]."

Es ist sicher kein Zufall, daß die oben zitierte, zwei Wochen später beschlossene Parteitagsresolution die gleichen Gedanken enthält.

Schließlich ist noch zu bedenken, daß am 21. Oktober 1918 die deutschen Abgeordneten des Reichsrats den „selbständigen deutsch-österreichischen Staat" aus-

---

[6] Protokoll über die Verhandlungen des außerordentlichen Landesparteitages der deutschen Sozialdemokratie in Böhmen. Teplitz-Schönau 1913, S. 43 ff.
[7] Ustav Marxismu-Leninismu, Prag. Fond 78, Faszikel 56, Nr. 46, Rundbrief Seligers vom 3. 9. 1917.
[8] Freiheit, 15. 10. 1918, S. 2.

riefen, der „die Gebietsgewalt über das ganze deutsche Siedlungsgebiet, insbesondere auch in den Sudetenländern"[9], beanspruchte.

Am 29. Oktober 1918 wurde Deutschböhmen als eigenberechtigte Provinz des Staates Deutschösterreich ausgerufen, und Josef Seliger wurde zum Landeshauptmannstellvertreter in der deutschböhmischen Landesregierung gewählt.

Diese Ausgangslage im November 1918 hat die Politik der folgenden Monate als eine Politik der harten Konfrontation im wesentlichen vorherbestimmt.

Das kann man nicht außer acht lassen, wenn man die Episode der Verhandlungen Seligers mit dem Národní Výbor am 5. November untersucht. In der interessierten Nachkriegsliteratur sind diese Kontakte häufig so dargestellt worden, als ob Seliger verhandlungsbereit gewesen wäre, aber von den Tschechen schroff zurückgewiesen worden sei, u. a. von Rašín mit dem berühmten Zitat: „Mit Rebellen verhandeln wir nicht." Zur Entstehung dieser Legende hat Seliger selbst einiges beigetragen, als er an dem verhängnisvollen 4. März 1919 in einer Rede in Teplitz erklärte: „Wenn die Vertreter des tschechischen Volkes nach dem Zusammenbruch der österreichischen Monarchie an uns herangetreten wären, um gemeinsam mit uns ein freies Gemeinwesen unter gegenseitiger Achtung des Rechtes zu begründen, so hätte vielleicht damals das Echo aus Deutschböhmen nicht lange auf sich warten lassen[10]."

Dieser Satz beschreibt das deutschböhmisch-tschechische Verhältnis im November 1918 nicht korrekt; er hat vielmehr, wie zu zeigen sein wird, einen zukunftsweisenden Sinn. Es ist eine unleugbare Tatsache, daß am 5. November die wichtigsten Entscheidungen auf beiden Seiten schon gefallen waren, und daß sich das Problem von Verhandlungen mit den Tschechen, die nur auf eine wie immer geartete Autonomie der Deutschen innerhalb des tschechoslowakischen Staates hinauslaufen konnten, in diesem Augenblick gar nicht mehr stellte. Obwohl ein Protokoll der Gespräche Seligers mit dem Národní Výbor nicht aufzufinden war, sind wir über den Inhalt der Unterredung mit hinreichender Genauigkeit unterrichtet. Die Aktenbestände der deutschböhmischen Landesregierung, die im Allgemeinen Verwaltungsarchiv in Wien aufbewahrt werden, enthalten auch einen formlosen Verhandlungsvorschlag Lodgmans[11] und die kurze Niederschrift eines mündlichen Berichts Seligers vor dem Landesrat von Deutschböhmen vom 6. November 1918[12]. Diese Quellen bestätigen im wesentlichen die Darstellungen der Zwischenkriegszeit über den sachlichen Inhalt der Gespräche. Danach wollte Seliger eine, bis zur endgültigen Friedensregelung provisorische, nationale Abgrenzung hinsichtlich der Organisation der allgemeinen Versorgung erreichen. Auf eine solche Abgrenzung konnten sich die Tschechen nicht einlassen, da die von ihnen bestrittene Existenz eines geschlossenen deutschen Sprachgebiets dadurch anerkannt worden wäre, und sie sich eines Hauptarguments für ihre Ansprüche bei der kommenden Friedenskonferenz begeben hätten.

---

[9] Strauß, Emil: Die Entstehung der tschechoslowakischen Republik. Prag 1934, S. 290 f.
[10] Freiheit, 5. 3. 1919, S. 2.
[11] Allgemeines Verwaltungsarchiv, Wien. Registratur der Deutschböhmischen Landesregierung, Karton 2, Faszikel DBLR allgemein, Buchstaben St, ohne Zahl.
[12] Deutschböhmische Landesregierung, Karton 42, Faszikel Landesrat / Sitzungen 1918 / 19, ohne Zahl.

Die Tschechen ihrerseits, so berichtete Seliger dem Landesrat, hätten ihn gefragt, ob „Deutschböhmen bei Böhmen bliebe". In dem Bericht heißt es weiter: „Die Abgabe einer diesbezüglichen Erklärung wurde verweigert[13]." In der sachlichen Atmosphäre der Landesratssitzung dürften die Äußerungen Rašíns kaum erwähnt worden sein; sie wurden nicht einmal protokolliert.

Rašín hat Bemerkungen dieses Inhalts ohne Zweifel gemacht, wenngleich vielleicht nicht in der überlieferten, scharfen Form. Es gab jedenfalls darüber von Anfang an auch im deutschen Lager zwei Versionen:

Seliger selbst hat in seiner Rede am 10. November, also wenige Tage nach seinem Besuch in Prag, in Teplitz erklärt: „Das wenige, das wir für die Selbständigkeit und Autonomie Deutschböhmens verlangten, wurde mit einem glatten Nein beantwortet. Das erste Wort, das ich zu hören bekam, war: Mit Rebellen verhandeln wird nicht ... Als wir den Vertretern des Národní Výbor sagten: Das Selbstbestimmungsrecht der Völker ist doch das Programm Wilsons, da wurde uns die Antwort, daß dies nur eine Phrase sei, heute entscheide die Gewalt[14]."

Das in Prag erscheinende „Montagsblatt für Böhmen", das im Interesse des Prager deutschen Bürgertums einen Ausgleich propagierte und infolgedessen die Angelegenheit herunterspielen wollte, verbreitete am 18. November folgende Version: Seliger sei nach den offiziellen Verhandlungen in durchaus freundschaftlichem Gespräch gesagt worden: „Wenn Sie rebellieren, können wir nicht verhandeln[15]." Diese Darstellung scheint den Tatsachen eher zu entsprechen. Dafür spricht auch, daß Seliger in einem Brief an die sozialdemokratische Zeitung „Vorwärts" in Reichenberg vom 15. November 1918, in dem auch er den freundschaftlichen Charakter der Verhandlungen betonte, seine erste, zugespitzte Darstellung selbst relativierte[16].

Es bleibt festzuhalten, daß die unkonzilianten Äußerungen Rašíns für den Verlauf der Gespräche, was die Sache betrifft, ohnehin bedeutungslos waren. Ansätze einer Verständigung konnten nicht zerstört werden, da die beiderseitigen Standpunkte schon vorher fixiert und unvereinbar waren. Die Frage nach Form und Inhalt der Bemerkungen Rašíns ist deshalb zweitrangig. Sicher ist aber, daß die ungeschickten Äußerungen des Tschechen Seliger sehr gelegen kamen, da sie sich bei den nun einmal gegebenen gegensätzlichen Positionen propagandistisch ausgezeichnet verwerten ließen. Der tendenziöse Gebrauch, den Seliger von diesen Äußerungen machte, ist mit als ein Beweis zu werten, wie entschieden Seliger damals für das uneingeschränkte Selbstbestimmungsrecht Deutschböhmens eintrat.

Mit dieser Haltung stand der Führer der deutschböhmischen Sozialdemokratie nicht allein. In den ersten Monaten nach der Gründung der ČSR gab es über das Ziel des uneingeschränkten Selbstbestimmungsrechts und die Zugehörigkeit zu Deutschösterreich innerhalb der sozialdemokratischen Partei keine Diskussion.

Die sozialdemokratischen Zeitungen traten geschlossen für das uneingeschränkte

---

[13] Deutschböhmische Landesregierung, Karton 42, Faszikel Landesrat / Sitzungen 1918/19, ohne Zahl.
[14] Freiheit, 12. 11. 1918, S. 2.
[15] Montagsblatt für Böhmen. Prag, 18. 11. 1918, S. 1.
[16] Vorwärts, Sozialdemokratisches Tagblatt. Reichenberg, 16. 11. 1918, S. 4.

Selbstbestimmungsrecht und für den Anschluß Deutschösterreichs, zu dem sie Deutschböhmen zählten, an das „sozialistische Deutschland" ein. Entsprechende Resolutionen wurden im November und Dezember auf zahlreichen Massenversammlungen verabschiedet. Am 8. Dezember 1918 präzisierte eine sozialdemokratische Landeskonferenz in Teplitz in einem Beschluß noch einmal den sozialdemokratischen Standpunkt: „Die Landeskonferenz der deutschböhmischen Sozialdemokratie billigt die Beschlüsse der deutschen Reichsratsabgeordneten Böhmens wegen der Schaffung der Provinz Deutschböhmen und erklärt sich mit dem Eintritt unserer Genossen in die auf demokratischer Grundlage gebildete Landesregierung einverstanden. Die Konferenz erklärt feierlich, daß sie an dem Recht der Selbstbestimmung des deutschen Volkes in Böhmen festhält. Im Namen der Arbeiterschaft Deutschböhmens gibt die Konferenz ihrem unbeugsamen Willen Ausdruck, den Kampf um die nationale Freiheit Deutschböhmens kraftvoll und mit allen zweckdienlichen Mitteln weiterzuführen[17]."

Die Sozialdemokratie spielte mit ihrer klaren Konzeption tatsächlich von Anfang an eine beherrschende Rolle in diesem Kampf, dem im übrigen weite Kreise der Bevölkerung zu Anfang indifferent gegenüberstanden. Für die entschiedene Haltung der Sozialdemokraten gibt es einige, auch unter anderen Aspekten interessante Belege. Seliger war, wie die Protokolle der Vorstandssitzungen beweisen, noch bis März regelmäßig auf Sitzungen des österreichischen Parteivorstandes anwesend. In dem Protokoll der Sitzung vom 20. Dezember 1918 wurde festgehalten:

„Seliger berichtet, daß sich die deutschböhmische Landesregierung wie die Regierung eines besetzten Landes auf fremdes Gebiet begeben habe ... Unsere Genossen im Lande halten stramm aus, das Bürgertum ist jedoch ängstlich. Die Stimmung müsse aufgerichtet werden ... Für die Partei ist es wichtig, daß Deutschböhmen bei Österreich bleibe, während Lodgman den Plan habe, aus Deutschböhmen einen selbständigen Pufferstaat zu machen. Wir brauchen die Unterstützung, um das zu verhindern[18]."

Eine instruktive Schilderung der Verhältnisse gab auch der nicht den Sozialdemokraten nahestehende Pressereferent der exilierten deutschböhmischen Landesregierung Lauermann. Über die Einrichtung von deutschböhmischen Geschäftsstellen im Januar 1919 schrieb er in einem Tätigkeitsbericht:

„Es war kein Zweifel, daß ich mit dem Entwurfe von Geschäftsstellen der sozialdemokratischen Organisation in die Hände arbeitete, aber das war sehr gut. Es zeigte sich später, daß es gerade die Sozialdemokraten waren, welche die lebhafteste Werbetätigkeit entfalteten, die bürgerlichen Parteien waren nicht geschlossen, doch wurden die bürgerlichen Kreise mit in die Bewegung gerissen[19]."

Zu 2: Während bis März 1919 das Ziel des Kampfes um die Selbstbestimmung außer mit dem allgemeinen Begriff „uneingeschränktes Selbstbestimmungsrecht"

---

[17] Freiheit, 10. 12. 1918, S. 1, 2: Protokoll der Landeskonferenz der deutschböhmischen Sozialdemokratie vom 8. 12. 1918.
[18] Parteiarchiv der SPÖ, Wien: Protokolle der Sitzungen des Parteivorstandes, Karton ohne Signatur, Sitzung vom 20. 12. 1918.
[19] Deutschböhmische Landesregierung, Karton 13, Faszikel 207/19, ohne Zahl.

immer mit Zugehörigkeit zu Österreich oder Anschluß an Deutschland beschrieben wurde, bahnte sich in den folgenden Monaten ein gewisser vorsichtiger Wandel an. Es wurden zwar in der sozialdemokratischen Presse noch die gleichen Begriffe verwandt, aber die Inhalte verschoben sich. Ein anderes Ziel wurde allmählich mit dem Begriff „Selbstbestimmungsrecht" abgedeckt: die nationale Autonomie innerhalb der Tschechoslowakischen Republik. Diese Umorientierung hängt zusammen mit dem Wandel der politischen Großwetterlage. Deutschösterreich konnte die deutschböhmischen Ansprüche nur mit papiernen Protesten unterstützen. Deutschland wollte und konnte angesichts der Friedensverhandlungen mit der Entente seine Lage nicht durch die Unterstützung dieser Ansprüche komplizieren, und die deutschböhmische Landesregierung im Exil geriet in eine immer größere Isolierung. Eine realistische Politik mußte mit der Wahrscheinlichkeit einer endgültigen Entscheidung zugunsten der Tschechoslowakei rechnen. Für die Sozialdemokratie bestand die Konsequenz in einem vorsichtigen Rückzug auf die Position des Selbstbestimmungsrechts innerhalb des tschechoslowakischen Staates. Die einzelnen Probleme dieses Umschwungs, die sich aus der komplizierten Stellung Seligers als Landeshauptmannstellvertreter und als sozialdemokratischer Parteiführer, als Propagandist des Selbstbestimmungsrechts und als verständigungsbereiter Politiker sowie aus der innerböhmischen und gesamteuropäichen Situation ergaben, bleiben noch zu lösen.

Der beschriebene Prozeß des Umdenkens war wahrscheinlich schon eingeleitet vor dem 4. März 1919. Im Februar hatte die Sozialdemokratie sich gegen den Willen der Deutschbürgerlichen entschlossen, keine Abgeordneten zum deutschösterreichischen Parlament zu ernennen, falls eine freie Wahl von den Tschechen unmöglich gemacht würde. Die Parteiführung begründete das zwar mit der Ablehnung eines undemokratischen Verfahrens[20], es war aber unausgesprochen auch eine Entscheidung gegen eine irredentistische Politik, die der Parteivorstand in Wien zur Kenntnis nahm[21]. Die Demonstrationen am 4. März, die von der Sozialdemokratie anläßlich der Eröffnung des österreichischen Parlaments organisiert worden waren, beweisen nicht das Gegenteil. Es ist oben schon darauf hingewiesen worden, daß Seliger am 4. März in Teplitz erklärt hatte: „Wenn die Vertreter des tschechischen Volkes nach dem Zusammenbruch der österreichischen Monarchie an uns herangetreten wären, um gemeinsam mit uns ein freies Gemeinwesen unter gegenseitiger Achtung des Rechts zu begründen, so hätte vielleicht damals das Echo aus Deutschböhmen nicht lange auf sich warten lassen[22]." Dieser Ausspruch ist möglicherweise nicht als ein Vorwurf, der sich auf frühere tschechische Fehler bezieht, sondern als ein verschlüsselter Hinweis auf die Bedingungen, unter denen eine Zustimmung der Deutschen zum Staat zu erreichen sei, zu werten. Durch das tschechische Vorgehen am 4. März wurden jedoch alle Verständigungsversuche vorläufig unterbunden.

Der behutsame Prozeß der Annäherung wurde jedoch fortgesetzt mit einer stär-

---

[20] Deutschböhmische Landesregierung, Karton 27, Faszikel „Josef Seliger", ohne Zahl.
[21] Protokolle der Sitzungen des Parteivorstands, Sitzung vom 18. 2. 1919.
[22] Freiheit, 5. 3. 1919, S. 2.

keren publizistischen Auseinandersetzung mit den tschechoslowakischen Sozialdemokraten. Karl Czermak, der engste Mitarbeiter Seligers, zielte deutlich auf einen Status innerhalb des Staates, als er in einer Antwort auf einen Artikel des Organs der tschechoslowakischen Sozialdemokratie „Právo Lidu" schon am 15. März 1919 in der „Freiheit" schrieb:

„Die erste und einzige sozialistische Forderung, die vor der rechtlichen Schaffung des tschechischen Staates erfüllt sein muß, ist das freie Selbstbestimmungsrecht der Nationen. Wenn dies nicht zur Anwendung kommt, kann es keine Gleichheit und keine Freiheit der Bürger geben[23]." Seliger selbst nahm ein Dementi zum Anlaß, versöhnliche Worte an die Adresse der tschechoslowakischen Sozialdemokratie zu richten. Eine tschechische Zeitung hatte am 2. April 1919 eine angebliche Äußerung Seligers veröffentlicht, wonach dieser gesagt haben sollte, daß die reichsdeutsche auswärtige Politik gezwungen sein werde, gegen den tschechoslowakischen Staat gewaltsam vorzugehen. Seliger wies diese Äußerung als Unterstellung zurück und schloß seinen Brief an das „Právo Lidu" mit folgenden Sätzen: „Den größten Schmerz bereitet uns Proletariern in Deutschböhmen in dieser Zeit die traurige Tatsache, daß wir deutsche und tschechische Proletarier in der Frage des Selbstbestimmungsrechts einander gegenüberstehen, und es ist unser innigster Wunsch, daß diese Gegensätze ehestens schwinden, und daß wir als Gleiche mit Gleichen, als Freie mit Freien ehestens beisammenstehen, um Seite an Seite den letzten Kampf für unsere Endziele, für die Einsetzung unserer sozialistischen Ordnung zu führen[24]."

Ähnlich versöhnliche Erklärungen wurden auch auf einer gemeinsamen Konferenz der Landesverbände Deutschböhmen, Mähren und Sudetenland der DSAP am 1. April abgegeben. Hier wurde auch die Teilnahme an den Gemeindewahlen nach tschechoslowakischen Gesetzen beschlossen[25].

Seliger stellte die Forderung nach Autonomie, verhüllt in eine scharfe Absage an den tschechoslowakischen Staat, wieder in einer Rede zum 1. Mai in Teplitz. Er führte hier aus:

„Selbst der Weltkrieg konnte das internationale Bewußtsein der Arbeiter nicht ertöten ... Auf diese Kraft vertrauen auch wir Arbeiter Deutschböhmens. Durch sie werden wir zur Freiheit unseres Volkes kommen und deswegen folgen wir so wenig den Lockungen, die man von Prag in diesen Tagen an uns gerichtet hat, wie wir den Drohungen unterlegen sind. Wenn man uns in den tschechischen Staat haben will, so wird man uns dort nur haben können durch unseren freien Willen[26]."

Es ist auffallend, daß im Mai vom Selbstbestimmungsrecht kaum noch die Rede war. Im Vordergrund der Presseberichterstattung standen zum ersten Mal innertschechoslowakische Fragen. Aufsätze, die diesen Umschwung von der totalen

---

[23] Freiheit, 15. 3. 1919, S. 1.
[24] Neues Wiener Tagblatt (Abendblatt), Wien, 3. 4. 1919, S. 2.
[25] Freiheit, 6. 4. 1919, S. 1/2. „In der Debatte zum Referat Seligers über die politische Lage kam allgemein die Hoffnung zum Ausdruck, daß auch die tschechischen Arbeiter sich noch rechtzeitig der großen Aufgabe usw. und daß vielleicht doch trotz alledem die Zeit nicht fern ist, wo wir deutschen Arbeiter mit den tschechischen Arbeitern zusammen den Kampf um die sozialistische Ordnung der Welt führen werden."
[26] Freiheit, 3. 5. 1919, S. 1.

Negation zu einer bedingten Anerkennung des bestehenden Staates signalisierten, erschienen erst wieder im Juni auch von Parteiautoritäten wie Strauß, Gehorsam und Kreibich.

Zu 3: Die Auffassung, daß die Eingliederung in die Tschechoslowakei unabänderlich sei und daß man sich auf dem Boden des Staates werde einrichten müssen, hatte sich im Juli in der Partei durchgesetzt. Dabei haben drei Ereignisse eine Rolle gespielt:

1. Nach dem bisherigen Verlauf der Friedensverhandlungen in St. Germain war es völlig aussichtslos, daß das uneingeschränkte nationale Selbstbestimmungsrecht der Sudetendeutschen zu erreichen war.

2. Die deutsche Regierung hatte am 28. Juni 1919 den Versailler Vertrag unterzeichnet, der die endgültige Grenze zwischen Deutschland und der Tschechoslowakischen Republik festlegte.

3. Otto Bauer, der Vertreter des Anschlußgedankens, war als Leiter der Außenpolitik Österreichs von dem anderen Konzeptionen zuneigenden Karl Renner abgelöst worden.

Am 1. Juli erschien in der „Freiheit" zum ersten Mal ein Artikel, in dem nun ganz offen die Konsequenzen aus den Gegebenheiten gezogen wurden. Die Redaktion hielt zwar noch halbe Distanz mit dem Hinweis, daß es sich nur um die „persönlichen Ansichten eines geschätzten Genossen" handele, dann aber wurde in dem Aufsatz klar ausgesprochen, was war: „Durch den unglücklichen Frieden von Versailles sind die Deutschböhmen in die ČSR eingepfercht. Erst der Sieg des Sozialismus wird auch den Deutschen das Selbstbestimmungsrecht zur Geltung bringen. Inzwischen müssen wir uns **mit den gegebenen Verhältnissen** abfinden und versuchen, mit den Tschechen zu einem modus vivendi zu kommen. Das bedeutet durchaus kein Aufgeben unserer programmatischen Forderungen der nationalen Autonomie, des Selbstbestimmungsrechts für die Deutschen. Für diese Forderungen, für die wir seit dem Brünner Parteitag eingetreten sind, werden wir auch in Zukunft kämpfen[27]."

Diese neue Position der Parteiführung vertrat Seliger selbst dann mit seiner ganzen Autorität in drei Aufsätzen, die im Laufe des Monats Juli in allen sozialdemokratischen Zeitungen Deutschböhmens erschienen.

Unter der Überschrift „Geduld" wurde am 10. Juli der erste Artikel veröffentlicht, in dem Seliger das Problem, vor dem die Sozialdemokratie jetzt stand, klar umriß: „Wenn wir durch Gewalt von dem Staat, dem wir nach freiem Willen angehören, losgerissen werden, dann ist uns allerdings das Recht der **staatlichen** Selbstbestimmung genommen. Aber das sagt doch nicht, daß wir damit das Recht, über alle Fragen **unseres inneren Lebens** selbst zu bestimmen, verloren haben. ... Nicht um diese oder jene Einzelfrage geht es, sondern darum muß der Kampf geführt werden, daß es das ausschließliche Recht unseres Volkes wird, auch im tschechischen Staate frei, unabhängig den Umfang, den Betrieb seines ganzen Unterrichtswesens, seines Kunstlebens usw. selbst zu bestimmen[28]."

---

[27] Freiheit, 1. 7. 1919, S. 1.
[28] Freiheit, 10. 7. 1919, S. 1.

Es ging also darum, die Nation als sich selbst verwaltende Körperschaft innerhalb des Staates zu institutionalisieren.

Am 23. Juli erschien wieder ein Aufsatz Seligers mit dem Titel „Taten entscheiden – nicht Worte", in dem er die Mitwirkung der Deutschen bei der Ausarbeitung der Verfassung, wieder etwas verschlüsselt, forderte und anbot. Er ging von der Frage aus, was die Tschechen tun müßten, wenn sie ihre eigenen Worte ernst nähmen, und schrieb: „Diese Auffassung auf die unmittelbare praktische Politik angewendet, würde bedeuten: die Tschechen verzichten darauf, die Verfassung und damit auch die Wahlordnung einseitig zu diktieren und entschließen sich dazu, dieses wichtige Werk einer Konstituante zu übertragen, die sofort nach Abschluß des Friedens zu berufen ist, in der alle Völker in diesem Staat vertreten sein müssen und die aufgrund einer mit den Vertretern der Völker zu vereinbarenden Wahlordnung gewählt werden muß[29]."

Der dritte Aufsatz vom 31. Juli 1919 mit der Überschrift „Seid nicht Diener der Gewalt" war ein pathetischer Appell an die tschechoslowakische Sozialdemokratie, diese Forderungen der deutschen Sozialdemokraten als sozialistische Grundforderungen solidarisch zu unterstützen[30].

Es gibt Berichte, daß zur gleichen Zeit Kontakte zwischen dem sozialdemokratischen Ministerpräsidenten Tusar und Seliger stattgefunden hätten. In der „Freiheit" wurden Verhandlungen dementiert, Kontakte jedoch nicht[31]. Belege für solche Besprechungen waren nicht zu finden.

Es steht aber fest, daß Seliger zu diesem Zeitpunkt entschlossen war, die gegebene Lage zur Basis seiner weiteren Politik zu machen. Als erster maßgeblicher deutschböhmischer Politiker kam er aus dem Exil offiziell in die tschechoslowakische Republik zurück und nahm seine Arbeit in Böhmen schon Anfang August, einen Monat vor der Unterzeichnung des Friedensvertrags, wieder auf. Er wollte so rasch wie möglich auf einem Parteitag für die Partei geordnete Arbeitsbedingungen schaffen und drängte deswegen auf die Liquidierung der deutschböhmischen Landesregierung. Diese Eile führte zu einer gewissen Differenz mit Lodgman. Dieser schrieb an den nationalsozialistischen Abgeordneten Hans Knirsch am 28. August 1919:

„Durch den sozialdemokratischen Parteitag ist die Frage der vorzeitigen Auflösung der Landesregierung, nämlich vor der Unterzeichnung des Friedensvertrages, akut geworden. Seliger drängt auf diese Auflösung, weil die Sozialdemokraten die Partei im tschechischen Staat errichten wollen. Dies ist aber natürlich nicht gut möglich, solange die deutschböhmische Landesregierung besteht und Seliger Landeshauptmannstellvertreter ist. Daher haben sich Langenhan, Freißler, Teufel und meine Wenigkeit dagegen ausgesprochen, daß die Auflösung jetzt im letzten Augenblick vor Unterzeichnung des Friedens erfolgte, weil es wohl niemand verstünde, daß wir den natürlichen Gang der Ereignisse jetzt in den letzten Tagen beschleunigen[32]."

---

[29] Freiheit, 23. 7. 1919, S. 1.
[30] Freiheit, 31. 7. 1919, S. 1.
[31] Freiheit, 30. 7. 1919, S. 1.
[32] Deutschböhmische Landesregierung, Karton 25, Faszikel 4, ohne Zahl.

Der Parteitag, der trotz der Einwände vor Unterzeichnung des Friedensvertrages vom 31. August bis 3. September 1919 abgehalten wurde, war durch zwei herausragende Ereignisse gekennzeichnet.

Es wurde auf ihm erstens die Deutsche sozialdemokratische Arbeiterpartei in der Tschechoslowakischen Republik aus den ehemals selbständigen Landesverbänden Böhmen, Mähren und Schlesien gebildet. Zweitens wurde der Entwurf eines Autonomiestatuts für die Deutschen in der ČSR verabschiedet, mit dem die Partei ihre Haltung zum tschechischen Staat festlegte. Dieses Programm, das Seliger mit einer großen Rede begründete, sah eine Lösung der nationalen Frage auf der Grundlage einer bis in die letzte Konsequenz verwirklichten nationalen Autonomie vor. Die wichtigsten Bestimmungen seien hier noch einmal wiedergegeben:

„1. Einführung einer Miliz anstelle des stehenden Heeres, Gliederung in territoriale Bataillone, deren Aushebungsbezirke national abgegrenzt werden.

3. Einteilung des Staatsgebietes in national abgegrenzte Bezirke, die sich durch freigewählte Körperschaften selbst regieren. Jeder Kreis und Bezirk wählt selbst seine Beamten und Richter und setzt seine Amts-, Gerichts- und Schulsprache fest.

4. Aufhebung aller nationalen Fremdherrschaft. Alle Kreise und Bezirke gleicher Nationalität werden zu einem nationalen Gesamtkörper zusammengefaßt, der sich durch einen vom ganzen Volk gewählten Nationalrat und die von ihm zu wählende Nationalregierung selbst regiert."

Die Kompetenzen von Nationalrat und Nationalregierung sind sehr umfangreich. Außer den nationalkulturellen Angelegenheiten im engeren Sinne werden dazu auch die Steuer- und die Finanzhoheit über das Sprachgebiet gerechnet[33].

Grundsätzlich entsprach dieses Programm dem Brünner Nationalitätenprogramm, das die österreichische Sozialdemokratie 1899 verabschiedet hatte. Die Nation wurde als Körperschaft rechtlich zwischen den einzelnen Bürger und den Gesamtstaat gestellt. Im Unterschied zu diesem Brünner Programm und im Anschluß an die Beschlüsse des Teplitzer außerordentlichen Landesparteitags von 1913 waren die nationalen Angelegenheiten aber genau definiert und sehr weit gefaßt. Das ist in bezug auf Seliger persönlich nicht ohne eine gewisse historische Ironie. Als Referent zum Nationalitätenproblem wollte Seliger auf dem Brünner Parteitag von 1899 die nationalen Angelegenheiten im Interesse des Zentralismus der deutschen Partei gegenüber den Ansprüchen der tschechoslowakischen Sozialdemokratie möglichst eng gefaßt und auf die rein kulturellen Belange beschränkt wissen. Jetzt befand er sich in einer der damaligen Situation der tschechoslawischen Sozialdemokratie vergleichbaren Lage und stellte die gleichen Forderungen wie jene 1899: vollste nationale Autonomie.

Insgesamt sind die Ereignisse des Teplitzer Parteitages 1919 als die endgültige Anerkennung des Tschechoslowakischen Staates durch die deutsche Sozialdemokratie und als ein, wenn auch bedingtes, Bekenntnis zur Mitarbeit im Rahmen dieses Staates zu werten. Mit diesen Entscheidungen begann eine neue Epoche.

Bis hierher ist die Haltung der deutschböhmischen Sozialdemokratie zum neuen Tschechoslowakischen Staat mehr beschrieben als gedeutet worden. In den zehn

---

[33] Protokoll des Parteitages der DSAP in der ČSR 1919. Teplitz-Schönau 1919, S. 96.

Monaten vom November 1918 bis August 1919 hatte sich in der Partei eine Wandlung vollzogen von einer völligen Negation der ČSR zur Anerkennung, von einer Politik der völligen Loslösung bis zum Streben nach einem Autonomiestatut für die Deutschen innerhalb des Staates. Für die einzelnen Phasen dieser Politik waren verschiedene Faktoren verantwortlich, die noch näher untersucht werden müssen. Der Wandel in der Einstellung der Partei, das rasche Reagieren auf die Realitäten war nicht bestimmt durch Opportunismus oder durch Prinzipienlosigkeit. Solche in gewissen nationalistischen Blättern schon zur damaligen Zeit erhobenen Vorwürfe können Seliger als den Führer der Partei nicht treffen. Seligers Politik beruhte vielmehr auf einem klaren Konzept und grundsätzlichen Überzeugungen, die er in zahlreichen Aufsätzen und in einer Broschüre mit dem Titel: „Warum kämpfen wir für das Selbstbestimmungsrecht unseres Volkes"[34] niedergelegt hat. Seine Anschauungen wurden damals von allen maßgebenden Männern der Partei geteilt.

Aus den erwähnten Aufsätzen wird deutlich, daß Seliger den Kampf um das Selbstbestimmungsrecht Deutschböhmens durchaus von einer sozialistischen Position aus führte. Nicht Selbstbestimmung als Option für den Nationalstaat war das letzte Ziel seiner Politik, sondern die Verwirklichung sozialistischer Vorstellungen, der Aufbau des Sozialismus. Selbstbestimmung ist nur ein Mittel zu diesem Zweck.

Die Grundfrage, die sich Seliger stellte, war: „Unter welchen Bedingungen ist sozialistische Politik am ehesten möglich?" Der tschechoslowakische Staat, wie er sich im November 1918 den deutschböhmischen Sozialdemokraten darbot, war ein bürgerlich-kapitalistischer Staat, dessen Staatsprogramm, das böhmische Staatsrecht, eine straffe Zentralisierung im Interesse des herrschenden tschechischen Bürgertums erwarten ließ. Die Tatsache der beträchtlichen Minderheit von Deutschen in diesem Staat, die sich mit Sicherheit gegen die nationale Unterdrückung durch die Tschechen zur Wehr setzen würden, ließ schwere nationale Auseinandersetzungen wahrscheinlich erscheinen. Seliger und seine Freunde hatten in Österreich jahrzehntelang Erfahrungen sammeln können, welche Folgen solche Auseinandersetzungen für eine sozialdemokratische Politik im Interesse der Arbeiterschaft hatten. Klassenkämpfe wurden durch nationale Kämpfe verwischt, die sozialökonomischen Ursachen wirtschaftlicher und sozialer Krisen wurden verschleiert und die Sozialdemokratie als Klassenpartei verlor potentielle Anhänger an konkurrierende, nationalistische Parteien. Auch kleine soziale Verbesserungen waren nur unter schweren Kämpfen zu erreichen, ein wirklicher Durchbruch in Richtung auf eine sozialistische Gesellschaftsordnung schien ausgeschlossen. Seliger sah in der ČSR des Jahres 1918 nur ein verkleinertes Österreich mit den gleichen Problemen.

Für ihn stand fest, daß sich ein erfolgversprechender Kampf um soziale Verbesserungen im Interesse der arbeitenden Massen, in der Sprache der Zeit ein echter Klassenkampf, erst dann führen lassen würde, wenn nationale Fragen völlig aus dem politischen Tagesgeschehen ausgeschaltet werden könnten. Das Mittel, einen solchen Zustand zu erreichen, sah Seliger in dem nationalen Selbstbestimmungs-

---

[34] S e l i g e r , Josef: Warum kämpfen wir für das Selbstbestimmungsrecht unseres Volkes? Teplitz-Schönau 1919.

recht. Das nationale Selbstbestimmungsrecht sollte nur den Boden frei machen von nationalen Konflikten und hatte daher eine doppelte Bedeutung:

Einmal bedeutete es die Freiheit der Entscheidung für einen national einheitlichen Staat, wie ihn Deutschösterreich oder Deutschland darstellten.

Der Begriff Selbstbestimmungsrecht bedeutete aber auch, ohne an Substanz zu verlieren, die einer Nationalität eingeräumte Möglichkeit, in einem gemischt-nationalen Staat über ihre nationalen Belange selbst zu entscheiden. Auch damit werden nationale Kämpfe ausgeschaltet.

Im Hinblick auf das Endziel des Sozialismus war ein gemischt-nationaler Staat, der den darin lebenden Nationalitäten volle Autonomie gewährte, einem nationalen Einheitsstaat durchaus gleichzusetzen. Das hat Seliger in seiner Schrift: „Warum kämpfen wir für das Selbstbestimmungsrecht unseres Volkes" im März 1919 sehr klar herausgearbeitet:

„Der Nationalitätenstaat, oder der übernationale Staat, ist an sich durchaus kein Hindernis für die Machtentfaltung des Proletariats und seinen Kampf um die Demokratie und seine letzten großen Ziele. Aber die Bedingung ist, daß der Staat auf dem Willen der Nationen beruht, die ihn bewohnen, daß sie ihn begründen aus dem Rechte ihrer freien Selbstbestimmung, daß es in diesem Sinne ein Rechtsstaat und kein Gewaltstaat sei[36]." Das bedeutete konkret, daß mit einer Anerkennung der tschechoslowakischen Republik der prinzipielle Standpunkt nicht verlassen wurde, sofern mit dieser Anerkennung die Forderung nach einem Autonomiestatut verbunden war. Es war deswegen für Seliger möglich, flexibel auf die politische Entwicklung zu reagieren und unter Beibehaltung der prinzipiellen Position nach den Realitäten zu handeln. Mit dieser theoretischen Grundlage läßt sich auch die ursprüngliche Option für Deutschösterreich bzw. den Anschluß an Deutschland vereinbaren. In der ČSR mußte das Selbstbestimmungsrecht im Sinne nationaler Autonomie erst durchgesetzt werden, während sich das Problem in Deutschösterreich und Deutschland nicht stellte. Deutschland schien sich nach der Novemberrevolution von 1918 vielmehr schon in Richtung auf eine sozialistische Republik zu entwickeln, die das Ziel jedes Sozialdemokraten war. Selbstverständlich war auch eine Reihe praktischer Gründe maßgebend: die Affinität zur Wiener Parteizentrale, die rechtlichen Festlegungen in Partei und Staat vor dem Umsturz, persönliche Bindungen. Es ist sicher, daß die Führer der deutschböhmischen Sozialdemokratie überzeugt waren, den Selbstbestimmungskampf für ihre sozialistischen Ziele zu führen, ob sie nun für den Verbleib bei Deutschösterreich und damit auch für den Anschluß an Deutschland oder für Autonomie innerhalb der tschechoslowakischen Republik eintraten. Die Sozialdemokratie kam durch diesen Kampf in eine komplizierte Situation, die Emil Strauß, der Mitarbeiter und spätere Schwiegersohn Seligers, 1918 im Dezemberheft des „Kampf", der theoretischen Zeitschrift der DSAPÖ, treffend gekennzeichnet hat:

„Wir sind in der tragischen Lage, den nationalen Kampf zu verabscheuen, weil er die Köpfe der Arbeiter verwirrt und sie von ihren eigentlichen Aufgaben mehr oder weniger ablenkt, und müssen zugleich die eigentlichen Träger der Unabhän-

---

[35] Seliger 10.

gigkeitsbewegung Deutschböhmens werden, weil wir gegen jede soziale und nationale Unterdrückung mit unserer ganzen Kraft auftreten müssen[36]."

Seiner theoretischen Position nach ist Seliger innerhalb der sozialistischen Strömungen der Zeit ohne Zweifel dem sogenannten reformistischen Flügel zuzuordnen. Für die Erringung der sozialistischen Gesellschaftsordnung wollte er nicht die revolutionäre Kraft der nationalen Bewegungen nutzbar machen, wie es die Bolschewiki forderten und praktizierten, sondern durch Regelung der nationalen Fragen den Boden bereiten für eine allmähliche Umgestaltung der Gesellschaft auf parlamentarischem Wege. Damit bewegte Seliger sich völlig in den Traditionen der österreichischen Sozialdemokratie, die diese Politik, zuletzt unter maßgeblicher Mitwirkung Seligers, zwanzig Jahre lang verfolgt hatte. Man kann Seliger dabei nicht einmal unbedingt auf die Position Renners festlegen, was gelegentlich geschah. Diese Politik war Allgemeingut der deutschösterreichischen Sozialdemokratie, und Seliger handelte undogmatisch innerhalb der vorgegebenen allgemeinen Grundsätze.

Für die Haltung der deutschböhmischen sozialdemokratischen Partei zum neuen tschechoslowakischen Staat haben nationalistische Erwägungen und Motive, sofern man darunter grundsätzlich irrationale Einstellungen versteht, keine Rolle gespielt. Die deutschböhmischen sozialdemokratischen Führer glaubten nach den Interessen der deutschböhmischen Arbeiterschaft, die sie freilich mit den Interessen der Partei gleichsetzten, zu handeln und orientierten sich an den Modellen, die in der österreichischen Sozialdemokratie zur Lösung der Probleme entwickelt worden waren.

Seliger war, wenn diese Verallgemeinerung gestattet ist, weder ein Großdeutscher noch ein Verräter an der Arbeiterklasse, sondern ein realistischer Sozialdemokrat aus der Schule Viktor Adlers.

---

[36] S t r a u ß , Emil: Der Kampf um das Selbstbestimmungsrecht Deutschböhmens. In: Der Kampf. Sozialdemokratische Monatsschrift 11 (Wien 1918) Nr. 12, S. 23—31, hier S. 24.

ABKÜRZUNGSVERZEICHNIS

ASEER   The American Slavic and East European Review
BohJb   Bohemia. Jahrbuch des Collegium Carolinum
ČČH   Český časopis historický
ČSČH   Československý časopis historický
HČ   Historický časopis

In derselben Ausstattung erschienen:

Aktuelle Forschungsprobleme um die Erste Tschechoslowakische Republik
Herausgegeben von Karl Bosl
1969. 209 Seiten, Gr. -8°, Leinen DM 28,-

Aus dem Inhalt: Bosl, Böhmen als Paradefeld ständischer Repräsentationen vom 14. bis zum 17. Jahrhundert – Šolle, Kontinuität und Wandel in der sozialen Entwicklung der böhmischen Länder 1872 bis 1930 – Rumpler, Der Zerfall der Habsburgermonarchie – ein Versäumnis? – Pichlík, Zur Kritik der Legenden um das Jahr 1918 – Slapnicka, Recht und Verfassung der Tschechoslowakei von 1918 bis 1939 – Lemberg, Die tschechischen Konservativen 1918 bis 1938 – Burian, Chancen und Grenzen des sudetendeutschen Aktivismus – Cerný, Dr. Eduard Beneš und die deutsche Frage während des 2. Weltkrieges – Prinz, Das Schulwesen der böhmischen Länder von 1848 bis 1939 – Newman, Krisen in der tschechoslowakischen Demokratie – Seibt, Die Erste Tschechoslowakei im Bild der Forschung – Schütz, Gedanken eines Aktivisten zur Frage der Chancen und Grenzen des Aktivismus – Schütz, Diskussionsbemerkungen zum Referat von Karl Newman.

Versailles - St. Germain - Trianon
Umbruch in Europa vor fünfzig Jahren
Herausgegeben von Karl Bosl
1971. 198 Seiten, Gr. -8°, Leinen DM 28,-

Aus dem Inhalt: Fellner, Die Pariser Vororteverträge von 1919/20 – Gajan, Masaryk, Beneš und Kramář und ihre Einflußnahme auf die Gestaltung der Friedensverträge – Hanák, Ungarn im Auflösungsprozeß der österreichisch-ungarischen Monarchie – Baumgart, Brest-Litowsk und Versailles. Ein Vergleich zweier Friedensschlüsse – Hartmann, Das Friedensprojekt: Grundstein der französischen, antideutschen und antibolschewistischen Hegemonialpolitik? – Prinz, Die USA und die Gründung der ČSR – Rumpler, Die Sixtusaktion und das Völkermanifest Kaiser Karls – Schmid, Selbstbestimmung 1919. Anmerkungen zur historischen Dimension und Relevanz eines politischen Schlagwortes – Wessely, Die Pariser Vororte-Friedensverträge in ihrer wirtschaftlichen Auswirkung.

Das Jahr 1945 in der Tschechoslowakei
Internationale, nationale und wirtschaftlich-soziale Probleme
Herausgegeben von Karl Bosl
1971. 316 Seiten, Gr. -8°, Leinen DM 38,-

Aus dem Inhalt: Seibt, Von Regensburg bis Potsdam. Ein Versuch über Grenzen und Friedensschlüsse 1803–1945 – Bosl, Die Aufteilungspläne der Alliierten in den Verhandlungen von Casablanca bis zur Potsdamer Konferenz und die Grundtatsachen der Teilung Deutschlands – Krüger, Die Tschechoslowakei in den Verhandlungen der Alliierten von der Atlantik-Charta bis zur Potsdamer Konferenz – Bachstein, Die Politik der Treuegemeinschaft sudetendeutscher Sozialdemokraten als Hauptrepräsentanz des deutschen Exils aus der Tschechoslowakischen Republik – Brandes, Der tschechische Widerstand in den letzten Kriegsjahren – Kaiser, Die Eingliederung der Slowakei in die nationalsozialistische Kriegswirtschaft – Lipscher, Die Einflußnahme des Dritten Reiches auf die Judenpolitik der Slowakischen Regierung – Hoensch, Die Slowakei im Jahre 1945 – Burian, Der „Transfer" und seine Konsequenzen – Kuhn, Der Neuaufbau der Kommunistischen Partei der Tschechoslowakei im Jahre 1945 – Slapnicka, Verfassungsprobleme der Tschechoslowakei im Jahre 1945 – Habel, Die Eingliederung der Vertriebenen in Deutschland.

In derselben Ausstattung erschienen:

Das Jahr 1941 in der europäischen Politik

Herausgegeben von Karl Bosl
1972. 165 Seiten, Gr. -8°, Leinen DM 22,–

Aus dem Inhalt: Krüger, Das Jahr 1941 in der deutschen Kriegs- und Außenpolitik – Hartmann, Frankreich im Jahr 1941, seine militärische, politische und wirtschaftliche Situation – Brandes, Der Kriegseintritt der Sowjetunion und die kleinen osteuropäischen Alliierten – Bachstein, Die Exilpolitik der tschechoslowakischen Auslandsregierung im Jahre 1941 – Reinhardt, Das Scheitern der Strategie Hitlers vor Moskau im Winter 1941/42 – Lipscher, Die Verwirklichung der antijüdischen Maßnahmen in den vom Dritten Reich beeinflußten Staaten – Lemberg, Kollaboration in Europa mit dem Dritten Reich um das Jahr 1941.

Detlef Brandes

Die Tschechen unter deutschem Protektorat

Teil I:

Besatzungspolitik, Kollaboration und Widerstand im Protektorat Böhmen und Mähren bis Heydrichs Tod (1939–1942)

Herausgegeben vom Vostand des Collegium Carolinum, Forschungsstelle für die böhmischen Länder. 1969. 372 Seiten, Gr. -8°, Leinen DM 45,–

Aus dem Inhalt: Von der deutschen Besetzung am 15. 3. 1939 bis zu den Demonstrationen am 28. 10. und 15. 11. 1939 – Von der Schließung der tschechischen Hochschulen am 17. 11. 1939 bis zur Ernennung Heydrichs zum stellvertretenden Reichsprotektor am 27. 9. 1941 – Vom Amtsantritt Heydrichs bis zu seiner Ermordung am 27. 5. 1942 und der anschließenden Terrorwelle.
Im Mittelpunkt der Arbeit steht das Verhalten der tschechischen Bevölkerung in den Jahren 1939–1943. Dadurch unterscheidet sich die vorliegende Arbeit von der Mehrheit der Darstellungen der deutschen Politik oder des Widerstandes in den besetzten Gebieten. Grund für diese Themenstellung war die Erkenntnis, daß zumindest im Protektorat der Übergang vom Widerstand zur Kollaboration stets fließend war, und daß die Mehrheit der Bevölkerung weder von der Widerstandsbewegung noch den kollaborationsbereiten Gruppen erfaßt wurde.

Der 2. Teil dieser Arbeit wird 1974 erscheinen.

R. Oldenbourg Verlag München Wien

Rückgabe spätestens am		

FZ DIN 1500 ekz Best. Nr. 2708